世外異人

第一部　揭祕中國世外異人奇事

第二部　子蘇奇緣

講述 ◎ 平先生

整理 ◎ 奇人甲

目錄

神龍之召

奇人甲

感謝偉大的師尊開啟我的智慧，以窺探天地之奧；感謝偉大的師尊打開我冥濛的心智，以洞悉宇宙之祕。叩首。

每個中華人的身體中，都埋有一段深深的龍脈，這是歲月滄桑不可抹去的龍之印記。

靜寥的深夜，恆久的星斗，以滿懷之卑微，沐浴於長風，俯仰於天地，傾聽中華之良心。您可曾聽見聲聲龍之哀吟？哀哀不息？

這是神龍的召喚，召喚迷失的神龍之脈。

炎黃大地，鳩占鵲巢，神龍死，龍脈斷，炎黃斷香火！西來魔種，沉浮大地，長江斬，神山弒，病態的山河！

極目中華，窮山惡水，滿目瘡痍，生靈塗炭，天災人禍！

恨蒼天，怨大地。屠父反誣父不公，弒母卻謂母不仁，炎黃大地無孝廉！末日無多矣！

　　該醒了，時間到了，時候不多了！神龍重生之刻
已到來。

　　同胞們，吾炎黃之手足！不管您遠處天涯海角，
不管您是否遺失了黑髮、黑眼睛？同延一根龍脈，同
承一顆中華良心。吾負使命，喚爾歸來。

　　龍脈寸斷，段段共鳴。神龍之召，召召如泣，胡
不歸？

　　願平先生能作一個好的嚮導，喚醒您心裏無法磨
滅的龍脈。願平先生能是一個好的引路人，引您進入
一個玄妙無邊、多姿多彩的世界，一個被遺忘的真實
世界。

　　神龍之召，召召在即。

　　龍脈為弦，五嶽作柱，吾奏一首神龍曲，曲盡願
知音。

世外異人

第一部

揭祕中國世外異人奇事

　　平先生是在崑崙山修行先天道的世外奇人，他五百多歲了。我有幸與平先生結緣，自小就與平先生結識，下面的文字就是這麼多年來，平先生與我講述的，以及我與平先生一起所經歷的事情，目的是想讓世人了解這不為人知的世外異人的真實生活，以消除世人對世外之人以及對自然界的一些誤解。

不知道有沒有人見過平先生。可能有人見過，但不認得。

平先生喜歡雲遊，他已遊遍了整個中國。平先生是修道的，但不是道教，他自己說是屬於先天道。而我對這些又不懂，我印象中修道的，就是著道袍，留著奇怪的髮式，舉止有點稀奇古怪的人。但他從不著道袍，也不挽髮髻，頭髮不長，亂蓬蓬的，參差不齊，裝扮和普通人一樣。要說有點不同的地方，就是如果夏天碰到他的時候，他喜歡戴著一頂寬沿的破草帽，破落的帽沿遮著眼睛。走在路上和一個普通的鄉野村農沒有兩樣，所以即使很多人見過他，也不會記住他，更不會認得。

平先生就是一個世外異人，他說他平時在崑崙山中修行，一待就是幾十上百年，不下山，也不開口說話。但世上的事他都知道，每到一定的時間，他都會下山雲遊，這次是最後一次了。

平先生說他有五百歲了——這個我相信。但他一點都看不出老來，頭髮還是很黑，留著拉碴的鬍子，像個中年人。我與平先生相識三十多年來，他的模樣卻一直沒有改變過，歲月彷彿與他無關，這讓我很驚奇。我與平先生的緣分要從我出生後不久說起了，當然這些是我父母後來告訴我的。

一、百日關

我是家中三代單傳的男孩，自然極得爺爺寵愛。我出生

的那年代，在鄉村，重男輕女的意識還非常強盛，尤其老一輩。我爺爺還是晚清時最後的一批老秀才。爺爺育有一男一女，姑姑是長女，大我父親十來歲。父親參過多年的軍，等退役回來時，年歲已比較大了。所以當我出生時，爺爺這輩子最後的心結終於解開了。據說，從來都是一臉嚴肅、不苟言笑的爺爺，從那起逢人都會咧著沒牙的嘴，笑個不止。

爺爺相信算命，他自己會「掐課」。「掐課」這個詞是我根據方言翻譯過來的，我也不知道書面語言該怎麼說，就是用拇指尖掐著手指節處，來算一些小事情。比如誰家的孩子找不到了，誰家的牛丟了，掐指而算很準。聽母親說，我還沒出生那時，一次村裏一個孩子闖禍害了人，不敢回家。中午、晚上，他家人都等不到他回來吃飯，問小孩都說沒見到，家人找遍了村裏和周邊的地方，喊破了嗓子，都找不到人影，他母親急得哭了，就找到爺爺幫忙占一課。爺爺掐了手指算了一會後，就對他說，不遠，在東面，與「木」有關，應該在樹上找。

當晚，他家人在村東頭的樹林裏找到了他，他就騎在樹杈上，用枝葉擋著自己，害怕挨打，所以不敢下來，家人喊他也不敢應聲。當年的這小孩現在已年歲很大了，長我一輩，我叫他叔叔。

爺爺與鄰村的一位土道士關係比較好。這土道士是個瞎子，平時靠給人算命、畫符、治些小病為生。聽說他有些小本事，生意非常好，方圓十幾里地的人都來找他。但他脾氣比較怪，一般人找他算命什麼的，他還不高興，得看著他的臉色，不是所有人他都給算，經常有人大老遠跑來吃了個閉

門羹。所以很多人都來找爺爺，讓爺爺帶著去，爺爺的面子他是不會不給的。

我出生後，爺爺當天就把我的生辰八字報給了瞎道士。瞎道士一連算了好幾遍後，猶豫不決，不敢開口。爺爺一再追問，他才說出來，說我有「百日關」，而且屬於「凶關」。

百日關可能有許多人聽說過，尤其是農村老一輩的，就是在小孩出生後的一百天內夭折。據農村老一輩人傳言說，百日關又叫「被窩關」，被窩關是一種很凶狠的凶靈，會十八變，能變成蝙蝠、貓、老鼠等等，它們在晚上先將大人迷住，讓大人睡死醒不來，然後將小孩在被窩中活活悶死。

爺爺驚慌不已，向道士討要破解的方法。道士就連夜讓爺爺去鑄一把避邪劍，然後借來一張漁網。將劍壓在我睡的小床下面，用漁網將我睡的整個床都罩起來，不留一絲破口。然後道士還畫了幾張符，讓爺爺貼在床上和房子的各個出口處。

那天，從不出門的瞎道士還讓人牽著，摸著瞎跑幾里地的路，親自來到了我家。他對家人說，一般的百日關都能破解，不用擔心，他活了這麼多年，破解了不少百日關，破除的「凶關」就有好幾個，從沒出過事。他說他師父教他的這方法很靈用，破除一般的百日關是不會有問題的，只有一種關他沒辦法破，就是「血關」。血關是凶關裏最凶的一種，很少見，一般人不會碰到。

他安慰我爺爺不要擔心，並在我家陪著我爺爺住了三晚。爺爺把我家所有親戚都叫來了，每晚安排兩個大人輪流

守著我，他們通宵不睡，喝著茶，繞著房裏轉著圈走著，不能睡過去。

三天後，瞎道士回去了，他吩咐守夜的人晚上要細心聽著動靜，如果沒有什麼動靜，那就不會有問題。如果一連幾夜聽到漁網上有拍翅膀的聲音和看到黑影，那就是碰到「血關」了，命中注定了，他也無能為力。

第一個月裏，安然無事，家人都鬆了口氣，覺得不會出問題了，爺爺這個月裏晚上根本沒合過眼，老是來房裏視察一下，看大人有沒有打瞌睡，有沒有什麼異常響動。雖然沒有出問題，爺爺還是提醒家人不能放鬆警惕，說一定得熬過這一百天，只有過了一百天以後，才能真正確保安全。

果然在第二個月裏，也就是在第四十多天的時候，那晚是我的大哥（堂伯父的兒子）值夜。在半夜一兩點的時候，他睏得不得了，就繞著房裏轉圈走著，迷迷糊糊中，聽到網上有撲翅膀的聲音，一下子，他嚇醒了，轉過眼來一看，看到漁網晃動得厲害，而門窗卻關閉著，房裏沒有風。他一抬頭，看到房梁上一個黑影繞著梁一掠一掠的，也看不清是什麼東西。他嚇得大聲把睡在一邊的父母都叫醒了，爺爺鞋也沒穿就跑了過來。

大家都睜著眼睛，一夜沒人敢睡，直到太陽出來，爺爺都嚇得說不出話來。中午時，他又去了瞎道士家，讓我父親用獨輪車把瞎道士接了過來。

瞎道士來我家後一直面著牆，飯也不肯吃一口。家人也知道他很為難，就寬慰他，說知道他已盡力了，讓他不要太為難，說真出了事也是命中注定了。

　　瞎道士又作了很多符，貼滿了屋裏，還讓家人上香供祖宗，上祖墳。晚上聚了一屋子人，爺爺將村人也請來幫忙了。他們通宵在房中打撲克，吃茶點說話，慢慢地他們說話聲音越來越小了，不少人趴在桌上睡著了，剩下的也都是迷迷糊糊地強睜著眼，似睡非睡的。凌晨兩三點時，有個人起來在門口拉尿，他說迷迷糊糊聽到瓦片響，看到一隻黑老鴰在瓦上一撲就不見了。他趕緊跑進房裏，看到一隻黑鳥撲著翅膀往網上撞。一下子驚醒了，他大喊著，一屋子人都醒了過來，他們睜著眼滿房子尋找，連屋頂、房梁都找了，卻看不到鳥影。

　　瞎道士知道後，哀聲嘆氣，不停地搖著頭。爺爺急得老淚縱橫，對著祖宗哭了起來，母親也難過得不得了，只有父親若無其事的樣子。父親是四九年後上學讀的書，而且參了好幾年的軍，當了個小軍官，是個地地道道的無神論者。他對家人拜菩薩、算命什麼的，都很不屑，比較反感，背地裏罵他們迷信。但他非常怕我爺爺，迫於爺爺的威嚴，他表面上從來都不敢作聲，都順著他們去。

　　這次看到爺爺這樣，他忍不住了，就藉口罵母親迷信，根本就沒有這回事，從來都沒有人親眼看到過什麼被窩關，搞得神乎其神的，讓他覺都睡不好。他還說那些自稱說看到的人，或許是睡得眼花了，或許是想心思騙人的，根本就不會有這種事。

　　話還沒說完，就被爺爺掄著拐杖，劈頭蓋臉打得他滿地亂爬。

　　就是這當口上，平先生出現了。

　　是平先生自己找到我家的，他一直操著口音較重的方言說話，雖然聽起來有些困難，但都能聽得懂。他跟爺爺說看到我家有血氣，就跑來探個究竟。爺爺聽他的話語，就知道他不是一般的人，趕緊將他請為上座。他大概地了解了一下情況後，就對我家人說，這不是什麼大不了的事情，他晚上能夠破除這個百日關。

　　爺爺聽後激動不已，甚至逼著父親給平先生下跪拜謝，被平先生制止了。平先生不喜歡說話，問他一句他才半天慢慢答出來。吃飯的時候，他也不用我們家的碗筷，只用自己隨身帶來的飯缽，他說他四海為家身上比較髒，怕弄髒了我們家碗筷。也不肯上飯桌，只端著飯一個人蹲到角落裏慢慢吃，而且他一天只吃一頓飯，也不怎麼喝水。吃完飯後，他都會向家人討要一碗涼水，裝在飯缽裏，將黏在碗壁上的幾顆飯粒和油星盪乾淨，然後全部喝下去。

　　下午的時候，平先生帶著父親，扛著鍬，走到了野外十里地的婆婆山腳下。他指了塊地，讓父親挖下去，挖出長寬大約兩尺見方的坑。

　　他讓父親一直挖，說要挖出地下水來為止。直到挖了將近兩米多深，坑裏還是乾的。父親累得氣喘吁吁，說這塊地方根本挖不出水來，就扔下鍬不情願再挖。平先生也不說話，只一直在邊上閉著眼坐著，父親沒辦法，只好繼續挖。突然一鍬下去，像挖斷了動脈血管一樣，地下水猛地湧了出來，一下將坑灌滿了，水面將近與地面平齊。父親驚呆了，他說這是他長這麼大親眼見過最驚奇的第一件事。水清清的，很陰涼，帶著一絲甜味。

　　這時平先生才從身上掏出一個陶罐子來，他將罐子的泥封口打開，將罐子放進水裏，灌了半天的水，也不見灌滿。後來他又將罐子封上，讓父親帶著回去。說來也奇怪，十里地的泥路，往返一趟得將近一天，可太陽還沒落山，他們就趕了回來。父親說跟著他後面趕路，腳下像生了風一樣，步子也不見得比平時快，但十里地的路，只花了平時一半都不到的時間。從這起，父親的無神論開始動搖了，直到我爺爺去世以後，他都不再隨便喊這些叫迷信了。

　　晚上時，平先生讓家人都去睡了，不讓人留下守夜。爺爺不放心，就一個人坐在堂屋裏，盯著房內的動靜。平先生也不說話，只從身上掏出那個陶罐子，放在我睡的床底下，然後自己在房門外的屋角，背著房門閉著眼坐著。

　　凌晨兩三點鐘的時候，爺爺突然聽得房裏砰地一聲響，只見一道白影從床下嗖地竄出來，在梁上繞了兩圈，就聽到上面傳來拚命撲騰翅膀的聲音，然後又幾聲尖利的怪叫，像老鴰，又像野貓。再看房內，只見狂風大作，將漁網都吹飛了起來，父親驚嚇得跳下床來，操起床沿的軍刀，滿房尋找著。

　　就在這當口，聽到屋頂嘩啦一聲響，瓦片都飛了起來，一抬頭，就看到屋頂破出了一個大洞來。就在所有人都還沒有反應過來的時候，一切又突然瞬間恢復了平靜，像什麼也沒發生一樣。

　　這時爺爺才回過神來，他轉眼一看，才發現平先生不知道什麼時候不見了，去屋外尋一圈也看不到人影。直至雞叫三遍的時候，平先生又突然回來了。他告訴爺爺說，我已經

平安無事了，百日關被他除掉了。說完他就轉身要走，怎麼留都留不住，爺爺就讓父親硬拉住他，說要拿出我們家的傳家骨董來酬謝他，剛把骨董翻出來，他人已經不見了。父親呆呆地楞在那裏，都不知發生了什麼，再去村裏尋，直至尋出村外兩三里地，都尋不到一個人影。

二、修羅術

從這起，就再沒有出現任何的異動，我平安地度過了「血關」。

後來我問平先生，當年的百日關到底是怎麼回事，是什麼東西在作怪。平先生告訴我，「百日關」其實是有妖人在作怪，它們能變化出鳥獸類，專食嬰兒的精氣。這些「妖人」其實本來也是普通的常人，只是心術不正，練了邪法，修了「凶靈術」中的「修羅術」，所以才變成這樣。他說修了這修羅術後，能元神離體，幻化出小型的鳥獸類，專在夜間作亂害人，但它們沒有什麼大的本事。

我問平先生，它們為什麼一定專食嬰兒的精氣。平先生說，修這種邪術的人不能吃人間煙火，得靠嬰兒的精氣來續它的命。它們一般都有一百歲以上，修成了後，就成了阿修羅，鑽到修羅界去當怪物了。

平先生還告訴我，一般百日關中的妖人，層次不高，有的甚至普通人用箭都可以把它射下來，這些都是屬剛修邪術不久的。而我百日關中的那個妖人，已修了一百多年了，快修成阿修羅了，所以一般人根本就鎮不住它。那次平先生放

了一條小白龍去驅趕，一口氣驅了數百里地，鑽進了一片荒山中，最後在一座山腰上消失不見了。

後來他就用天目看到山腰上有一個洞，但是洞口被石頭封死了，他就用功能將洞口打開，裏面傳出很強烈的腐臭味。他看到遍地都是嬰兒的骷髏，足有數百個，骷髏堆中蜷縮地坐著一個佝僂的老太婆，異常醜陋，瘦骨嶙峋，勾鼻，綠眼睛，一口尖牙。

它蜷在骷髏堆中，嚇得發抖，不住求饒。平先生說，他先用龍將它縛住了，然後用桃木劍，刺穿了它的天靈蓋，結束了它。

我爺爺在我三歲多時就離世了。爺爺是屬於中國老一輩的勞動者，一生敦厚、忠實、知恩圖報，從不知作惡。現在這樣的老人，在中國幾乎已經找不到了。現在人都變壞了，為老不尊，變得貪婪、刻薄，再找不到中國老一輩的那種慈善的，令人起敬的老者了。

媽媽說，爺爺臨終前，將父親、姑姑等家人都叫到床前，他吃力地伸出兩根手指對他們說，這輩子，他沒有做過什麼惡事，問心無愧，對得起天地祖宗。但唯有兩件虧心事沒有了斷，讓他不能閉眼。一件是民國二十一年的時候，他在路邊撿到了一袋大洋，共有七塊。他坐在路邊等失主，等到傍晚還沒有人來領，他就把大洋拿回了家。那時家中窮，老老小小一家人都等著他養活，沒飯吃時，他就違著良心，將大洋用掉了。這件事，讓他到現在一直都虧著心，耿耿於懷，他讓父親將同等的錢拿出來，施給乞丐和需要幫助的窮人，好幫他了了這樁心願。父親不住地點著頭，讓他放心，

說一定照辦。

爺爺點了點頭，又接著說，第二件事就是「儒兒」（我小名）過百日關時，幫著破了百日關的那位先生。他救了咱們的命，咱們卻連人家姓什名啥都不知道，我們家也沒有什麼貴重的東西，唯有祖上留下的那幾件老骨董傳家寶。如果以後能再次碰上了人家，一定得把這幾件東西贈予他，好好報答人家。

父親不住地伏在床前點著頭，讓爺爺不要擔心好好養病，說一定照他的話去做。爺爺這才安靜地躺了下來，半夜時就悄悄地走了。

我們家第二次碰到平先生，是在我五歲的時候。那時正下著一場大雨，平先生戴著那頂破沿的草帽，站在我們家老屋的門檻邊，也不進門。母親正和二姨在堂屋裏納鞋底，我就坐在母親的腳邊玩著母親針線匣裏的小物件。二姨先看到了平先生，她碰了碰母親，母親才抬起頭也看到了平先生。

母親認人的能力極好，她一眼就認出了是當年救了我的那個先生，就趕緊將平先生請到屋裏來坐著，給他倒茶鞠躬，又拉過我，讓我給平先生磕頭，說拜謝我的救命恩人。平先生趕緊閃到一邊，坐在角落裏，只說不要客氣。

那時我父親轉業了，打理一家小企業，白天他都在離家七八里的鎮上料理生意，晚上才回來。

平先生只說是偶然路過，順便就來看看我。他盯著我看了半天，然後就笑著起身說要走。母親硬是不肯放他走，說這麼大雨，一定得留下來吃晚飯，過個夜。並說晚飯時我父親就會回來，一定得讓我父親見過平先生再說，不然我父親

一定會責罵她的。

這次平先生沒推辭，就在屋角坐了下來。我一直很好奇地打量平先生，覺得他很親切，像好多年沒見的親人一樣，很想和他一塊玩，但又不敢過去。

三、挖「地龍」

傍晚時，父親回來了，知道是平先生來了後，拍著大腿說，早知道就在鎮上買回一些好菜來，現在去又來不及了，家裏也沒什麼好東西來招待先生了。平先生仍是那樣不善言辭，只是不停地說著不用客氣，他四海為家，只要是能吃得的就感激不盡。父親覺得不能虧待了平先生，就偷偷地冒著雨在村邊的池塘中摸了大半天的螺絲，讓母親炒了碗田螺肉，又借來些雞蛋和酒，款待平先生。在那個年代能吃上一頓肉和蛋是非常不易的，平先生看見這麼豐盛的晚餐，竟有點不知所措。

在父親的再三勸請下，他才拿出自己的飯缽來，仍是堅持用自己的飯缽，並且不肯上飯桌。父親一律要平先生坐在上座一起吃，不然全家都不吃。就這麼僵持著，眼看菜要涼了，我肚子餓得咕咕叫，口水早流了一地，就伸手挑了一塊蛋，塞到嘴裏，被父親一栗鑿，打得我躺在地上打著滾哭了起來。

平先生趕緊跑過來，抱起我，摸著我的頭，說不能打小孩。然後將我抱到了上座，他挨在我邊上坐了下來。父親看平先生下坐了，就吁了口氣，招呼母親也坐下來一起吃。

平先生不吃葷腥，專吃些野菜和白飯，這下可讓我享受了頓口福。

這次在父親的再三挽留下，平先生留在我家住了一個多禮拜。父親是我們那一塊最有本事、出人頭地的人，他是那種心氣極傲的人，自恃有學問、有本事，看不起一般的人。但他對平先生卻異常尊敬，從不敢怠慢。父親一直對武術、太極、點穴等，很感興趣，一直在鑽研。

那段時間，他經常不去廠裏，在家陪著平先生聊天，向他討教關於這些的問題。那時我聽不懂這些，但已不怕平先生了，就喜歡爬在地上，繞著平先生的腳下轉來轉去，時不時咬他一口打他一把。父親就瞪著眼，大聲喝斥我，平先生就趕緊將我抱起來，放在他的懷裏坐著，笑呵呵的，讓父親不要嚇著我。

我記得就是那時，有一天，暴風雨停了過後，地上濕漉漉的。平先生牽著我，說帶我去抓「地龍」。我不知地龍是什麼東西，但能出去玩，就非常高興。

我拉著平先生，跟著他一蹦一跳地跑著，感覺跑得飛快，像在飛一樣，也不感覺到累。平先生帶著我到了好多不知道名的地方，多是山地，很美，還看到了高大的松樹和白色的巨鳥。這些地方好新奇，我從未到過這些地方。多少年後，我憑著當年朦朧的記憶，跑遍了村子周圍方圓十來里的地方，卻再找不到當年平先生帶我去過的這些地方了。

到了一個地方後，平先生就會停下來，然後在地上尋找，他告訴我說在找「龍穴」，平先生還教我尋「龍穴」，尋到了後，平先生就用手在泥面上一抹，抹開上面一層土，

泥面上就露出了一個拇指粗的洞來，洞裏還有水沁出來。這時，平先生就從身上的布兜裏掏出一個陶瓶來，將瓶口對著洞口扣下去，然後念著什麼。不一會，就有一條泥鰍，從泥地下鑽出來，一扭一扭地鑽進瓶子中。這時我才知道，原來平先生說的「地龍」就是泥鰍。我們村後面的水田裏，一到秋天割稻的時候，到處都是泥鰍，肥肥的，那時我們都會拎著籃子和媽媽去抓泥鰍，抓上半籃子，美美地吃上一頓。我最喜歡吃媽媽做的泥鰍蒸豆腐，想著我口水就流了出來。但我不知道這個時候也能抓泥鰍，而且是在旱地上抓，我一直以為泥鰍只是在水田裏的。

這個泥鰍與我見過的不一樣，它的嘴邊有長長的鬍鬚，而且有鯉魚樣的尾巴，我那時也不會多想，只知道好玩。我也幫著平先生尋龍穴，那會兒我真的會尋龍穴，是憑著感覺的，我一瞅一個地方，就能感覺到這是一個龍穴，就告訴平先生。平先生用手一抹，果然是，他一個勁地誇我有慧根。但現在我卻不會找了，不知道為什麼，現在沒有那種感覺了，那時卻是真的能感覺出龍穴來，一眼就能看出。

有時龍穴很深，地龍不肯鑽出來，洞口有小手腕那麼粗。這時平先生就繞著龍穴畫了一些奇怪的圖形，念了一些口訣，然後掏出他身上的刀來，使勁往下掘，掘得很深，地下面的水不斷地往上冒，有時像噴泉一樣。最後總能看到一條黃鱔那麼長的泥鰍來，身上帶著紅色，在水裏扭動著。

平先生就從身上拿出一根紅色的草來，放到水裏，那泥鰍就不亂扭了，乖乖地游到草邊，讓平先生將它抓起來，裝在大罈子裏，封好。

　　抓了一下午的泥鰍後，傍晚時才趕回家吃飯，老遠就看
到媽媽站在村頭尋我們。

　　回家後，我就一直惦記著吃泥鰍肉，可一直卻沒吃到，
我也不好意思問。兩天後，平先生告辭離開我們家。平先生
離開我家的時候，父親想起爺爺的話，便拿出家中早就打包
好的傳家骨董，一定要平先生收下。平先生斷然拒絕了，父
親就說這全是爺爺的遺願，如果平先生不收，他就沒臉與爺
爺交待了。最後平先生沒辦法，就從骨董中挑出了一件護身
鎖，其他一概不收。

　　這個護身鎖，據說我爺爺小時候都戴過，我爸戴過，我
小時也戴過，不過現在不戴了。也不知道是我們家哪一代傳
下來的，這鎖用的是「千年鐵」打造的，所謂千年鐵，據我
爸說，就是從古墓裏挖出來的，古墓群中有很多棺材，棺材
是用鐵釘釘起來的，時日長了，鐵釘和棺木就全部爛了，化
掉了。

　　但是有一些鐵釘卻沒有爛，只是變成了黑色。我祖上就
把這些不會爛的黑棺材鐵收集起來，鑄成了一把鎖，掛在脖
子上護身。

　　這鎖是黑色的，不知道多少年歲了，卻從不會生鏽，一
直這個樣。平先生說，這個護身鎖上帶的東西很不好，他就
幫我們收了。但其他值錢的東西，他一概不要。父親沒法，
就說這些如果平先生現在不肯拿走，那就權當替平先生保存
一下，以後隨時歸還。

四、應靈

　　後來，我以那次抓泥鰍的事來問平先生。平先生笑了起來，說那並不是泥鰍，是野龍，真正的龍！我吃驚不已，我想像中的龍是頭上長著角，巨大無比，能上天入地，翻雲覆雨，所到之處都是狂風呼嘯，雷鳴不斷的，怎麼會是這樣的一條小泥鰍？

　　平先生笑著說，龍不是屬於我們人類這空間的生物，在遠古以前它們曾經是可以出入我們人類這空間的。但後來人類空間不純了，被汙染了，龍就不能再進入了，不然它就會掉下來，很快腐爛死去。

　　平先生又說，生命在於循環，宇宙間所有生命，都必須有一個維持他生命的循環，循環斷了，生命就會終結。整個宇宙也同樣是循環的，三界在最低層，人類又是三界的中心，所以人類是宇宙最低一層的循環。很多東西，他們在人間必須得有個根，不然他們循環不了，會死去。就像樹木一樣，如果沒有根，就完成不了水分養料循環，就會枯死。

　　這泥鰍其實是龍的「應靈」，也就是龍對應到我們這個空間來，形成的有人間肉身的靈體。

　　平先生說，這些應靈，它們能夠聚之成靈，化之成物，所以一般凡人是根本看不見，碰不了的。還有很多更高境界的神靈，他們在人間也都有對應身，有的是生物，有的甚至是物質，或瀰漫在空氣中，只是沒有人知道，只有達到了他們的那境界，才能知道那境界中的事。

　　平先生說，他知道的東西其實很有限，就人類的這麼一

丁點，宇宙是極其龐雜玄妙的，無極生出了太極，太極再生兩儀，然後生四象，生八卦、五行。一層比一層衍生得低，五行也就是我們的這三界，我們都在五行這境界中。平先生說，他師父告訴他，在太極之上的無極中，還有無數的更高境界的、更高層的神，但這些是都不允許人類知道，所以自古也從沒人提起過。

平先生告訴我，其實光我們這小小的三界，也就是我們的這五行世界，也都是極其複雜的，有天上、地上、地下，無數的生命空間。天上，有好多好多層天，一層比一層高；地上，和人類差不多境界的空間有許許多多；地下，那些低靈的空間，也數不清。

我問平先生，這些空間是怎麼回事。我接觸過愛因斯坦的相對論，他提到過不同時空的存在，但他卻沒有描述出來，只是說不同速度，存在不同的時空。後來霍金又說，黑洞超強的引力，能夠讓時空發生扭曲，形成時空隧道。但另外時空究竟是什麼狀況，沒有人描述過，我也不能理解，只是從科幻作品中看到一些，但那些不真實，是想像出來的。

平先生說，一個時空就是一個生命世界，很大的世界。就像我們人類，人類世界的一切，地球、月亮、太陽，還有地上的一切生命，這些就算一個時空。而其他的時空，我們人類都看不到，有時偶然間它們的影子會顯像出來，比如海市蜃樓，但是觸碰不了，很快會消失。

平先生說，古人說「境界」這個詞，一般人理解不了，只知道字面，只知其一，不知內在。其實一個時空，就是一個境界，境界指的是時空的層次。而這些又是與人的修為相

聯接在一起的，修為高的人，能穿透的時空層次就高，境界就高，他們所在宇宙中的位置也就高。

我又突然蹦出了一個疑問，就隨口問平先生，都說天上有神仙，但現在都飛到月亮上去了，天上什麼也沒找到呀？

平先生說，宇宙是圓的，地球是圓的，三界也是圓的，所以沒有我們人類所說的上下之說。

這個我能理解，就像我們中國人說，我們在上面，美國人在下面，那美國人會說，他們在上面，我們在下面，其實誰也不在上面。

平先生又說，三界中真正的天上，也不是人類所說的在雲上，三界中的地下，也不是指在土的下面，那是人錯誤的理解。宇宙中沒有這種上下的概念，宇宙中指的上，是指空間境界的高，不是指方位上的差異。以高境界為上，低境界為下。古時所說的神人上天，不是上到雲裏，而是進入了高境界的時空。

我恍然大悟，原來人知道的東西真是很可憐，很多是錯的。我問平先生，古人說的陰間，是不是就是另外的一個時空，是不是人死了都去那裏。平先生說，陰間只是三界內的一個空間，屬地下，是閻羅王所在的地方。並不是人死了都得去那裏，只是不太好的人死了會去那裏。很多比較好，積了德的人，死後會去三界內的其他高層空間，比人類高，有的就去了天上，但是出不了三界。在三界內，比人類高的空間多得數不清。而有些不太好，犯下了罪的人，死後才去閻王殿接受審判，要麼下地獄，要麼入六道。

平先生的話讓我震驚不已，我對平先生佩服至極，覺得

他簡直無所不知。但平先生說，他所知道的其實少得可憐，連個皮毛都不算。他說，有一個真正無所不知的人，但這個人太神祕了，從來都沒有人知道他來自哪裏，也沒人知道他往哪裏，更沒人知道他是誰。平先生說，這個人未來會成為我的師父，因為我的福分太大，曾經與他結下過緣，多少年後，我會碰到他，但現在緣分還沒有到。平先生說，這也是讓許多人所羨慕的，包括平先生他自己，平先生說我將來會知道這一切，會好好珍惜的。

平先生還說，其實他這一世與我們結緣，與我相識，也是在很早前就注定下來的，他也只是完成他該完成的使命。他說我們在很久遠以前，就結下了不小的緣分，這世，只是來化緣。

五、真體

我第三次見到平先生，是在我讀初中的時候，那時正值八十年代，全國上下都流行練氣功。我父親一如繼往地熱中於他的點穴、太極，現在又迷上氣功了。他甚至有時扔下他的廠不管，自己全國各地亂跑，聽說有哪個氣功師開班傳功，他都跑進去聽。他練了好幾種氣功，家裏的氣功書和氣功雜誌，有滿滿兩書櫃。他見過當時不少知名的氣功師，還與他們有書信往來，往來的書信有厚厚一疊，父親當時都保存著。

我記得那時，不知道是哪個氣功師，教給了父親一套二指彈神功，還說是他獨門祕傳的功法，讓父親不能教給其他

人。那時我身體比較弱，父親就讓我練二指彈。我記得每天要凌晨三點爬起來，然後打坐，做著動作，腦子裏要意想著什麼什麼氣，貫穿我的全身，到丹田，再到兩臂，然後再到手指上……我都記不清了。我除了前兩晚處於興奮能夠準時起床練習外，到了第三天，我就再起不來了。父親把我喊起來，我迫於父親的威嚴，不敢不起來，就坐在那偷偷地磕睡。靜坐了以後，還要在外面練習手指，先是練習五指，然後慢慢減少，練習兩指，逐漸升級，最後是要做到用兩根手指將整個身體倒立起來，甚至往身上負石頭。那氣功師說，根基好的話，一年多時間就可以練成，練成後，用兩指一戳，就可以把牆戳個窟窿。

　　父親不監督的時候，我就倒在外面睡覺，有時父親說要檢查我練得怎樣了，我就咬著牙，痛得眼淚打滾都忍著，怕父親看出我一直在偷懶，沒進步。父親竟然很滿意，說有進步，我爬起來後，十根手指痛得根本彎不過來，早飯連筷子都拿不了，夾著勺子吃。

　　還好，後來父親告訴了那氣功師，說讓我練二指功。那氣功師就告訴他說，未滿十八歲的如果練了，會對身體有傷害，身體可能會發育不齊全。父親嚇到了，就趕緊讓我不要練了。那時我一共只練了十幾天，終於鬆了口氣。

　　我也由於見過平先生的緣故，對玄學、宇宙探祕之類的特別感興趣。中學那會兒，學校圖書館是不對學生開放的，但我父親認識學校的校長和很多老師，我就以老師的身分，整天泡在圖書館中找有關宗教、玄學、未解之謎之類的書看。那時剛改革開放，引進了許多這類的新書，我大大地飽

了下眼福，了解了很多新奇的事情。

初二放暑假的時候，我還是整天泡到學校的圖書館中找書看。學校離父親的廠不很遠，我中午就蹭到父親廠裏吃中飯，晚上坐父親車回來。

那是下午快吃晚飯了，我從學校走出來，準備去父親那。剛出校門就看到路邊一個人，一直站在那看著我，我一看，很吃驚。我隱隱約約地感覺到是我五歲多時見到的平先生，但又不敢確定。因為只是感覺，畢竟這麼多年了，相貌我早就忘了。這時平先生喊我，他還記得我的小名，這下我確認了，就很激動，趕快跑過去。我不知道平先生是怎麼知道我在這學校的，我問平先生是不是到過我家了，平先生搖了搖頭，只說碰巧又路過，所以又來看看我。

我感覺眼淚差點流出來了，我轉過身去，我從小就一直感覺平先生似乎是我很久很久遠以前的親人，只是好久不見了，他卻一直惦記著我。我趕緊拉著平先生，去見我父親，父親自然是高興極了，他記得平先生不吃葷腥，就差人跑到市集上買了一堆最新式的蔬菜，然後我們一起回了家。

第二天，父親就拉著平先生，躲在書房中，拿著他這麼多年的練功心得和研究記下的筆記，問這問那，我也湊在一邊聽。平先生卻一直搖著頭，他表情很嚴肅地告訴父親說，別的門派的東西，他都不懂，他只知道他一門中的東西。他說修行的門派多得數不清楚，但是不可以同時修兩門，不然這個人就廢了。

我想起了我最近看到過的佛教裏的「不二法門」這個詞，就脫口而出。平先生點了點頭。

平先生見到父親這樣亂來，就很焦急，他說，每個門派在三界上面，都有一個對應的去處，這是他的歸宿。每個人都有一個真體，真體不是肉身，也不顯現在我們這空間中，一般人看不見。真正修行，是這個真體在起作用，如果修了兩門以上的東西，就把真體搞亂了，上面哪裏都不要他，這個人就廢了，再也修不成了。

平先生怕父親還不理解，就舉了個例子說，在崑崙山的高處，有一個上善天真，他修了五千多年了，境界早就出了三界，超過三界不少了。但他在年輕時曾修過另一門的東西，沒有修滿就中途改修現在的法門了，所以他的真體搞亂套了，不純了，上面兩邊都不承認他，哪裏都不要他。他在三界外沒有了歸宿，所以只能一直待在這裏，等待著一個人來幫他解開這個結，給他一個歸去。

正說著，平先生突然一下咬到了自己的舌頭，然後他就閉嘴不說話了，他舉起手來把自己的嘴打了三下。我和父親嚇了一跳，因為我們從未見過平先生有異常的舉動。

過了一會，父親才小聲的問平先生怎麼了。平先生靜了一會才說，我們說的話，上善天真一直在聽著，天真不喜歡對人類提起他，覺得那是對他的汙辱，所以剛才就懲罰了他一下。

我和父親聽了後，就不敢再問了，真是舉頭三尺有神靈。

六、豢龍人

平先生的身分，一直是個謎，我和父親再三詢問，平先生最後告訴了我們。

平先生說他在人世有一個特殊的身分，叫豢龍人，所以他一直保留著人體，能自由出入世間。

我曾看過歷史，記得舜時，曾經有個叫董父的，被封為豢龍氏，還有個叫劉累的，是御龍氏。我問平先生，是不是就是歷史上所說的這個豢龍人？

平先生說，他沒看過歷史怎麼寫，但他的確是董父的後人。平先生說，豢龍術一直在世間單傳著，其實很多神奇的東西，像奇門遁甲等等，都沒有失傳，一直在民間單傳著，只是不讓人知道。他們一般都是幾百、或上千年，才在世間選一個人來傳，而且帶著他到世外靜修，不為世人所知。

平先生說，大門派中，一般每個門派，都有自己特定的修行處，外派不能入內。像先天道，修行處就在崑崙山。他們每個修行人，都有一個自己的山洞，有的在大山的中間，有的在山的底下，有的在山腰上，但他們都用功能把洞口給封死了，凡人根本就看不出來裏面會有洞，也根本進不去。他們在裏面修行時，都不吃不喝，專心修行，修不成就得死在裏面了，一般都會修幾百年，有的上千年，直到修有所成才出來。各個門派修行的要求也不同，有的門派修行途中，要求到人世間雲遊。而有的門派修行也不一定是在山洞中。

平先生說這樣的世外修行人，到處都有，數量並不稀少。他遊歷了全中國，到過的很多大山裏，都會碰到這樣的

修行者。他們的門派修行範圍內，不允許其他門派的人進來修，如果是過路的就沒關係。他們雖然躲在山中，但互相之間都知道。平先生說進入他們的修行地後，一般都只是同他們打聲招呼，借個道，不會再深入交流，因為這涉及到不同門派的東西，怕亂了真體。

我聽了後，暗暗吃驚，真佩服這些修行人，幾百上千年，一個人靜靜地待在黑暗冰冷的石洞裏，那吃的是怎樣的苦啊！那誰能修行啊！平先生笑了起來，說別小看這些冰冷的石洞，其實美妙無比。他說修到一定境界，這個石洞就是一個神奇的世界，裏面廣闊無邊，高山流水，飛禽走獸，應有盡有，妙不可言，只是人想像不到。

我再次地震驚，突然想起了懸壺濟世這個成語故事，說是一個道人，在鬧市給人醫病，他身邊總是掛著一個酒壺，一到晚上他就跳進小小的酒壺中去，第二天才出來。有個年輕人拜道人為師，道人就讓年輕人跟著他跳進壺裏，年輕人一咬牙跳進壺中後，發現小小的壺裏，原來是一個廣闊無比的美妙世界，飛禽異獸，高山流水，應有盡有。

我問平先生是不是這樣，平先生點了點頭，說修到一定境界中後，就可以把修行的山洞與高層的空間聯接起來，將它修成一個高層世界。這時，這個洞就叫洞天了，成了仙府。平先生說，凡人看修行人苦，其實修行人看凡人，那才是真苦，各有各的樂趣。就像豬的世界裏看人，覺得人很苦，一天到晚很勞累，還不能在泥中打滾，沒牠們享受，可人看豬又覺得豬苦，覺得牠們髒，各得其樂吧。

我點了點頭，若有所悟。

　　平先生告訴我，龍有很多種，有三界六道中的龍，有佛家的護法天龍，還有不屬於三界的龍，各種各類。就是六道中的龍，大致也還分為野龍和歸位龍。平先生的使命就是管理六道中的龍，主要是歸位野龍，同時順便替人間除一些凶靈，讓它們不能擾亂人間，維持正常的人類空間。

　　平先生說，有些龍不屬於他管轄的範圍，比如佛家的龍，還有些龍的來頭很大，層次比他都要高很多，這些他更沒有資格管。

　　我就問平先生說，小時候帶我去抓的那些「地龍」就是屬於野龍了。平先生點了點頭，說野龍的境界一般不高，能力較小，但萬事都有特類，也有特殊使命來的。

　　我突然想起了西方故事中的那些噴火龍，又問這些是屬於哪種龍。平先生搖著頭說，那些根本不屬於龍，而是地獄中的怪物，跟龍沒有關係，不是同一類。

　　我想起了下雨，問平先生，是不是每下一場雨都有一條龍在雲後面司雨。平先生笑了起來，說才不止一條龍，是一群龍。

　　平先生告訴我，有時候，天空根本就是萬里無雲，突然間，就有滿天的烏雲，一下子圍了過來，堆滿了天空，下起了暴雨。這些雲像是無中生有一樣，沒人知道它們是從哪來的。平先生這麼一說，我才想起確實是這樣，我經歷過好多次，但從來就沒有多想過。

　　平先生就說，這些雲其實就是應生過來的。是那裏聚了一群龍，要司雨，對應到我們這邊空間，就應生出了一堆烏雲，如果沒有雲那還真下不了雨。如果這群龍不下雨了，解

散了，那這堆烏雲也就會自行散去，消失掉。

　　我又問平先生，有人說看到了龍是怎麼回事。平先生說，上古時，我們人類這空間，還沒有被汙染時，龍是可以在這裏現身的。但現在的人是看不見龍的，除非他開了天目。而如果龍真的被人看到了，以真身降到了我們的這個空間，那這條龍可能就是吃了我們這空間的東西，它就被汙染了，再回不去了，只能被處死。

　　多年以前，偶然看到遼寧營口墜龍的事件，後來想起，我就以這事問平先生，可有此事？平先生說那條龍當時就是他處決的，也是天意。具體的事件，他表示恕不能詳敘。

七、脈

　　平先生在我家待了三、四天以後，突然那天清早，他說他有急事，要走。父親和我自然又要強留他幾日，平先生就說，昨晚他接到了洞庭的消息，說洞庭湖底黑魚妖作亂，傷了洞庭歸位的龍族，將它們驅出了洞庭湖，讓它們無處可歸。他得趕過去除掉黑魚妖，不然時間拖得太長了，它若汙染了整個洞庭湖水，那整個龍族就危險了，還會危及到人類，引起環境破壞崩潰。

　　我不明白，就請平先生開示。

　　平先生想了一會，就開口告訴我，他說生命在於循環，循環中斷，生命就死亡，宇宙中所有的生命都是這樣。每一個個體的小生命是一個小循環，而同一個境界上，同一個生命圈內，所有同等的小生命，又能夠相互聯接起來，形成一

個大的循環，從而組建成一個更龐大的生命體。

而建立這個循環的因素，就是脈。脈無處不在，只是凡人肉眼看不到，也觸及不到。

比如說我們人體有脈絡，中醫治病主要就是通過通脈來治好病的。脈不通，循環就不順暢，那麼身體就會出現相應的病徵。只有通過草藥、針灸等，通好了那條脈，病才能好。還有點穴，其實就是封脈，脈被封了，人就會出現相應的問題，解穴，就是重新通脈。

人體的穴位，其實就是人體脈絡交錯聯通的關鍵結點，也可稱作竅。不同的穴位，主著不同的脈絡，也就主著人體不同的功能。而脈又是看不見的，脈不是血管，人叉開五指，其實，五指的指尖間都是有脈直接相聯的，但人看不到，也碰不到，而脈循環又可以通過血液的循環與搏動，來表徵出來。因為一切都是相關聯的，相影響的，所以一般中醫說的號脈，其實他號的是血管不是脈。

人身體內有脈，這構成了人體生命的小循環，而人與人之間，又有人脈相聯通著，這就是緣。緣有許多種，有血緣、姻緣、善緣、惡緣，都是由人脈在聯繫著人與人，起著作用。同一個祖先生下來的後代，他們都有一根祖脈像樹幹、樹杈一樣的聯接著，越往遠處，脈越細，聯繫就越小。而父母與子女間，也是脈在聯繫著，這叫血緣。與朋友、仇人、熟識的人之間，也有脈在錯綜複雜地聯繫著。只是有的脈粗，有的脈細，有的輸送著善的信息，有的輸送著惡的信息，這就是人所說的緣深、緣淺、善緣、孽緣。

沒有緣的人，不會相逢。哪怕人海之中，匆匆地擦肩而

過，那也是需要一段緣的。平先生說，他其實與我們家有一段很深的緣分，尤其是與我之間，所以他才這麼幾次找到我們家。因為一般世外人與凡人是不能在一起生活接觸的，這是不允許的，除非有特別的使命和緣分，而他和我們之間，就是因為這個。

平先生說，我們生活的這個大自然也是一樣，他其實也是一個龐大的生命，是一個神靈，只是人不知道。人有五臟、血液、血管等，自然界有湖泊、海洋、江河、山川、氣息，這些也是自然的生命循環器官。人有脈，自然也有脈，他有水脈、龍脈等等，這些也構成了他的生命循環。自然是一個大循環，甚至我們人類、各種生物，都是他循環的一部分，都與自然是有脈相聯的，都是屬於自然這個神靈身體的一部分。

古人一直在講，天人合一，就是指打開人體的百竅，百竅就是生命與自然的脈的聯接點，聯接人與自然的脈絡，讓人體接受自然的信息，感應大自然，與自然相溝通，最後回歸自然，回歸神的懷抱，從而認清自己，找回真我。只是現代人被汙染了，他們的百竅已被自我和後天的欲望和物質享受封住了，斷絕了與自然的聯接，所以與自然越來越背離，與道越來越背離，也越來越找不到真我了，最後完完全全迷失了。

現代的人類迷失了，迷失的人類是最可怕的，如果他們找不到回歸的路，自然界就沒有他們容身的地方，哪裏也不能收留他們，最後會被毀滅掉。那時就會有天災、人禍和各種災難，甚至世界末日。這是神靈對人的懲罰，其實神是很

慈悲的，他們絕不會傷害自己的子民，就像不會傷害自己身體一樣，他們一直在給人類回歸的機會。只是人類迷失得太深了，完全拋棄了他們的神，背他們而去，再也不可能走回來了。就像身上的汙泥一樣，雖然它黏在身上，但它不屬於身體，所以就得除掉它，不然它會汙染了整個身體。

平先生送給了我一句話：「凡人遇物境為己境，覺者化己境為物境。」平先生解釋說，凡人總是被周圍環境所困、所擾、所喜、所悲、所煩，七情六欲，苦不堪言，這就是凡人。而覺悟者，不為眼前所困、所迷，他能打通身靈，與自然相合一，相感應，他行使著自然的力量，將自己化境為自然。

平先生說，這個洞庭是中國水脈的聚結地，就像人體的一個重要穴位一樣，對整個中國的水源起著至關重要的作用，如果洞庭被汙染了，那就影響到整個中國的環境，因為水脈是循環相通的。所以一直由龍族把守著，確保它的清淨和各路水脈的暢通。

說了半天，我總算明白了平先生的意思，同時更加震驚，知道了許多前所未知的事情。

八、獨臂神醫

與大部分男孩一樣，我那個年齡對探險之類的事是非常嚮往的，無所畏懼。聽說平先生要去除黑魚妖，而平先生又說與我有極大的緣分，那時又正值暑假，想著平先生小時帶著我四處抓地龍的事，我就作了個大膽的決定，要跟隨平先

生去遊歷一番，長長見識，看他怎樣除掉黑魚妖。我想著到時肯定像神話故事中寫的一樣，翻江倒海，驚心動魄，邊想邊激動不已，更堅定了我的信心。

父親聽了我的話後一驚，平先生樣子倒是異常平靜，像是早知道了一樣。只是對我說，雲遊是很苦的，餐風露宿，飽一頓餓一頓的，而且還有危險。

我已下定了決心，覺得丟了命也不怕，想著平先生不帶我去，我就死纏著，不放他走。平先生停了一會，又回過頭看著父親，對我說：「你年齡還小，要跟我去，那你得先通過你父親的同意才行，得你父親作決定。」

我又看著父親，父親後來告訴我，其實他也是很想去的，只是他沒有說出來。我父親對子女的自立看得很重，他覺得男人就該四處闖闖，見見世面。再加上他覺得將我交給平先生很放心，就慢慢點頭同意了。他對平先生說，暑假結束前，得將我送回來，我還得上學。

平先生沒說什麼，只是微微點了下頭，同意了。我高興極了，急忙收拾了幾件衣服、牙膏、刷子背在包裹，父親塞給了我一疊錢，他平時是很少給我零花錢的，他說路上小心，得緊跟著平先生，不得亂來，開學前記得一定得回來。我點了點頭，父親讓我們從後門快走，說不能讓我媽知道，不然我是去不了的。

就這樣，我出了家門，生平第一次出遠門，異常激動。

跟著平先生走了三天後，我們來到了湖北省的西南部。我們中午、下午最熱的時候不趕路，睡覺，等太陽落山後，我們就上路。晚上趕路，一直趕到上午太陽出來後，我們就

找個陰涼的地方繼續睡覺。平先生說黑夜沒人，趕的路能比白天要快得多，我只覺得跟著平先生，腳下生風，再加上很興奮，一點也不覺得累。

我們都睡在野外，睡覺時，平先生都是雙腿盤坐，雙目微閉，靜靜地坐在一邊，一動也不動。吃飯的時候，平先生會拿著飯缽，去找人家化緣，化來後就讓我吃飽，他自己卻不吃。後來我不好意思先吃了，一定得讓平先生先吃。平先生搖了搖頭說，他一般是不吃的，只是幾次到了我家，怕我們誤會，才吃我們家的飯。

平先生說，緣不能亂化，如果隨便亂化，化得太多了，就會把自己拴起來，到時不好解脫。

我聽了很難過，覺得平先生是為了照顧我，讓我吃飽而為我化的緣，給平先生添麻煩了。

平先生很和藹地笑了，他說他與我們是天注定的緣，是有使命的，所以就沒有關係，他為我化的緣也是天定的，天能化緣，也就能解緣。平先生說其實這次能帶我出來見識一下，也是早就定下來的緣，不然我還來不了。我大悟。

一路上，在我的不斷詢問下，平先生還告訴了我很多事情，他說這條黑魚妖，有些來頭，已修了四千多年了。它一直在湖底靜修，因為洞庭湖是水脈的聚集地，精華所在，所以這黑魚得到了水脈的靈氣，修成了水神甲，刀槍不入，傷不了它。

本來它一直躲在湖底靜修，也不怎麼惹事，所以就與它互不侵犯。最近幾年，天象異常，這黑魚妖也不本分了起來，它自恃修得差不多了，無人能敵，便開始主動侵犯龍

族，妄想接管洞庭湖。現在竟然傷了龍族，霸占了洞庭，所以不得不除掉它，不然讓它汙染了水脈，那就完了。

平先生說，這黑魚妖的來頭比較大，有水神甲護身，所以現在還治不了它，得找個東西協助。

我問是什麼東西，平先生說這個東西不在六道中，名叫蜮（我根據記憶，然後造出來的名詞，大概就是一種怪物吧），是至汙之物，只有它才能傷得了這黑魚妖。

我很好奇，就接著問蜮到底是什麼東西。平先生說，蜮是一種極其凶猛的低靈生物。它不在六道中，平時喜歡趴在地獄之底，以地獄裏那些至汙的東西為食。平先生說世上有些人偶然間，在特定的時刻、特定的環境中做了極汙之事，這蜮就能附到他身上，操控他。他說十幾年前他雲遊時，就碰到過一個偶然被蜮附身的人。

但他無法將蜮從這人體內打出來，所以現在得先去找獨臂神醫幫忙。

我很好奇，又問，這獨臂神醫是不是只有一隻手？平先生笑了，說這個獨臂不是指人的這個手臂，而是指聖手。平先生說，聖手在真體上，聖手神醫也是在歷代單傳著，像扁鵲、華佗等，就是聖手神醫的歷代傳人。以前都是有兩隻手臂的，但不知道為什麼，這個聖手傳到唐末的時候，出了點事故，最後只剩下一隻手臂了。所以以後所傳的都是獨臂神醫了。平先生說，聖手神醫與先天道自來有些淵源，醫原本是先天道下面的一個分支。他認識前一代獨臂神醫，也就是現在這個神醫的師父，現在他不在了，就得找現在這個神醫了，他知道他住哪。

　　我們第四天趕到了一個靠近土家人住的地方，在一座山裏面，我們找到了獨臂神醫。這神醫是一個老頭，留著很長的白鬍子，他在山間依山搭了一個石屋，在山上開了幾塊地，種了一些菜，供自己吃。見到平先生，神醫很吃驚，他打量了我，又瞇著眼看著平先生，看了半天，然後拍著巴掌大笑著說，這麼多年了，還是這副模樣。

　　平先生也笑了，就說今天有事來求他幫忙。神醫趕忙客氣了一番，說不敢當，有事盡請吩咐之類的。這個老神醫在平先生面前一直以晚輩自稱，還稱平先生為師伯，非常恭敬。

　　我們在神醫那裏歇了一天，趕了四天的路了，倒下後，才覺得累了，渾身疲軟。神醫用自己菜園種的菜來招待我們，我好好飽餐了一頓。神醫炒出的菜裏面不知道放了什麼，非常香，吃後很有精神，疲累盡消，胃裏很舒服，暖暖的。神醫說他在菜裏面放了一些草藥，給我們消消疲勞。邊歇息的時候，神醫就邊主動跟我們聊了起來，他說他早就不治病了，偶爾才出手，沒錢的時候，他就去賣狗皮膏藥，換點生活用品，然後就回山種菜，不下去了。

　　聽他們聊天我才知道，神醫在七十多年前見過平先生，時隔了七十多年，他竟還能認得。神醫說再過多少年，這最後一隻聖手也要失傳了，他是最後一代聖手了，他走後，聖手就再不能傳下去了，已經不行了，不能用了。神醫嘆著氣，說現在是中醫的大劫，看來中醫很難走過這一劫了，世界被庸醫搞得不像樣子，人也越來越不信中醫了。他說得很傷感，聽得我也很難過。

我安慰神醫說，其實我是非常相信中醫的。神醫笑了起來，說平先生的徒弟如果都不信中醫，那中醫早就該絕種了，說著大笑。平先生趕緊嚴肅地說，他不是我師父，還說他遠遠不夠格做我師父，只是與我有緣，這一世帶著使命來與我化緣的。神醫若有所悟地點了點頭，不再問什麼了。

九、蠱惑

晚上時，我們就開始出發了，我們一行三人，一路南下。神醫很開朗，喜歡說話，我們就邊聊邊走，崎嶇的山道竟然走得很輕鬆。我猜想神醫他至少有九十歲以上了，但他身板卻非常硬朗，步伐比年輕人還有力。

一路上，神醫聊到了治蠱。我問是不是蛔蟲，神醫大笑了起來，說這個蠱可不是蛔蟲之類的寄生蟲，這個可厲害去了。他說比如現在平先生要去治的蛾，就是屬於蠱。

他說，現在治蠱早就失傳了，他可能是這世界上最後一個會治蠱的醫生了。神醫說，這個蠱去醫院檢查不出來，就是把人殺了，把肚子剖開，翻遍了，也翻不出什麼蠱來，得用特殊的方法治，才能把蠱現出原形，打出來。

神醫說，他四十多年前當過遊醫，那會兒還很亂，很多地方在打仗，土匪也不少。

他當時治過一個蠱，那是一個跑生意的人，他兼營盜墓的勾當，在靠近湘西那邊，他盜一個墓時，從地底下挖出一個罈子來，罈子封得很緊，他以為得到了寶貝，就把罈子給撬開了。撬開後，裏面什麼都沒有，只看到黑影一閃，從罈

口竄出來，似乎又有東西從他鼻息中游進去。從那以後他就
得了怪病，發病時疼得滿地打滾，五臟六腑就像被百爪抓撓
一樣，五臟俱裂，死又死不了，痛苦異常。去醫院檢查時，
什麼也查不出來，說沒有病。剛好被神醫碰見了，神醫用天
眼看到那人肚內有一條大蟲在扭動，便上前去問，果然是有
問題。神醫便給他配了藥，讓他服下，兩個時辰後，那人就
吐出了一個血團，用棍子撥開一看，裏面是一隻捲成一團的
大蜈蚣，足有一尺多長，渾身紅色的。神醫說這蜈蚣太罕見
了，當時就把它抓了，留著入藥。

神醫邊說就邊翻開他帶來的藥囊，摸了半天，果真摸出
了一條紅色的蜈蚣乾，真是一尺多長，我驚得合不上嘴，太
嚇人了。神醫說這可真是天意，因為這次去治蟲得用上這個
蜈蚣乾，不然還治不了。

說著，神醫見平先生一直不語，就跟平先生說，他聽
他師父說過「三年種蠱，百年種惑」，他只見過這個蠱，但
還沒見過惑，他問平先生見多識廣，應該知道這個惑是怎麼
回事。

我一聽是新奇的東西，就來精神了，就纏著平先生說來
聽聽。

平先生被我纏著沒辦法，就給我講了，他說他幾十年前
治過一個惑。他說蠱大部分是湘西人種的，而惑是廣西那邊
的。種蠱一般只要三年就可以，比較容易，而惑至少得百年
左右，一般三代人，才能種出一個惑來，而且弄不好很容易
就種死了，所以非常罕見。平先生說，蠱是屬於蟲類，而惑
是獸類，屬於凶靈，是他管轄的範圍。

　　平先生就講起了幾十年前，他治惑的事。他說廣西的一個山鎮邊，接二連三的死人，而且死不見血，死前沒有任何徵兆，倒地便死，死時臉上都顯著驚恐痛苦的表情，雙目圓睜。上面就派來了人來查，幾十個人趕到鎮上沒兩天，也全部死光了，而且幾乎是在同一時間死的。平先生說他一看過之後，就知道是凶靈幹的，但不確定是什麼種類，就跑去打探。聽那裏的人說，他們山頭上有一個土匪王，手下也沒幾個強盜，但沒人敢惹他，他們經常下山，大模大樣在鎮上搶奪財物，凡是與他作過對、扯過皮的人都莫名其妙地死了。這些死掉的人，基本上都是與他有過節的。

　　平先生聽過之後，就知道八九分了，他就夜行上山，去找那個強盜王。見到那強盜王時，看他是個凡人，平先生不忍心傷他，就好言勸他不要再作惡，棄惡從善。

　　沒想到沒說兩句那人就煩了，放出了惑，要殺平先生。平先生就放了兩條龍，龍與惑鬥了起來，惑怕龍，見鬥不過就逃，龍就繞著樹林追它。那惑的速度極快，繞了山轉了一個多時辰才將它抓住。平先生說他殺了那隻惑，取出了它的心。

　　神醫馬上說，聽他師父說，這惑的心可是世上最厲害的迷魂藥，能封百竅，迷住萬物心。平先生點了點頭，說看來上天真是早就已安排好了，這次除黑魚妖，非得用上這顆惑心才行。只有這顆惑心才能治服蜮，讓它乖乖聽從命令。

　　這些事情，真是聽得我口瞪目呆，一路上竟記不起趕路的勞累了。

　　神醫有種奇怪的藥丸，我們餓了，服上一顆，一天就不

用吃飯，肚裏飽飽的。神醫跟我說，這藥丸治餓，但不能多吃，尤其像我這麼瘦的，吃多了就更瘦了，還得多吃飯。

不知不覺中，我們趕了兩天兩夜，第三個晚上我們趕到了湖南的張家界。

十、豬人

半夜時，我們趕到了平先生十幾年前見到的那個被蟣附了身的人那地區。但由於已是半夜，人都睡了，也不知道那個人現在哪裏，怎麼樣了，於是我們便找了個地方睡一覺，準備等到天明再去打聽。

這時，平先生對神醫說，剩下的就是要與凡人打交道了，他說他不便過多地與人打交道，他有不可言明的難處。所以得神醫出面了，得麻煩神醫了。說著平先生向神醫行了禮，神醫趕忙擺著手說，使不得，使不得。

太陽出來後，神醫開始向那老鄉打聽情況，那老鄉一聽神醫的描述，馬上就明白了，他說：「你們是來找豬人的啊。」他指著另外一個村子，說那村子有一個大豬欄，豬人就在豬欄邊上的糞池裏，走過去就能看到他，但不要刺激他，他會咬人，力氣特別大，幾個壯丁都治不了他。

我們沿著他們指的路走到了豬欄那裏，看到一個院牆圍著的，裏面有兩大排豬欄，欄裏都養著豬。豬欄邊上是一條臭水溝，豬的屎尿都往溝裏排，下面堆積了厚厚的豬糞，水是黑的，臭氣熏天。

我們正在尋找著，突然臭水溝中冒起了泡，一個東西

從溝裏的豬糞中鑽了出來，騰起了一陣惡臭。我趕緊搗著鼻子，一看，嚇了一跳，那從豬糞中鑽出來的是一個人！

他頭髮長長的，黏成一塊，沒穿衣服，身上厚厚的垃圾，從頭到腳，像癬一樣。他一邊盯著我們，一邊哼哼地叫著，鼻孔往外冒著泡，時時地噴出一絲豬糞來。

我只感到胸口一陣陣地發堵，我搗著胸口直想吐，世上竟有這樣的怪物！他家人怎麼就不管他！

我們在找豬人的消息，馬上就在村裏傳開了。他們聽說三個外地人大老遠來找豬人，而且我們樣子又有一點怪，所以不一會兒他們就三三兩兩地趕過來，圍在我們邊上看稀奇，想知道我們究竟要幹什麼。

神醫就向他們打探，這人怎麼會變成這樣的。村人就說開了，他們說豬人不是他們村的，原本是周邊村的，他老媽在二十來年前破封建四舊的時候，是個積極分子。那時搞什麼不愛紅妝愛武妝，他老媽就是那個時候的特類，幹起活來比男人還凶，是個帶頭兵，她整天什麼事不幹，專門帶著幾個青年四處砸廟、砸菩薩。聽說他們從廟中砸來了不少金銀寶物，就幹得更起勁了。後來她懷了孕也不停下來，繼續帶人扛著鋤頭砸廟，在砸的時候，她用彎了勁，結果就在廟裏生了。生產的時候流了一地的血，把菩薩都弄髒了，被人抬回家後就死了，死的時候眼睛睜得大大的，咧著嘴，樣子很怕人。生下的兒子就是這樣了，不吃正經東西，專在泥屎地裏打滾，也不學走路，不會說話，只會亂叫，還咬人，力氣特別大。他的家人都被他咬得不成樣子，後來他老爸就把他扔到了山上不再管他，他就順著臭味一路尋到了這裏，就賴

在這裏不走了，餓了就爬進豬欄搶豬食吃，吃完就爬進糞坑裏泡著。在這裏待了幾年了，搞得村裏人都不安寧。

後來村裏組織年輕人將他拖起來，扔到了深山裏，但不出兩天，他又跑回來了，怎麼也趕不走，而且他好歹也算是一個人，打死了又要償命，隔壁村的，也不忍心打死他，沒辦法，就讓他一直這樣待著。

神醫仔細觀摩了一番豬人後，悄悄地對著平先生說，這個蟲有點棘手，現在帶來的藥，看來藥力可能還不夠，太低估它了，怕到時如果一下打不出，再打就打不了了。

平先生就問，那還差什麼藥。神醫嘆著氣說，還差一門點睛之藥，但這藥太不好弄了。平先生就問是哪種，神醫說是沉香屑或龍涎香，他說這兩種是世上最名貴的香物，古時一般都是帝王家才有，百姓哪得見。

平先生說，我們所做的，一切都是順應自然，上天早就安排好了，我們只管去做，肯定是有辦法的。神醫忙點了點頭說，那就先找當地的一些年紀大的人家問一問，或許老一輩的見識過，知道哪有。

於是神醫就讓村民帶路回村，讓他們帶見村中年紀最大的老人。一個小伙說他外公應該是村裏最大的，八十八歲了，就跟著小伙去見了他外公。

那老人，身體彎得像一張弓，牙也掉光了。他說話方言口音很重，口齒還很不清，我們都聽不懂，年輕人就幫著翻譯。他瘻著嘴說，龍涎香不知道，但沉香木他知道，還見過，他說民國二十幾年的時候，外村請木匠造娘娘菩薩，他去看，造好後，就把一把沉香屑和經文塞到娘娘的肚子裏，

讓和尚開光。他說現在這菩薩還在,在五里地外有個叫插花娘娘廟的,裏面供的插花娘娘就是當年的這菩薩。

十一、狐妖

一說到插花娘娘,村民就說開了,他們很多人都去拜過,說特靈,大老遠地方的人,都跑去拜。神醫問了路後,就問平先生,插花娘娘是哪一路菩薩,說他沒聽過。

平先生搖了搖頭,也說沒聽過,得去看看。神醫就說,這類事他不懂,怕不知道禮數得罪了菩薩,還是得平先生去做。他說他就留在村中給村民義務治一下病,攏一下人心,不然人生地不熟的不好做事,等會兒把豬人從糞堆裏拉出來,還得村民幫忙。

平先生點了點頭,我就跟平先生一起去。找了個把小時後,我們終於找到了插花娘娘廟。遠遠的還沒到廟,平先生就站住了,他說看到廟裏一股很重的妖氣,看來裏面供的不是正經菩薩。

廟就在莊稼地中間,不算大,我們沿地中間的一條小路走了進去。平先生不讓我進廟,說裏面不乾淨,讓我在廟外候著。過了十來分鐘後,平先生就從廟裏出來了,他什麼也沒說,拉著我便往回走。

我一路問平先生,問了半天,平先生才告訴我,說廟裏的那個插花娘娘是個狐妖。我嚇了一跳,就問怎麼辦。平先生說,這個狐妖有點棘手,它有一窩徒子徒孫,還有一大幫黃鼠狼和蛇妖同門,而且它們中還有一些附上了人體,非常

麻煩。平先生說，如果只是除隻狐妖，對他來說是件小事，但這麼多妖孽一起來，就很麻煩，而且最關鍵是，它們還附了人體，控制著人類，更不好惹了。

我的好奇勁又上來了，就問平先生，動物修練成精和附體，到底是怎麼回事？平先生說，他已經跟我說過了脈，生物體中都有脈。我點了點頭，說記得。平先生又說，脈是宇宙三界中生命循環的關鍵因素，都靠脈來相聯溝通。他說有一些特殊的脈起初是不通的，是沒有聯接上的，得要靠後天來打通，修練也就是這樣。

他說這些特殊的脈一旦打通，這個生命就會產生超自然力量，也就是我們所說的特異功能。比如人要開始修練前，就必須得先將任、督二脈打通，不然修不了。通脈的目的就是為了將身體的百竅都打開，從而與自然、宇宙相溝通，接收宇宙的信息，與之達成一性，從而修成真我。當一些特殊的脈打通後，就能在某種程度上與自然、宇宙溝通上，從而能夠接受某些宇宙間的能力，也就是具有了超能力。

平先生說，動物沒有人心，在自然中產生，沒有被人類汙染，所以它們能與自然更貼近，更容易溝通上，所以更容易修練。只要一得到靈氣，就能成妖。平先生說這個所謂的靈氣，就是指動物在偶然間，無知的情況下，打通了自己的脈，從而慢慢具有了超能力，形成了意識，因此時日久了以後，就成了妖，附在人身上，就是附體。

平先生說，人修行時，可打坐通脈，動物也是一樣，它們在以某種特殊姿勢長期的蟄伏、靜息中，不知不覺地也打通了自己的某些特殊脈，從而就得了靈氣。他說這個插花娘

娘，就是因為當時做成後，沒有達到真正開光的效果，所以神就不管。再加上現在人拜菩薩不是為了誠心修行、向善，而是為了治病、消災、求財、求子，起的心是不好的，所以把菩薩像汙染了，這妖就能附在菩薩像上，從而禍害人。

我恍然大悟，原來是這麼回事。那時我年少無所畏懼，我就拍著胸脯對平先生說，我不怕這狐狸，給我個斧頭，我現在就去把那菩薩像給劈了。平先生一驚，他馬上嚴肅地對我說，年輕人說話做事得三思，萬不可妄言、妄行，隨口的一句話都能驚動神仙，要背後果的。我低著頭，知道自己說錯了話。

平先生將我送到了神醫那兒，讓神醫好好照顧我，別讓我亂跑，他說去山裏一下，去找狐妖商量，晚上會回來。

我不想給平先生添麻煩，就答應了，沒跟著去。

神醫在村民家中擺了張大桌子，他手拿一根銀針，就用這根針來給村民治病，而且都是各種疑難雜症，久治不癒的。他把我拉到邊上坐著，讓我別亂跑。

門口圍了一大幫人，他們都有說有笑的，在看稀奇，有的在排著等神醫治病。

下午時分，突然一個老太婆張牙舞爪地跑到了門口，只見她邊哭邊跳，嘴裏不知道在念著什麼。

她跑到門口就一下子躺在地上打滾，邊哭邊大嚷著，說什麼要死人了，要死好多人，要出大事了之類的嚇人話！

我們好奇地盯著她看，神醫問村人是怎麼回事。村人說這個老太婆是附近村的神婆，有神跟著她，平時給她燒香送點錢，問她一些事情，她都能說出來，還比較靈驗。

神醫斜眼看了她一下，說了一句，不是正經東西。

村人都圍著那神婆，把她拉起來，問她怎麼了，要出什麼事。那神婆見人都圍著她，聽她的，就用眼睛四處瞄著，看到了神醫和我，就指著我們，然後又在瞄著，四處看，但沒看到，我猜她應該是在找平先生。

她看半天沒看到後，就指著我們問，還有一個同伴呢？

我們沒理她。她就又跳起來了，邊跳邊拍著大腿哭，後來聽到村人翻譯說，她說她剛剛接到神靈的消息說，我們是一群遭天打雷劈的禍害，天要殺我們，我們逃到哪，天就要用雷打到哪。現在逃到他們村裏，會給他們所有人帶來災難，天會連他們所有人都會一齊劈死。

還好，村民們都被她逗笑了，沒人信她。除了兩個老太婆信她的，遠遠地躲在邊上，害怕地盯著我們。因為神醫給村民們治好了不少神奇的病，確實是針到病除，有兩個幾十年的老病患當場就好了，村民有目共睹，病人感激不已，有的當場就哭了，要給神醫下跪。

而且神醫很健談，他正氣幽默，與村民們關係很融洽，治病也不肯收錢，連送來的小禮物都一概不收，所以村民們都很敬他。

那老太婆看到沒人理她，楞了半天，又突然跳起來，哭叫著，衝上來，死死抓著神醫，要把他往外拖，邊拖還邊用嘴來咬神醫，還用腳踢。村民們憤怒了，尤其是受了神醫恩的村民家人，他們將神婆扯開，把她拖得遠遠的，讓她滾回去，不准上這村來。

神婆被拖得遠遠地坐在地上楞住了，她楞了半天，又

指著所有村民哭叫著，說讓他們就等著報應吧！報應晚上就到！邊說邊大哭，繞著村子跑著，邊跑邊喊，像瘋子一樣。

我的心情被這神婆弄壞了，很壓抑，就低著頭不說話。神醫拉著我的手，把我拉到位置上坐著，仍是開朗地笑著說，有些人不必理會，他們不配。說著他又拿起針來，繼續治病，像什麼也沒發生過一樣，繼續與村民們有說有笑。

傍晚時，平先生回來了。他把我們拉在一邊，問是不是有什麼人來搗亂。神醫就把神婆子的事說了，平先生點了點頭。我就纏著平先生問是怎麼回事。

平先生說，他找了狐妖，狐妖要與他鬥法，它們找了一大幫徒子徒孫，還有黃、蛇，擺陣要跟他鬥。平先生說不願意去惹它們，就化了身，回了崑崙去請天雷。

我問是不是請雷來劈死這些妖怪，平先生點了點頭。他說如果順了天意，就能降雷劈死妖孽，如果天意不成，那就只得另尋他法。

晚上，平先生讓我們在村民家借宿，他說他得上山引天雷。

大概晚上十點多時，天空突然開始放雷了，而且一個比一個響，一個比一個近，而這幾天又一直是大晴天。我知道這肯定是平先生求雷成功了，看來這次是順天而行，事必成！

村人驚慌了起來，他們白天聽了神婆的話，現在天雷真的來了，而且這麼響，他們就害怕了，在村中那幾個老太婆的帶引下，趕到了我們借宿的這一家門口。

神醫就拉著我手，站在門口，笑著看著村民們。村民也

不敢開口，他們受過神醫的恩。最後那兩個老太婆開口了，她們指著我們說，讓我們做做好事，趕緊離開他們村子，不能連累了他們被雷劈。有人帶頭，其他村民也跟著起鬨了起來。神醫點了點頭，沒說什麼，他就拉著我的手，拉我到了村外，有幾個村民還偷偷地跟在後面，看我們是不是確實離開了。

神醫帶著我，去了山上，我們一路慢慢走，本來天黑看不見，但雷電給我們照了路。我們走了一個來小時，找了個樹下靠著休息。

我擔心起來，我說我們不在了，平先生找不到我們怎麼辦？神醫摸摸我的頭，笑了笑，他說只可能我們找不到他，不可能他找不到我們。

雷響到半夜就停了。我們一起靠著樹睡著了。第二天一早，我睡醒了，睜開眼，發現神醫早醒了，我靠在他身上，他怕弄醒我就一直沒動身。

我們起身後，我又著急地問神醫：「平先生呢，他怎麼還沒來找我們，是不是他去了村裏？」正說著，就聽到後面有聲響，發現一個人從不遠處樹後拐過來，是平先生。我很高興。平先生說他晚上就回來了，看到了我們，但我們睡著了，就沒有驚醒我們。

我問平先生狐妖它們怎麼樣了？平先生說狐妖已被劈死了，還有一窩蛇、黃也被劈了，而且他半夜已經去廟裏將沉香屑拿到了。

我們很高興，但又犯愁了。神醫說村民們信了白天神婆的話，把我們當妖怪，趕了出來，現在肯定不讓我們進村，

事不好辦。

平先生說，那就等吧，我們不能干擾了人。等他們明白的時候，再去，這也是天意吧。

我們就又在山中焦急地待了一天一夜，期間有不少村民上山，看到了我們，他們不知道是不好意思，還是害怕我們，偷偷地避著。第三天中午時，一群村民，用竹杠綁著個椅子，朝我們走來。走到跟前，他們就朝我們單腿跪下，然後就拜，說那天晚上錯怪了我們，胡聽了神婆的話，恩將仇報，對不住我們。現在他們上山來贖罪，把我們再抬回村裏，希望我們能原諒他們。

神醫抹著鬍子笑了，他牽起拜罪的人，拍拍他們的肩膀說，誤會能解開就好，不必這樣興師動眾的，我們又不是不通情理的人。說得村人更不好意思了。

然後他們又拉著我們坐他們的「轎子」回去。我們拒絕了，說一起走就好，邊走邊聊，不必這樣。就這樣，我們一群人就回村去了。

回村的路上，神醫問村民們這兩天到底是發生了什麼事。村民就說開了，他們說，那晚雷電時，先是神婆，她突然就口吐白沫，說她的末日到了，還向天磕頭，說不要劈她，然後就直翻白眼，倒在地上，她家人就把她搶著往醫院送。

第二天，幾里地的外村傳來了消息，說他們村外邊有一棵不知道多少年的老樹，晚上被雷劈斷了，樹心是空的，樹裏面有一條胳膊粗的大蛇，被雷劈死了。而且今天早上，隔

壁村人去山上打獵，不到中午就跑回來了，拖回了一窩老狐狸。他們說在山中聞到焦臭，就順著味道找過去，看到一個燒焦的狐狸窩，從裏面掏出了一窩狐狸，都死了，有的被燒的炭黑，就尋想肯定是被那晚雷劈死的。而他們這山頭，以前都沒見過狐狸，真是奇怪。

他們還說，昨天晚上那神婆也從醫院回來了，他們村人就去問她怎麼回事，沒想到這神婆竟然傻了，變得半身不遂，歪在床上，一會笑一會哭，嘴裏亂說著鬼話，誰也不知她在說什麼。

他們晚上就一起商量，覺得是錯怪我們了。因為我們一直好好的，沒被雷劈到，而這些東西卻被雷劈了，所以覺得錯怪我們了，並說我們一定是什麼神人。然後又與我們問長問短的，神醫笑而不答。

十二、蝕

回到村後，村中聚集了更多人，神醫就跟村民們說，今天有個事，得讓大家幫個忙。

村民們一聽神醫開口要幫忙，就個個拍著胸脯說，有什麼事只管吩咐，一定盡力。神醫就把想讓村民們幫忙把豬人捆起來，給他治病的事說了出來。

村民們有些怕豬人，又嫌他髒，本來很不樂意，就議論紛紛地。但神醫幫了他們這麼多忙，他們又覺得愧對我們，而且這豬人這些年一直在騷擾他們村，他們早就想除掉他，就一商量同意了。

　　他們招了二十多個壯丁，拿著繩子木棒，浩浩蕩蕩地向村頭走去。

　　我們跟著去，平先生對神醫說，蟁不能夠在平地上打出來，打出來後，它會馬上化身逃掉，而且不能用手去抓，不然它就會傷掉人的真體，那可就真正的殘廢了。神醫就問得在哪裏治？平先生說，他已在山裏找了塊水脈靈地，並在晚上布好了九龍陣，到時得捆到九龍陣裏打出來，那樣它就逃不了，神醫點了點頭。

　　村民先圍成一圈，將豬人的臭溝包圍起來，個個手拿大棒候著，然後把繩子套了個活結，用杆子撐著往豬人身上套。

　　那豬人從糞堆中立起來，朝兩邊村人大叫著，叫聲像個怪物一樣。套了好多次，終於把他套住了，然後村人猛拉繩子，他們把繩子另一頭繞在一棵大樹上，一齊將豬人往上拉。那豬人怪叫著，用嘴去咬繩子，但人多力大，不一會就將豬人拖了出來。

　　那可真是惡臭難忍，拖上來後，村人都與他保持著距離，不敢靠近。然後一個年紀大點的中年人在指揮，說將他繞在樹上，他們就一起使勁扯著繞過樹的繩子，將豬人往樹邊拖，拖到樹邊後，就將繩子使勁地繞著，把豬人死死地捆住了。

　　看著豬人在那使勁地嚎叫掙扎，大家都鬆了口氣。最後神醫又指揮著他們，跟著平先生，將豬人抬進了山裏。他們又將豬人手腳捆好，從樹上解開，用竹杠挑著，跟著往山上走。走了好長時間，終於到了山中間的一塊平地上，平先生

讓他們把豬人放在中間。

神醫便用左手從藥兜裏抓著藥，一味一味地抓，估摸著量。看著神醫動作比較慢，我就過來說幫神醫配藥。神醫一把擋著我，笑了起來，他說經我手抓出來的藥那可不靈。他又瞧了瞧自己的左手說，他也只有左手抓的藥才靈，右手抓出來的也不靈。我笑了，終於明白了所謂獨臂神醫是怎麼回事了。

神醫配好了藥，然後和著平先生拿回來的沉香屑，搓成了幾個藥丸子，神醫將藥丸包在豬糞球裏，讓人把豬人嘴撬開，一把塞了進去，那豬人嚎叫著，將藥連糞球都吃了下去。

吃下去不到十分鐘，那豬人就發起狂來，見他兩眼睜得滾圓，通紅通紅的滿是血絲，嘴裏不住地嚎叫著，聲音異常尖利，估計方圓好幾里的人都聽得見。約莫一個小時後，豬人不叫了，神醫讓眾人將豬人翻個邊，讓他面朝下，架起來。不一會，那豬人嘴裏就開始不斷往外吐東西，吐出一團團黑黑的東西，黏黏的，臭氣熏天，地上吐出了一大攤，眾人都捂著鼻子，噁心不已。最後黑東西吐完後，豬人又哇地一口，吐出一團血來，只見血堆中一個東西在扭動著。

神醫忙對平先生說，打出來了。平先生趕緊跑過去，用陶罈子，將血堆中的那東西扣了進去，然後迅速封好了罈蓋。那東西在血中，看不清樣子，但模樣有一尺多長，沒有腳，體形像很粗的黃鱔。

這時豬人也安靜了，神醫讓人解開他繩子，說治好了。眾人起先還是有點怕，後來看到他確實安靜了，像傻子一樣

呆呆的，不吭也不動，就把他放了下來。豬人被放下來後，一直很痴呆的樣子，不跑也不叫，很溫馴。神醫說，他現在就是個普通的傻子，只能將他治成這樣了，沒辦法把他治成正常人。

眾人問吐出來的那東西是什麼，神醫就笑著說，是蛔蟲，髒東西吃得太多了，所以蛔蟲就長得這麼大，變成了怪物，眾人若有所悟地點著頭。見沒什麼事了，熱鬧也看夠了，眾人就三三兩兩地回去了，他們拉著神醫和我們一塊下山去吃中飯。平先生示意神醫先去，說他還有點事，隨後到，神醫點了點頭。我執意不肯下去，要留下來跟平先生一起走，因為我知道將有新奇的東西可看。

十三、龜脈

等眾人都走後，平先生就拿出他剛才裝怪物的罈子，放在地上。我問平先生做什麼，平先生說，這蠱是極汙之物，得用世上最純淨的水——龜脈之水來給它洗淨，不然放進洞庭湖後，會汙染湖水。而且還要給它服下惑心，不然它不聽命令，得用龜脈水泡它，讓它把肚子中的髒物全部吐出來，吐盡，然後用惑心化水泡它個三天三夜，就成了。

我明白了，又問，這龜脈水到底是什麼，我從沒聽說過。平先生說，龜脈是埋在地底十幾米深以下的水脈，它自成一系，能夠自我循環、淨化，不被外界汙染，所以水純淨無比，是人間最純淨的水。因為龜脈的入口處，一般都會有老烏龜守著，有時一隻，有時好多隻，一般都是幾百歲，甚

至幾千歲的老龜，所以稱作龜脈。

我吃驚不小，問平先生，這些烏龜都是在地下十幾米深處活著？平先生點了點頭，說而且是在旱地裏，地上周邊沒有水流，也沒有出口，就是完全深埋在地下。這世界太神奇了，不知道的東西可真多。我說我在探祕的書上曾看到過，一些地方在地下挖出了活烏龜，就在旱地裏，有的是蓋房子打牆基時挖出的，一直不知道真假，現在平先生說的這個更神奇了。

平先生說，烏龜還不算什麼，地下還有怪物，只是人不知道，也看不到它們，奇怪的東西多著去了。

平先生拿著另一個罈子，罈用黃泥封著，上面還寫了一些奇怪的字。平先生將罈子開了封，邊開邊說，這真是上天的特意安排，一切事情水到渠成。

他說這個龜脈水本是極難找的世間罕物，他十年前剛好路過某地，那地方旱，吃水困難，村人就在挖井。但這地方地表水脈斷了，根本挖不出水，得挖十多米深才出水。村人挖了十多米深後，竟挖出了隻大烏龜，臉盆那麼大，這事就傳開了。我剛好路過，就趕緊趁水脈沒有被汙染，取了滿滿一罈水，留了下來。

平先生說著就啟開罈子，將水倒進了裝怪物的罈子裏，然後封上，將怪物泡在裏面。泡了大概半個小時，平先生就打開罈子，將泡過的髒水倒進另一個罈子裏。只見倒進去完全透明的水，倒出來都是漆黑的，而且發著惡臭。平先生說，這水不能倒地上，不然會汙染地下水脈，得拿回崑崙山銷毀。

　　我們就這樣泡了一下午，說來真是奇怪，平先生裝龜脈水的那個罈子與裝怪物的罈子一般大，但是那罈子的水卻倒不完，倒出來一罈，又一罈，一連倒了十來罈，那水還沒倒完，而裝髒水的罈子也是一樣，裝了十來罈也不滿。

　　等泡到十多罈的時候，水就清了。平先生說可以了，他從身上摸出一個紅色布包，打開包，從裏面掏出了一顆黑色的東西，用手一握，竟然化作了水。我猜想這應該是惑心。他把化的水放進裝蝛的罈子中，將蝛泡著，然後就封上罈子，在邊上閉著眼坐著。這時天已黑了，老神醫和兩個村民趕上了山來，他們見我們一直不回去，就上來看看。

　　平先生就收拾好罈子，與他們一起下山了。

　　走到村中後，村民們竟然在村中擺起了幾桌酒席，要請我們吃飯。這讓平先生很尷尬，他推辭著，竟被村民七手八腳強行拉上了桌。

　　吃過飯後，已到了晚上了，村民還不散，圍著我們你一言我一語地說著。我和平先生都不答話，只神醫和他們談笑著。平先生突然對我說，讓我告訴神醫該走了，此去洞庭得三天，到了洞庭後就剛好萬事俱備了。

　　我點了點頭，就悄悄拉著神醫湊在他耳邊，將平先生的意思轉達了他。神醫聽後點點頭，便與眾人告辭要走，眾人自然都圍過來要強留。

　　神醫就與他們周旋推託著，這神醫還真是很善言，不多久，就與他們說通了，村民答應我們走了，一直將我們送到村外幾里地，還用燈火照著我們走。

十四、龍之歸

我們趁著夜，一路往東，朝洞庭趕去。

一路上，我又纏著平先生給我講關於龍的事。平先生就又告訴了我一些，他說「崑崙，龍脈之所歸；洞庭，水脈之所聚」，這洞庭是中原水脈的聚結地，而崑崙則是龍脈的發源地。他說在崑崙有一個很大的龍的故鄉，叫龍之歸，也是龍墓地。

龍到了一定的壽命以後，都會回到崑崙的龍歸，在那裏度過它們最後的生命，慢慢死去，這裏是龍墓。而新生的小龍，也是從這個地方化生出來的。它們都在這裏出生，然後離開，最後再回歸這裏。

平先生說，他靜修的地方就在龍之歸，他一直看守著那裏，保持著那裏的安寧。他說那裏是龍最後一塊靜息的地方，不能讓誰打擾了它們。

十五、法則

平先生說，太極生出了兩儀以後，便開始陰陽相生，生出了一層層的空間和境界，無窮盡，而這些空間境界的時間也都不一樣。拿個鐘錶來比喻，分鐘動一格，秒鐘要動整整六十格，多一格不行少一格不行，宇宙的運行，天體的運行，所有時空境界的運行，都如此一樣，是極有規律的，亂了不行，亂一點就會解構重組。這規律也就是由法則所決定的。根據這些規律法則，一些大概的事情可以推算出來，就

像天象的變化一樣，上面動了一點，下面就要大動一番，而且動多了一點不行，動少了一點也不行，所以古時許多先知可以預言幾千年後的歷史。當然我說得很簡單，真正宇宙的運行極其規律，是極其繁雜玄奧的，不可能是這麼簡單，只是便於理解，而根據我自己的體悟，打的小小比方而已，而且也不那麼確切，不要摳字眼，神會即可。

平先生說過這樣的話：「人迷失得連自己都認不出了，還哪來的智慧認識自然？」

平先生還說，超脫肉體去看世界，一切都是法則，一切都是道，道道相通。

所以但凡正道都是相通的，但並不同門。

也是說一切都是道，一切也都得符合道，這樣才能相通。而人類現代的科學，也是得符合人類的這最低一層的道，不然它還成不了。但由於是最低的一層道，所以如果陷在其中，迷著出不來，以此為最真，那就永遠也無法超越人類這種最低的境界，永遠都只能做最可憐的生命。

我現在就根據平先生斷斷續續的一些解釋，以及我自己所體悟的，結合現代人類的知識，來盡能力在某種程度上解說一下世界的結構吧。

人類的共性就是以眼見為真，說「眼見為實」，其他什麼也不信。

平先生說，用人的眼睛看世界，真假就像陰陽魚一樣，變幻莫測。

人的肉眼其實很可憐，只是能看到紅外線與紫外線之間的那麼一點極其狹小的七種可見光的小工具而已。各種射

線人都看不見，超過紅外與紫外頻率的一切電磁波人也看不見。人能否認這些東西的存在嗎？否認不了。而且人眼小的看不見，大的看不全，遠的看不清，近的連自己什麼樣也看不見。我們罵青光眼白內障的人是瞎子，在神的眼裏，人就是瞎子。瞎子總不能以為世界就是一片黑暗吧，那豈不太悲慘？

我想起一個成語叫「瞎子摸太陽」，就是跟瞎子講太陽，講不清楚，他也摸不著。所以我們得學會用心眼看世界。

人類現在認識到，世界上的一切事物都是由分子構成的，分子又是由原子構成的，原子又是由原子核與電子構成的，原子核下面分下去還有無數。那麼構成的最小的一種微粒是什麼，人類現在還不知道。

當世界上第一個人提出一切東西都是由分子構成時，所有人都不相信他，反對他。而且肯定很多人認為他是神經病，玄乎乎的。因為從來都沒人看見過分子，後來科學儀器能證實，看見了分子後，人類接受了，全部相信。後來又有人提出分子由原子構成，也同樣沒人相信，直到再證實。愛因斯坦當初提出相對論時，根本沒人相信他，因為壓根沒人聽得懂，而且一大堆當時的學術權威罵他神經病。所以說人類不能以眼見為實，不能妄言、妄語、妄信，得以悟道為真。

電腦最最基礎的語言其實就是二進位語言，就是電流的通與斷，即0和1這兩個數字來表示，0表示斷了，1表示通了。然後通過0與1，進行各種不同的組合，形成了無數，龐

雜的各種不同語言指令，代表不同的意思，這就是電腦最基礎的語言信息。

大家知道，電腦還有編程和各種其他語言，有低級語言、高級語言等。C++是低級語言，它就像是英語單詞一樣，就是將各種字母通過組合，形成有意思的各種英語單詞。然後還有高級語言，比如C語言、B語言等，它們就像是英語語法一樣，是將各種已組合好的英語單詞，通過一定法則，即通過語法，來組建成各種完整的意思。

遊戲就是通過這些語言，一級級地編出來的。最後形成一個廣闊複雜的遊戲虛擬世界，所以吸引了許多人。而且遊戲中也有許多法則，遊戲規矩，玩遊戲的人肯定知道。

這些遊戲規矩就相當於是我們這個人類世界的法則吧。注意，這說的法則可不是人間的法律，法律是人定的，可有可無可修可改，而法則是與生俱來的，自然定下的，就是人說的客觀實事，改不了。那麼這遊戲的編程者就相當於是定下這法則的大自然神靈了。這只是便於理解，這麼比方太抬舉人了。

而C語言、B語言等高級語言，相當於什麼呢？這些就相當於組成我們這個世界的各種粒子和組合結構，比如分子、原子，等等的組合。

那C++等基礎語言相當於什麼呢？就相當於是組成其他高層空間境界的高層粒子結構，這些人觸及不了，也不會相信，因為它與你的語言結構不同，語言層次不一樣，不是同一種語言。這只是類比，其實那些粒子比我們這粒子的能量高了不知多少，打個比方，就像分子與原子一樣，分子的

能量很小，化學反應其實就是分子的重新組合。它頂多就是發點光發點熱，沒什麼能量。而原子的能量就大，像分裂原子，得用更高能的粒子來撞擊才行，比如用中子撞擊原子，可以讓它分裂，而原子鏈鎖分裂，那能量對人來說就太大了，就是原子彈爆炸了。

這只是比方，不要胡想，更不要同比，比不了，比想像的複雜無數倍。

而這最最基礎的語言，0與1又相當於什麼呢？這個就相當於太極的境界以下的基礎元素，陰與陽吧。道家是說陰陽相生構成了世界，但那只是在太極以下，太極以上還有無極，無極以上還有許多。這些我們不得而知，理解不到。

上面，只是憑我個人的小小感悟，打的不恰當的小小比方。能神會的就神會，不能領會的就當作神話故事聽。

平先生說，盤古劈開渾沌，用以分開天地；人悟了真道，方可分辨真偽。願人人都能識知自我，也不要將我所說的，當作什麼真理。

多去了解，不能偏信，在對一事物，沒有接觸之前，沒有從兩方面去完全了解之前，萬不可亂下結論，甚至批判。亂說話，是要負後果的。珍惜自己的語言。

十六、除妖

除妖的那天晚上，下起了暴風雨。我們在湖邊找了一間廢棄的破房子，可能是漁人搭建的，後來又荒廢不用了。門是一塊用釘子釘著的破木板，都破爛了，倒在牆角的地上。

我扶起門，地上還有一堆乾草，翻起草，下面很潮濕，還有蟲子。我們清理了一下地面，將濕草扔出去，用上面乾的草，將地上鋪了一層，坐在上面。

房子臨湖的方向有一扇小窗子，可以看到湖景。平先生將我交給了神醫，他再三囑咐我，不要亂跑，待在房子裏別出去，千萬不要靠近湖邊。我點了點頭，平先生才提著罈子出去了。

那天，天灰朦朦的，湖水一眼望不到邊，也灰朦朦的，水天相接的地方，只有朦朦的一片，煙波浩渺，看得心裏很開闊，心曠神怡。但我最期盼的卻是晚上的大戰黑魚妖時刻。因為一路上準備等待了這麼久，就為了這一刻。

平先生走了以後，我便與神醫待在破房子中，神醫盤腳坐在乾草上，他問我有沒有靜息入過定。我茫然地擺了擺頭。神醫笑了起來，嘴裏說「可惜、可惜」。我不明白神醫的意思，神醫卻笑而不答。天黑以後，突然颳起了大風，越颳越猛，似要下起暴雨。我放眼往湖上看去，到處都是黑朦朦的，什麼也看不到。

神醫這才開口與我說，大戰即將開始了，他要看戲去了。我問怎麼看，神醫說這戲可是在湖底，而且在另外的境界，我這肉眼凡胎可看不到。頂多只看到湖面泛起幾絲波紋，而且這黑乎乎的恐怕連波紋也看不到。說完神醫摸著我的頭，哈哈大笑起來。

我這才明白神醫所說的可惜的意思了。我趕緊從窗口伸出頭，朝湖中看去，只看到黑黑的一片，湖水都是漆黑的，什麼也看不見。我急壞了，很失落，不想誤了這精采的大

戲，趕緊回過身，想求神醫想想辦法帶我也去看看。

可回過頭，神醫已盤腿閉眼入了定。我失落地坐在一邊，只好等大戰結束，問平先生發生什麼了。後來真下起了暴雨，雨越下越大，打得瓦片上咚咚直響。雨順著門打了進來，我趕緊將門合上，用木棍撐住。不多久地面就濕了，而且屋頂漏雨，水順著漏洞往下流著，落到了神醫的身上，神醫卻渾然不知，一動不動。我趕緊找來遮擋的東西，替神醫遮住。

我一邊替神醫遮著雨，一邊扭頭看著湖面，什麼也看不到。也不知過了多久，突然看到極遠處的湖上亮起了一圈白光，光非常地亮，圓圈形的，還在旋轉，似乎是從湖底射出來的，直射進夜空中，在這漆黑的夜裏看得很明顯。大概持續了幾秒鐘，光就消失了，然後又是漆黑一片，什麼也看不見。

慢慢地雨停了，風也息了。凌晨時分，神醫出定了，他摸著鬍子，不斷地咋著嘴，說真是精采，算是開了眼了。我就更加好奇了，趕緊催著神醫問看到了什麼，問他黑魚妖是不是被平先生除掉了。神醫看著我焦急的樣子，又笑而不答，似乎故意在逗我，並作神祕的樣子，搖著頭說：「天機不可洩露也！」我很失落。

不多久，平先生也回來了，下過這麼大的雨，只見他身上一點都沒濕，頭髮都是乾的。我趕緊抓住平先生問發生了什麼，黑魚妖到底怎麼樣了。平先生就用幾句極簡短的話回答了我，如上文所說：他擺下了龍陣，封住了黑魚妖的退路，然後放蠍，與黑魚妖大戰。最後一起將黑魚妖

斬殺在湖底。

　　我真的很失望，他們知道發生了什麼，而且很精采，卻都不告訴我。慢慢地我心裏生出了一股怨怒氣，就一個人坐在角落裏，不搭理他們。

　　平先生似乎知道了我在想什麼，他坐了過來，我低頭不看他。平先生說，好奇不一定是好事，凡人總喜歡獵奇，總喜歡看新奇，卻總是忽視了玄背後之妙。這就是迷茫的凡人，所以永遠迷茫，而修行者卻是要透過玄，觀其之妙，所以具足智慧，成為神靈。

　　平先生平和的話語，解開了我的心結，我輕輕地點了點頭，知道自己錯了。

　　我突然想起半夜湖心裏的白光，就問平先生那是什麼。平先生想了一會，就說那是躲在湖底的阿修羅，可能是大戰驚動了它們，它們就嚇得傾巢逃走了。我很驚奇，又問，阿修羅怎麼會在地球上，怎麼會躲在湖底。

　　平先生說，阿修羅也分為很多種，分為很多不同的層次和世界。自古地球上就有阿修羅，但它們境界極底，是最低層的阿修羅，高層的不會來地球上。只是古時很少很少，偶爾才會碰到。現在天象異變，陰陽倒懸，所以這東西也趁勢大批大批湧到人間來。它們一直與人類有聯繫，還教給人類東西和邪法，只是很祕密，不公開。

　　它們也有脈與它們的世界聯繫著，能夠傳遞著信息和能量。它們的脈直接聯繫著它們生存的世界，能夠與它們交換傳遞著信息與能量。許多年前，它們突破了靠近人類的幾層時空，在這些時空中，建立了結點、穴位，然後布滿了它們

的脈絡，直到接到地球上。這個工程完成了以後，它們就開
始大批地湧向了人類。

十七、人類

平先生的話，總是讓人震驚。我又詢問，怎麼沒人看到
過它們？它們想要對人類幹什麼？

平先生說，不是沒人看到過它們。可能每個人都看到
過，但沒人分辨出來。平先生問我，這一路上走來，一路上
的陌生人，認得嗎？知道他們從哪來嗎？我擺了擺頭。平先
生又問我，城市裏、大街上，茫茫人海之中，那些匆匆而過
的人群，都認得嗎？知道他們從哪來，往哪去嗎？我又搖了
搖頭。

平先生說，人海之中，並不都是「人」。

我大驚。「那是什麼？」我驚問。

平先生說，據他所知，有四種。一種是真正的凡人，這
個不用解釋。第二種是動物。

我就追問為什麼。平先生說，我們路上碰到的狐妖就是
這一類。它們得了靈氣，通了周天，修成了妖，然後找到了
一個心術不正的人，便附在了他身上，成了附體。時日久了
以後，它便吸取了這人的精氣，成了人形。或直接將這人的
元神趕走，蹲在這人的泥丸宮中，霸占了他的身體。看起來
表面上還是這個人，但根本就不再是這個人了。

我問，它們為什麼要害人，要附體？為什麼不自己修
去。平先生說，人是萬物之靈，人體是三界內最完美的機

制，所以只有人體才能修成神。而那些動物什麼的，它們身體有缺陷，缺少很多修行必備的機制，所以它們修不成神，頂多只能修成魔，會破壞宇宙。所以它們得了靈氣後，會遭天雷殺。因此，它們總是找到一些心術不正的人，千方百計地附體，想成人形，好修行。所以它們表面上總是幫人，給人祛病消災，避難發財，而背後卻壞透了。它們這麼幹，讓人得到表面的好處，目的只是為了迷惑人的心竅，好附上人體，吸取人體之精。

平先生說，自古也一直都有動物附體，但不多見。而今，這天象異亂，所以它們也大批地禍亂人間，幾乎到處都是，而且人還當作神靈供著它們，家裏都擺上狐黃白柳的牌位，這叫引禍上身。人不自知！

平先生嘆了口氣。

第三種是阿修羅，平先生說。我就問平先生，這阿修羅湧到人間的目的是什麼。平先生說，它們的目的與動物附體是一樣的，只是它們更凶，數量更大，它們是強行植入的，只是現在時候未到，人也都發覺不了。平先生說，這些阿修羅，它們會造出一層假人皮，躲在裏面，和真人一模一樣，走在大街上，人是分不出來的。

我很惶恐，問平先生，不是說舉頭三尺有神靈，那神靈為什麼不管。

平先生說，這也是天意，是天象變化引致的，也是人類自己迷失得太深，人心魔變，所招致的。所以很多神靈現在管不了，會牽扯很大，就像毛衣扯出了一個線頭，如果繼續扯下去，就會將整件毛衣都解體了一樣。沒人負得起這個責

任，他們的威德不夠。平先生說，他們只是在看護著特定的人群，使不受傷害，顧及不了所有人。他說不想看到人類受傷害，但這超出了他的能力範圍，他甚至有時連我都看護不過來。我難過地問平先生，難道就沒有解救的辦法了嗎？沒有更高的神靈嗎？平先生看著我，和藹地笑了，他說：「唯一能平定這一切的，只有我的師父，這也是宇宙眾生所等待的。」他說以後我將要吃很多苦，去完成我的使命，以後我就會知道，等我找到我的師父時，什麼都會知道。我現在所能做的，就是抱著一顆敬畏的心，耐心等待。我對著平先生，認真地點著頭。

平先生又說，第四種，是神人。我又問，是不是像平先生這樣的世外異人？平先生擺了擺頭說，他們這種極少極少，因為他們一般是不入世的，不干涉人類生活。他所說的這神人，是真正的神。有很多三界之外的神靈，他們在人間化出人體，而真身卻在三界之外，表面看去與普通凡人一模一樣，為了障人耳目，他們一舉一動都是凡人。這些是負有天命的，他們要在人間做一些事情。

停了一會，平先生又對我說，所以要善待身邊的每一個人，善待路邊街頭的每一個陌生人。因為看不到他們的來源，要與所有人為善，不能結下惡緣。

我點著頭。平先生又問我，什麼樣的人最可憐。我想了一會，就回答，是不是那些最需要幫助的人，那些乞丐或像豬人那樣的人？平先生擺了擺頭，說那樣人並不可憐。他說在人類有一些乞丐，是神人裝出來的，他們蹲在街角路邊，看起來可憐兮兮，但他們可憐人類才是真的。平先生停了

一會，又認真地告訴我，最可憐的人是無畏的人。他們天不怕，地不怕，無所畏懼，什麼都不信，什麼都敢幹，這才是最可憐的生命，他們的生命是沒有未來、沒有希望的。

我記住了平先生的話，又問平先生，怎麼樣才能從人海中，分辨出這些不同種類的「人」來？平先生說，人的肉眼凡胎是分辨不了的。而修行到一定境界的人，能看到。可以順著他們的脈，找到他們的來源。

平先生說，人都有一整套人的機制。有奇經八脈，三魂七魄，百竅百穴，丹田泥丸等等。而不屬於人類的這些，卻沒有人體的這一套完整機制，他們總是缺少點什麼，從這一點，就能看得出是不是人類。他說屬於附體的，一眼就能看出是什麼動物。而阿羅修，它們都有特殊的脈，一直連著它們的世界，一眼就能看出來自哪個世界。而神最難分清，根本看不出他們來自哪裏，因為他們境界很高，根本看不見他們的神脈和來源。只看到他們的身體極其純淨，透明的，沒有人的汗漬。平先生說這個是上善天真告訴他的。

我吃驚地點了點頭，原來現代人類如此的複雜和危險。平先生還說，不光是這些，而且地底下還有世界。在地下很深處，人不知道。他們的世界與人類世界有幾個通道，他們一直與極少一部分與世隔絕的人類種族有聯繫，他們也在關注著人類，但不干涉人類。有些時候，他們地底世界的怪獸還會順著一些偶然的通道或水道，跑到陸地上來。

十八、醫之道

平先生的話，讓我大大開了眼界，有些話，神醫都聽得很入迷，說大長見識。

天亮後，使命也完成了。而且學校也要開學了，我還得回去上學。平先生就說現在該送我回去上學了。神醫也要與我們同行，說順路送送我。

其實我一直都對中醫很嚮往，覺得它非常玄奧，想以後作醫生，雲遊四方，濟世救人。只是我一直不好意思向神醫開口，眼看著就要與神醫分別了，我就鼓起勇氣，讓神醫傳我一些醫術。神醫一驚，看了看平先生，然後連連擺頭。我很失望。

神醫馬上拍著我的肩膀說，不是不肯教我，只是不敢教。他說連平先生都不能教我，他就更不敢教了。如果我是一塊上好的絲綢，而將我用作了抹桌布，不但毀了我，還會適得其反，什麼也學不到。那他負的罪就大了。我不好意思地低下了頭。

神醫為了讓我高興起來，就給我講起了治病的奇事。一聽有奇事，我就來精神了。

神醫說，治病無非就是順氣通脈，治蟲驅邪等。手法無非是草藥、針炙、推拿之類。神醫與我講開來了，他先說這個氣。他說凡病都有病氣，而人體也有氣。人體之氣分為很多種，有先天之氣，就是聚於腎中的人的先天精氣，這是最重要的東西。還有後天之氣，如人吃的五穀雜糧的精氣，還有呼吸吐納之氣等等。五臟六腑是生氣、聚氣的地方，經

絡是行氣之所。機器靠油驅動，而人體是靠氣維持的，氣竭，人就死了。人有奇經八脈、十二正經等等，它們其實是通道，引導氣的流動，它們與五臟六腑一起，形成了一整套精密的設備，比人類任何一種精密機器都要完美精密。它們製造氣，聚集氣，運行氣，調和氣，驅動了人體的運轉。氣順，氣清，氣足，人身體就好，精神就好，病邪就上不了身。如果氣不順，脈不通，那人體就會得病，甚至出現危險、喪命。

神醫說，這時就可以用草藥或針灸等來治病。他說草藥也是氣，世間萬物都有氣，所有植物都有氣，而且不同的植物有不同的機制，所以它們氣的顏色都不一樣，性質也不一樣。這可能就是古人所說的萬物皆有靈吧。可以將不同的植物，根據它們不同的性質，用不同的量搭配起來，這就是中藥。其實就是將它們不同的氣混合起來，讓人服下去，進入人體運行，以針對來治不同的病。而這些搭配之法和治病效果，就看各人的境界和悟性，自己把握了，自由搭配，沒有定法。但現在的醫生，都將這些草藥形成了固定的藥方，而不是因病搭配。所以很多時候用藥過重，或過輕，或不當，而害了人，治不好病。這也是現在人越來越不相信中醫的原因。

神醫說，有些特殊的植物，有特殊的機制。它們能夠產生轉化特殊的氣。比如人蔘、靈芝等等。它們在某些特殊地理環境中，經過了久遠的歲月，能夠聚集天地的靈氣，而成靈。服下它們後，能起死為生，返老還童，只是人沒見到，所以現在沒人相信。神醫說，這些神奇的草藥多去了，他跑

遍了全國的名山大川，曾經收集過一些。他說還有一種還魂草，是地之靈氣所聚，治百病，得地氣、遇雨露便能重生。即使將它曬乾、煮爛了，晾了幾百幾千年，如果再將它插入土中，淋些水，不出幾天它就能活過來，長出綠葉。而除了這些，還有很多其他的神草奇花。

神醫說，上古時，這些神草特別多，只是到了現代，人類越來越背離自然，破壞自然了，自然之氣被破壞汙染了，所以這些仙草慢慢失去了生長的環境，越來越稀少了，甚至很多早已絕跡了。

我痛心不已，覺得人類在無知中，真是幹了太多的惡事，害人害己。

神醫又說，不光是植物，靈氣聚集的地方，連動物、昆蟲、物質等等，也都能得靈氣，能夠成靈。上古時，人類還沒有迷失，那時天地間靈氣足，萬物吐納靈氣，靈性十足，經常有靈物之類出現，遍地是寶。

聽到遍地是寶，我就激動起來了，迫不及待地讓神醫多講一些聽聽。神醫就說，舉個簡單常見的例子吧：珍珠是寶，是貝殼類動物體內精氣所聚，經過一定年歲而成。我們現在所知的珍珠只是普通的珍珠，現在聽說還弄出什麼人工養殖珍珠，這些珍珠精氣不足，更不可能有靈氣，所以只是人類普通的物質，沒有什麼作用，稱不上是「寶」。而真正的珠寶，是貝類在特殊的地理環境下，靈水之中，經過了久遠的歲月，幾百上千年後，得到了天地間靈氣，所孕育而成。這才是真正有作用的珠寶，它具有特殊的力量，有魔力，有靈性，孕育這珍珠的貝殼也會隨之成靈，這才是真正

的寶。

　　還有我們人類所知的牛黃、馬寶、狗寶之類，這是蓄類之寶，其實還不算什麼。神醫說，自然萬物都有自己的一套獨特的機制，所以萬物都有「寶」，只是人不知。而孕育這些寶的關鍵所在，就是靈氣。

　　不光是動植物，昆蟲也是。比如蜈蚣，在特殊的地理環境下，千年蜈蚣，體內能生出夜明珠，這可是價值連城的稀世之寶，具有靈性、魔力。上古時，就有先人從蜈蚣精體內得到過。有些寶是生在動物體內的，而有些寶是動物藏在深穴祕洞中的。比如蟻寶，這就很少有人聽說過，也是在特殊的地理環境下，在地下深處百年千年的蟻穴中，它們能生蟻寶，非常罕見，比千年人參還珍貴。神醫說，上古時傳說中，經常聽說過，某人救了某個動物或昆蟲，最後那動物、昆蟲來報恩，送給人什麼寶物，這寶物就是它們的寶，這些都確有其事。

　　神醫嘆了口氣說，上古時，人類還沒有這麼迷失，自然沒有被破壞，天地靈氣保存得很好，人傑地靈，所以遍地是寶，山靈水秀。現在不行了。神醫搖著頭感嘆。天地靈氣幾乎被人類破壞殆盡，再也無處尋寶，狂妄的人類不但不知悔改，甚至還說什麼「與天鬥、與地鬥，其樂無窮。」上古時連魔鬼都不敢說出這樣的話來，妄圖改造自然，狂妄至極，末日不遠矣！

　　我聽後也咬著牙，怨恨起父輩們來，那一代人幹過了太多的這樣缺德之事，這可是真正斷子絕孫的事呀！什麼「敢叫天地換新顏」，換來了遍地的天災人禍，窮山惡水，無知

至極！

心中忿怒了一番，神醫又跟我講了治蟲驅邪。我問這治蟲是不是就是治蟎之類。神醫點了點頭，說蟲有很多類，不同種類的蟲能力層次都不一樣。層次最低的就是人體的寄生蟲，蛔蟲之類，可以很容易打出來。層次高一點的，有像毒蜈蚣之類的蟲。再高就像蟎之類。這些東西都是寄生的，只是有的在人體顯形，有的不顯形，得靠藥，將它們打出原形。

而驅邪，這個邪不是指附在人身的邪靈，比如狐妖之類，那個他不治，不屬於他能力的範圍。神醫說，他所說的驅邪是指一種病邪。它們不寄生在人體，只是進入了人身的範圍，在另外的時空中，待著不走。神醫說這種病邪也不顯形，只看到一團氣，一團不淨的邪氣，隨著修行境界的提升，慢慢也能從氣中看出它們的形象來，比如天蝠蛾，或雙鉤蝎，或雞冠鼠。這時就要用針炙來治。

神醫說，治這種靈很危險，針一定得下準，一針下去，一定要扎住靈眼。不能來第二針，而且不能扎偏，不然這病就沒得治了。他說一針扎準了以後，這邪氣就聚集成原形，被打掉，散掉，病就好了。神醫說這種病最難治，並不是所有的邪靈他都能治，目前他只能治昆蟲類的邪靈，比如天蝠蛾、雙鉤蝎之類，獸類的他治不了，比如雞冠鼠等。這些東西很凶，如果治它不得要領，它們會傷掉人的真體，那時就真的沒治了。而且真體如果真的被這東西弄殘了後，以後轉世投胎，就永遠是個傷殘，那樣就完了。

神醫的話，說得我震驚不已，也大開了眼界，明白了中醫治病是怎麼回事。

十九、氣

我餘興未盡，又纏著神醫繼續給我講氣。我接觸過氣功，我父親是氣功迷。我覺得氣這個東西太神奇了，太玄，一直想弄清楚。

這時神醫無奈地看了看我，說他知道的就只這些，只是人體之氣。如果想知道更多更深的，只有求教平先生了。我就又看著平先生，神醫也來了興趣，說一直都想聽到平先生的開示。平先生對於我的求知，從不會拒絕我，他就與我說了起來。

平先生說，氣這個概念很籠統，有生氣、靈氣、清氣、精氣等等，包括了很多種物質，精微發散流動之物，都可稱氣。但氣要分起來，可分為先天之氣，與後天之氣。先天之氣是生命之母，它孕育萬物。後天之氣，是生命產生了以後，所化之氣，它是生命之靈，維持著萬物生命，氣竭而亡。

平先生說人體有氣，而自然萬物，都散發著氣。甚至連石頭物質等等，都有氣。這就是萬物皆有靈，萬物都有靈性，只是人看不到，也不相信。平先生說，將一些物質放在那裏，時間久遠了以後，它們能夠走動，只是對人來說，太緩慢，太緩慢，人看不到，也測量不到。而且石頭都有呼吸，有代謝，人也看不到，感覺不到。它們都有生命！如果人類對待自然萬物，是以道來溝通、愛護，那萬物的靈性就能表現出來，它們會回報人。但現在人都只是把它們當作奴役的工具，踩在腳下，從不屑於溝通，不加以愛護，也更不

會相信，所以永遠也看不到它們靈性的一面，永遠也不會相信這些，只會越來越迷失。

平先生說，生命在於循環，所有的生命個體都有循環，循環中斷，生命就中止。而同一境界的所有個體生命，又能聯接在一起，形成一個大循環，這是自然循環。而不同境界的自然，又能聯接在一起，形成更大的循環，這是宇宙循環。一切都在循環之中。

平先生說，氣是宇宙循環的一種重要因素。低境界散發的精氣，被高境界吸收了以後，會轉化為高境界之氣，成為維持高境界的能量。而同等境界中，氣又能流動、交換，維繫著自然萬物。這是氣的循環。氣無處不在，人體有氣，萬物都有氣，我們的大自然也有氣，有天陽之氣、地陰之氣。宇宙也有氣，各種不同的星球也都有氣，有太陽之氣，太陰之氣等等。

我問平先生，氣功所說的氣是指什麼。平先生告訴我說，氣功也是一個很籠統的概念。其實它包括了太多的法門，有佛家，有道家，有奇門，還有魔道、邪門等等。只是籠統地將它稱為氣功。平先生說，其實練氣的層次極低，就像是剛學走路的小孩。對於修行人來說，練氣只是修行起步，還不算真正的修行。在大周天通了以後，就不再練氣了，那才進入了真正的修行。

平先生說，修到了一定的境界，會看到自然萬物都散發著靈氣，顏色各異，清濁不一。氣會流動，會交換，會升降，氣如果一直順著一定的方向流通，慢慢地，時間長了，會形成氣機，氣機強了以後，慢慢會形成脈，而脈打通循環

了以後，能量強大了，慢慢會形成周天。

平先生說，人體五臟六腑，是生氣、聚氣之地，而經脈是運氣之所。這是人體之氣。而大自然也是一個巨大的生命，是神靈。她也有五臟六腑，也有經脈。地上，有各式各樣的地勢地貌，山川河流等等。有很多地方，比如很多名山大川中，聚集著靈氣。這些地方其實是自然的臟腑或重要穴位所在。自然中還有很多脈，水脈、地脈等等，它們運行著氣和能量，維繫著整個大自然的生命循環。而人類及地上的所有生物，是大自然的細胞，屬於自然循環的一部分。只是人類越來越迷失了，慢慢汙染破壞了大自然。這就像人體內被病菌入侵的細胞和癌細胞一樣，雖然表面上也是人體細胞，但實質上已不是了，它們不遵從自然之道，背道而馳，如果不除掉，慢慢會感染到整個身體，所以這樣下去，人類大劫將至。

平先生說，萬物在於調配，這個調配很重要。比如神醫所說的根據病來調配草藥，這就是一種調配。還有音樂藝術等等，也是一種調配，將五音等各種藝的元素，根據各人的悟性和智慧等，以某種方式，調配在一起，成為奇妙多彩的音樂和各種藝術。其實這種調配就是道，就是修行。

所以得依據道來搭配，得先悟道，得到真道，才能調配出順應自然，甚至超過自然，達到高境界的美好事物來。這些依據道的調配，就能夠推動自然萬物的昇華，提升整個人類及大自然的境界，使世界變得越來越美好，境界越來越高。

如果沒有依據道，那調配出來的東西，就是醜惡的，是

破壞，是汙染。人類越迷失，離道越遠，就越破壞自然，災
難就越多，也是這個道理。平先生說，其實人類的一切都是
調配。發明創造，生存發展，工作勞作等等，一切在自然界
中的活動，都是調配。只是目的和方式不同，有的是為了生
存，有的是為了發展，有的是為了享受。但卻極少人知道調
配之道。萬物皆有道。

　　如果人類能夠依據道來調配，那人類就會有大飛躍，社
會就有大發展。比如中國太古時期，那時人類皆在道中，以
道調配。所以那時人類世界的境界很高，是與高層的時空相
聯的，萬物相生，整個自然和諧美滿。那時的人類，都是半
神，人類是半神社會。大白天，都經常能看到人飛升起來，
這在當時不以為奇，神通大顯。中國有很多神話傳說，就是
那時傳下來的，其實很多是當時的真實記載。比如《山海
經》，其實是當時真實的地理記載，只是存在於另外的境界
中，所以現在在地球上找不到，當時的人類是與高層境界相
聯的，能夠自由出入另外時空之中。

　　平先生打個比方說，修行有素的琴師，他們能通過悟
道，調配出高境界的音樂來，也就是仙樂，他們彈奏出仙樂
後，聽到仙樂範圍內的物體，都會得到提升，甚至連石頭，
都會被感化，進入到高境界。我聽後，明白了不少，馬上想
到現在有人用古典音樂來胎教，或種植、養殖動植物，凡聽
古典音樂長大的植物都會長得好，結果又多又大又甜，動物
則都會長得快，健康不得病，原來是這道理。

　　平先生說，越到了後面，人類越迷失，離道越遠。所以
自然和整個人類的境界，也越來越低，人類生活也越來越艱

難，得以勞索食，經過辛苦的勞作，才能從土裏種出一點莊稼來，維持生存。可人類卻越來越不反省，越來越不悟，還變本加厲，妄圖改造破壞自然，來滿足自己的發展、享樂。人類的智慧微小，目光短淺，他們根本看不到這樣做的下場，他們在將自己引向末日。所有的災難，都是人類自己招致來的。

平先生說，氣是宇宙的循環因素。但人類三界，還有一個物質循環因素，那就是五行。人類世界的一切，都在五行中循環。動物以植物為食，動物死後，又分解，被植物吸收，以此反覆，整個大自然，就是一個大循環。自然中的一切都是五行構成的，所有物質都可分解為五行，這五種基本元素。自然構成的萬物，都能在自然中分解，以五行的方式在自然界中循環。而自然還有一套淨化機制，萬物分解後，它能夠將分解的五行元素進行淨化，以維持自然的純淨不破。

而現代人類，迷失了以後，人心魔變，依據魔道，製造調配出了很多奇形怪狀的東西。這些東西不能夠分解，破壞了五行，汙染破壞了大自然。現在人類出現了很多稀奇古怪的疾病和各種天災，這是人自己造成的，是他們自己製造的。現在有很多人，他們的真體都汙染變形了，有的變得半人半妖，有的完全成了魔，以此下去，人類將無存。人類這樣，不僅害了自己，而且還汙染了上層時空，因為宇宙是個大循環，會汙染到神的世界。這樣下去，即使神不懲罰人類，人類也會將自己毀滅。所以長此下去，劫難不可能避免。

　　平先生還說，高境界物質對應到低層空間中，有時會顯現出氣來。比如他前面告訴過我的應靈。他說應靈在人間都不顯形的，人是看不到的，他們都化為氣。有的聚在某處，有的瀰漫流動在空中。他們散之成氣，流動成風，聚之成形。得通過功能或特殊辦法，才能讓他們顯出形象來。

　　平先生說，不光是中醫，還有風水、圍棋、兵法等等，都得看這個氣。比如風水陰陽宅，它們就是尋找靈氣聚集之地，這就是風水寶地。他說這些寶地，很多都是大自然的穴位，或臟器所在，所以這裏便能生氣聚氣，然後會形成靈氣。人類都有一根祖脈聯接著，在這靈氣的環境之中，建陰陽宅，便能得到祥瑞福祿，得到庇佑，能福及子孫。

　　平先生說，這些風水寶地，能夠引來另外高層時空的祥瑞靈物，也就是我們所說的神靈，他們會聚集在這裏，守護在這裏，他們的身體對應到我們這個空間會生成靈氣。生活在這風水寶地，其實就是生活在他們體內，無意間，會吸收靈氣，得到他們的調理庇護。

　　平先生說，氣還能形成一個場，一個環境。物以類聚，不同的物種，都有適合它們生存的不同環境。比如蜈蚣、蓑衣蟲等，這些陰性毒物，就喜歡生活在陰濕的環境中，乾燥乾淨的環境，它們生存不了。所以陰濕的環境，就能招致生出這些東西來。

　　同理，神醫前面所說的驅病邪中的邪靈，就是因為人心不正，生成招致了邪氣，邪氣久久聚於身上，會形成一個場，一個環境，時日久了就會招致這些病邪上身。因為這些邪靈，就喜歡這樣陰氣的環境，這時，人就得病了。古時所

說的「鬼迷心竅」或「不做虧心事，不怕鬼敲門」，也是此理。人心不正，就會產生邪氣，形成邪氣的環境，這樣就會招致這些不好的東西上身。

說得神醫不住地點著頭、拍著手說：「聞君一道，勝修百年。」

二十、百妖陣

我們邊說邊走，不知不覺來到了一個叫岸際上（音譯）的小地方。這個地方靠近一個大湖，也不知叫什麼湖，湖邊有一個小村莊，依湖而建。

在離村莊十多里地的時候，平先生停住了，他神色凝重。此時已是晚上，正是我們趕路的時候。我吃驚地看著平先生，問怎麼了。

平先生說，四周妖氣衝天。恐怕入了百妖陣。我問平先生怎麼回事，平先生就說，引天雷滅狐妖的時候，同時還殺了一批害人的蛇和黃鼠狼。這些東西，都是一窩窩的，它們還有一大批同門師兄弟、姐妹，還有師父等等，牽扯起來一大幫，成千上百個，形成了很大的勢力，所以一般人不敢惹它們。而且它們很多都附上了人體，這個岸際上的小村子，村子大批人都被水蛇附體。現在它們聚集了起來，要為狐妖它們報仇，擺下了妖陣，無法行走。

神醫也大驚，他說難怪一直看到有黑氣跟著，原來都是這些東西死纏著不放。神醫問，難道連平先生都無法突破妖陣嗎？平先生說，光他一人是可以化身走出的。但我是凡

人，無法帶我脫身，平先生說，一定會保護我，這是他的使命，不能讓我受到傷害。說得我心裏很愧疚，對平先生感激不已。

於是我們就在一個樹林裏坐了下來。平先生讓神醫看著我，然後他在地上圍著我們劃著什麼，並掏出罈子埋在土裏，打著手印，口中念著什麼。我悄悄問神醫，平先生在做什麼。神醫說，先生在擺九龍陣，為我護身。

我就靠在樹上，看著平先生擺陣。慢慢地，一陣沉沉的睏意湧了上來，我感覺睏極了，眼皮很重，睜不開眼來，便睡了過去。剛合上眼睛，我就有一種不祥的預感，感到很惶恐。我真實地感到有東西在掐住我的喉嚨，它壓在我的身上，騎在我的胸口。我害怕極了，我使勁地張大嘴，我想喊出來，喊平先生救我，可張著嘴，卻喊不出任何聲音來。此時我的頭腦很清醒，身體卻不受我控制了，我想動動不了，想睜開眼，眼皮卻打不開。我惶恐到了極點。

突然一陣光罩著我，我感覺到騎在身上的東西逃走了。我便使勁地動著眼皮，想睜開來。同時我感到身上一些地方，傳來酥麻的感覺，先是一點，慢慢地酥麻變成了炙熱，從這一點順著一根脈絡延伸開來，慢慢通遍全身。我終於睜開了眼睛，還是睏極了。

我看到平先生對著我發功，而神醫，正用針在我身上不同的穴位扎著，剛才這酥麻的感覺，就是他針扎出來的。

看到我醒來，平先生趕緊扶著我，說怪他沒有本事，連累我受苦了。平先生說，他原想擺出三層九龍陣，死死擋住妖氣，但只是剛剛擺好了一層，看來時間來不及了。他說妖

陣的中心直衝著我，我是凡人，從未修行過，而神醫和他是修行之人，能護住肉體，不讓邪氣入侵，但我不行，所以就被邪氣鑽了空子，遭邪靈壓身。

神醫邊給我扎著針，邊說他幫我暫時封住肉體的入口，擋住邪氣。然後平先生教了我一套靜息入定的方法，將湧泉穴和合谷穴扣了起來，讓我盤腳入定。我一直睏盹不已，眼睛支撐不開，隨時都會睡過去。雖然平先生和神醫的話我都聽得清楚，但我卻控制不了自己的身體，一直要睡過去。

平先生就一直在耳邊鼓勵我，讓我打起精神來，戰勝邪氣。我就強行撐開眼睛，按著平先生的方法，努力地盤腿打坐。神醫繼續為我扎著針，幫我封住邪氣，打通經脈。而平先生用功能加持著我，驅散我體內的邪氣。慢慢地我感到令我惶恐的邪氣，慢慢散去了，身體清亮起來，不再那麼壓抑惶恐了。突然我聽到平先生說，時間來不及了，那群妖孽正帶著一群附體凡人，趕了過來，必須得馬上大戰，不然遲了就有危險。

說完我感覺百會穴一陣酥麻，然後變成一陣炙熱，我知道是神醫在給我頭頂扎針。這陣炙熱一直透過了我的全身，直到腳底。突然在閉眼靜息中，我看到眼前有一團很亮的亮光，似乎是一個出口。我感到一股巨大的能量，將我從這出口中拉了出來，頓時我感覺全身輕飄飄，一下子失去了身體的束縛，美妙無比。

等我睜開眼睛，發現與平先生坐在一起，我們坐在一輛奇怪的天車裏，車子是露天的，圓形的，像個檯子一樣，由九條龍拉著，在空中飛著。只見平先生與凡間的裝扮不一

樣，他身穿金甲，頭戴金冠，生著長鬚，威嚴無比。天車的四周還有許多龍，圍著我們盤旋著，護著我們。

而四周遠處卻湧起了滾滾的黑氣，包圍著我們。越圍越小，將我們困在裏面。平先生身上放出光芒，他讓我靠近他的身邊，用光芒罩著我，感到身上暖暖的。

最後我們在一個世界裏被迫停了下來。那黑氣降到地上，化作了無數的怪物，擺開了陣法，朝我們攻來。只見這個地方比較荒涼，地上都是低矮的荒山和亂石。土地和山石都是紅色的。在遠處是看不到邊的水，水是白色的。雖然離得很遠，但水中的東西卻看得一清二楚，與肉眼看東西不一樣。

我看到水裏有很多魚，身子長得有點像鯉魚，眼睛是紅色的，頭上長了一隻角，身上披著堅硬的鱗片，像鋼鐵一樣。它們嘴裏長滿了鋒利牙齒，在嚼著堅硬的石頭。水邊和水底堆積著很多黑色的石頭，堅硬無比，那些獨角魚用牙齒一咬，石頭就粉碎了，它們在吃著石頭，發出很響的咯吱聲。

而下面的這些怪物，更是讓人惶恐。它們有的長出了人形，而有的長得半人半妖的，光著身子，爬在地上。眼睛圓圓的，是鼓出來的，身體很肥壯。有的長著六隻手，有的長八隻手，他們有的用下面的兩隻手當腳，站起身來，有的爬在地上。他們嘴是方形的，長著尖利的牙齒，從口中吐出一團團火箭一樣的東西，朝我們射來。

二十一、太極元真鳥

平先生盤坐在車上，他閉口不說話，打著各種手勢，指揮著龍擺陣作戰。他每一個手勢代表一個陣法，代表一個意思，但我看不懂，那些龍明白。平先生指揮著龍陣與妖陣對恃著，不相上下，妖怪攻不進來，我們也攻不出去。

突然那些妖怪，在一個領頭的黑衣妖道的指揮下，迅速變幻了陣式，只見它們一個接一個地疊了起來，頭接著尾，尾接著頭，一個接著一個，最後連成一個整體，那個妖道站在最上頭。突然妖道張開黑衣，黑衣越伸越長，越伸越大，最後將所有妖人都罩了起來，變成了一張蛇皮。

突然它們搖身一滾，變成了一條黑色的大蛇。妖道變成了蛇頭，眾妖都成了蛇身。蛇吸著天地之氣，越變越大，越長越長，最後它盤成兩圈，將我們困在圈內。從未見過這麼巨大的怪物，我很害怕。突然我頭腦中傳來平先生的話語，他讓我不要害怕，說他能破陣。我很奇怪，轉頭一看，見平先生仍是閉著口，打著手勢指揮著群龍。他不開口，聲音卻能穿透我的天靈蓋，直接打進我的腦中來。而我想什麼，也不用開口，他就能馬上明白。

平先生沒有指揮攻擊，只是靜靜觀察著，他將聲音打進我腦子中說，萬事不要驚慌，應以不動來制萬動，先觀其變。我心慢慢靜了下來。

突然那蛇猛地抬起了頭，立了起來，蛇頭昂於半空中，吐著芯子，嘴中時時噴出煙霧和火星，高達千丈。我嚇得猛地一驚。那蛇朝我們張開了大嘴，使勁吸著氣。只見地上的

沙石都被它吸得飛了起來，吸進了它的口中。天車猛烈地搖晃著，朝它口中吸去，群龍使勁地拉著天車，竭盡全力往前拉去，想掙脫它的吸力。雖然群龍用盡了力，但還是逃不脫，離它的嘴越來越近了。

這時平先生，口中念著咒語，一揮手，突然一條黑影從他袖子中奔了出去，落在地上，化作了一條巨大的黑色怪物。只見它眼睛很小，是紅色的，嘴邊長著鬚，渾身黏黏的，滿口長著鋒利無比的牙齒。只見它落地以後，便張開大口朝大蛇咬去。蛇猛地一驚，停止了吸氣，低頭看著它。不一會兒，這黑怪物便將蛇身咬出了一個大洞，並從洞中鑽了進去，鑽進了蛇體內。蛇在地上拚命扭動著，想將黑怪物驅出來，但無濟於事，黑怪物在蛇體內拚命撕咬著，將蛇身咬出一個一個的窟窿，不一會兒，蛇便斷成了九節，黑氣散去，又化成了許多殘手斷腳的妖怪，滿地打著滾。

這東西這麼厲害，到底是什麼？我疑問著。「是蚖。」平先生在頭腦中回答了我。我大悟。

眼看我們要大勝了，那領頭的老道，又帶著一批化成了人形的妖人，盤坐成一圈，嘴裏念著什麼。

他們在幹什麼？我又問。他們在請他們的師父。平先生告訴我，他顯得有些擔憂，說他不知道它們師父的來頭，不知道是哪一層次的。

正在擔心間，突然天裂開了，一隻巨大的鳥飛了進來。它身後還跟著一群同樣的鳥，但沒它大。

是大鵬鳥！平先生緊急告訴我說。大鵬鳥專克龍，情形很危險。平先生趕緊調轉車頭，召喚著群龍，讓它們拉著車

迅力逃走。但還是遲了，那群鳥追了上來。它們繞著我們的車飛舞著，伸出利爪，抓著龍。形勢十分危急，很多龍被啄抓得遍體鱗傷，它們鬥不過，就帶著傷紛紛逃進了水中。

這時水中的獨角怪魚，便群湧而上，將群龍圍在中間，撕咬著。眼見龍就要葬身水底了，平先生趕緊指揮蜮去水中救龍。那黑怪物就一頭鑽進了水中，不一會，水中便揚起了滔天巨浪，將很多獨角魚都打上了岸來。那蜮在水中張開大口，拚命吞食著怪魚，不一會就將龍解救了出來。

為什麼不讓蜮對付這些鳥？我提醒著平先生。平先生告訴我說沒辦法，他說蜮是水陸之物，是水中之王，對付不了禽類。我焦急萬分。

突然那隻領頭的大鳥朝我們撲來。平先生趕緊脫下他的金甲神衣，披在我身上，護著我。然後他念動著咒語，身體化作了一條巨龍，盤旋著，將我圍在中間，口吐著雷電朝巨鳥擊去。

那巨鳥避過了雷電，又帶著眾鳥，朝平先生撲來。它們伸著利爪，用鋒利的尖嘴，朝平先生身體啄來，撕抓著。我看到平先生身上的龍鱗一片片地掉落，渾身淌出血來。但平先生為了保護我，仍是緊緊盤旋著，護著我，不躲避，也不能還擊。

眼看著平先生就要不行了，我的眼淚流了出來。我抬頭仰望著天，滿天的神靈，就沒有一個人來幫我們嗎？都眼睜睜地看著我們被邪所滅？我憤怒地朝天大喊著，誰來救救我們！

頓時，一聲利鳴，穿透層層時空，由無盡虛空而來。將

大地都震得搖晃起來，我感到被震得頭痛欲裂。頓時天裂開了，一層一層的天都同時裂開了，直至看不見盡頭的虛空。

所有大鵬鳥都同時定住了，它們懸在半空中，沒有了反應，似乎在瑟瑟發抖。突然一道白光從天而降，漫天頓時飄滿了羽毛，那隻巨大的大鵬鳥被從中劈成了兩半，其他鳥也被震暈了過去，紛紛落到了地上。

這時，我感到一陣溫暖從天而降，巨大的白光籠罩著我，我閉上了眼睛，感到一陣睏盹。我感覺自己彷彿躺在一艘小舟上一樣，飄蕩在水面上，陽光照著我，我聞到了蓮花的清香，好溫暖，我心裏升起了一陣前所未有的喜悅，一切都是那麼的美妙。

也不知過了多久。我睡足了，慢慢睜開了眼睛。我看到神醫和平先生正坐在一邊看著我。已回到了人間的身體裏，還是在小樹林中。但天已大亮，我一問才知道，已是下午了。

我看到平先生身上有很多黑色的瘀傷，和抓痕。就趕緊讓神醫替平先生醫治，神醫擺了擺頭。平先生笑著安慰我說，治不了，這傷在真體上，肉身上治不了。但只是皮肉之傷，所以不多久就會自動癒合，不用擔心。

我又問平先生後來發生了什麼，到底是怎麼回事。平先生說，我召喚來了太極元真鳥，救了我們。我大驚，問我是怎麼召喚來這太極元真鳥的。平先生說，這太極元真鳥是原始之禽，萬禽之王。牠本是我的護法靈，一直在高層看護著我，看著我輪迴轉生，不讓邪魔侵犯我。但牠不能干擾到我，只在特別危急的情況下，才顯身救我，所以我也一直不

知道牠的存在，連平先生以前也不知道。

我若有所悟地點了點頭。這時平先生又對我說，現在他終於知道是怎麼回事了。他說，他在我家時，夜觀天象，發現一顆白護星一直正對著我家，星光直衝我家的大門。一直不知道怎麼回事，現在終於知道，那白護星就是我的護法靈，是太極元真鳥。牠一直在看護著我。

二十二、陣

我們被這妖陣耽誤了一天時間，破了百妖陣，我們又繼續趕路回家了。我問平先生，那些妖怪們現在怎麼樣了？會不會再來找我們麻煩？平先生說，被斬死斬傷了大半，連它們的師父都被太極元真鳥給斬殺了。剩下的小半已經知道了厲害關係，它們都跪地求饒，發下了誓言，不敢再來惹事了。

我放心地鬆了口氣。又問平先生，為什麼將我元神帶出體外，帶到那個時空中去？那是什麼地方？平先生說，那是三界中，靠近人類的一個比較荒涼的低層時空。他說人類這個時空是個很特殊的時空，自古以來，一直是受到嚴格保護的。如果在人間大戰起來，會破壞人間的秩序，影響到人類，所以不允許，神通會被鎖住，在凡間施展不出來。而且那幫妖迷惑著一大批附體的人類，正趕過來，所以情況非常危急，必須在他們趕到之前滅了它們，不然就危險了。

平先生說，就像大海一樣，即使海底發生了地震或火山爆發，天翻地覆，海面上只是起一些波浪。所以要讓我元

神離體，平先生帶著保護我，讓神醫將我身體封起來，看護好我身體，不讓邪氣侵入。然後將我帶到另外時空中去，找到這個比較荒涼開闊的時空，適合作戰場，在那裏與妖人大戰，便可大展神通，不受到干擾。

我若有所悟地點了點頭。我看過兵法，三十六計是人的計謀，這些我不覺得稀罕。但我一直對兵法中的行軍布陣的這個「陣」很好奇不解。一路上我又見識了「九龍陣」、「百妖陣」，便愈加好奇，我問平先生，這個陣到底是怎麼回事。

平先生想了一會說，其實這個陣是將一些個體的生命，以某種對應關係，按照某種獨特的機制組合起來，在另外高層時空中對應組合成一個更大的生命，並具有靈性。這個組合而成的、具有靈性的、具有更大力量的大生命，就是「陣」。

平先生又說，這個陣法非常的玄妙，不同的機制和對應關係，能組合成不同的陣法，而且陣中有陣，變化莫測。自古以來，人類萬物，為了產生更大的力量，都講究布陣，講究一個陣法。這個陣就是聚集力量，生成更大力量的一個必要方法。而沒有陣法的，就是烏合之眾，不堪一擊。

平先生說陣法多種多樣，有的陣法在另外時空中，能形成一條巨蛇，這就是蛇陣，就像我在百妖陣中經歷的那條巨蛇，就是蛇陣形成的。有的在另外時空中，能形成一隻威武的麒麟，這就是麒麟陣；有的陣法生成的形象是一隻巨大的盾牌，這叫守陣；有的陣法是一把利劍，劍鋒所指的地方，都會被劍氣所殺，這是劍陣。等等等等，而且母陣中又能生

子陣，陣又能化陣，千變萬化，深不可測。

　　我又被平先生的話驚得口瞪目呆，一時反應不過來。平先生又接著說，其實宇宙、自然萬物，都是在陣中，都講究陣法。人類的陣法，就是模仿自然，通過對自然萬物存在方式的觀察，所證悟到的自然之理，從而加以模仿利用，而生成了陣法。其實自然界就是一個大陣，他是一個巨大的生命，這個陣對應著天，對應著宇宙，人類只是這陣中的一個分子。所以每個人的所言所行，都對這個整體大陣產生著影響，會影響到整體的去向，人類的何去何從，都是自己選擇決定的。

　　平先生說，其實陣都有「脈」，有一條極重要的主脈，它貫穿著整個陣法，不管陣法怎麼千變萬化，主脈都不會變。一旦主脈斷了，陣將無存，馬上瓦解。

　　平先生說，我們中華，就是一個大陣，整個中華民族，就是一個整體，在另外時空中，是一個巨大的生命，巨大無比。他在另外時空中的形象就是一條龍，巨大的龍，所以又稱為神龍陣，我們一直自稱為龍的傳人，很多人不理解，其實是這麼來的。

　　但要真成為龍的傳人，成為中華後人，得繼承這根龍脈，不然枉為炎黃子孫，徒有其表，不在陣中。平先生說，中華這個巨大的神龍陣，他的主脈就是龍脈，也就是我們人類所說的「神傳文化」、「國學」。但現在龍脈已經斷了，這條神龍已死，只是死而未腐，屍骨尚存。待到屍骨腐爛以後，這個民族將無存。

　　我聽後，眼淚差點都掉出來了。自覺自己也枉為炎黃子

孫，對神傳文化也知之甚少。平先生說，神龍死了以後，對
應到我們這個空間來也產生了很大的變化，就是山川失去了
靈氣，土地環境惡化，人類斬長江，殺神山，破壞了中華之
「形」，以至天災人禍不斷，民不聊生。

平先生嘆了口氣說，中國人一直宣稱自己是炎黃子孫，
覺得驕傲，但他們一邊掘著自己的祖墳，一邊享受著祖先的
榮耀，十足可恥！我傷心地看著平先生，問有沒有解救的辦
法。平先生看著我，微笑著說，龍脈斷了可以重生，神龍死
了也可以復生。他說以後龍脈會重生，神龍會復生，而且會
產生前所未有的神力，變得更巨大、神力無比。人間屆時將
進入新的世界，而能夠進入新世界的後人將有福了。平先生
摸著我的頭，說對於重生龍脈，我將負有特別的使命，等我
碰到師父後，就會明白。

我點著頭，不再問什麼，覺得能夠為此盡點微薄之力，
將是我的榮耀，以後也終會明白的。

二十三、龍吟劍

一路上，我又使勁纏著平先生給我講修道中的玄奇故
事。平先生磨不過我，就跟我講了起來，印象最深的是龍吟
劍的故事。

故事的年代我已不知道了，平先生當時也沒交待清楚，
可能最少是一兩千年前的事吧，相當久遠。平先生說，那時
有一個修道的，相當了不起，他根基非常好，境界提升得極
快，後來修出了三界，而且超出了三界不少，在天上有了神

位，能力非凡。

　　他修的是內外兼修的道法，即煉劍習武又內修。那時這種修道人喜歡比武，但他們不是在人間比，更不是跟人比，都是修行中的人，在世外比。有時是打坐中，元神離體，到另外時空中比，打鬥起來，那真是天昏地暗，神通大顯。剛開始時，比武只是為了切磋，以互相提高，共同促進。後來時間久了，就變成了爭鬥，其後發展成幾個門派之間的爭鬥，你的門派好，他的門派差，都靠這比武來決定。哪個門派勝了，就覺得為師門爭了光，提升了自己門派的地位，所以越演越烈，不可收拾。這個修道人在漫長修道過程中，幾乎戰勝了其他所有門派中的修行人，最後幾乎無人能敵，使他修行的門派名聲大噪，甚至不少修行者半途改門，要入他的門派，拜他為師。

　　因此其他很多門派的掌門人都視他為敵，更有很多默默無聞的門派，一直試圖戰勝他，想一戰成名。最後他煉成了絕世無雙的龍吟神劍，這龍吟劍在另外的高層時空之中，由劍之靈氣所聚而成，能聚之成劍，散之成氣，其劍氣能化為神龍，成劍形時，劍身能發出龍吟之聲，所以稱龍吟劍。劍氣所到之處鬼神皆斬，上至九天之神，下至獄底之鬼，無物能逃。

　　龍吟劍煉成了之後，他更是無人能敵，但在這漫長的比武過程中，他起了嚴重的爭鬥之心，並且越來越強。因此他招致了太多的怨氣，這些怨氣繫著他，使他無法離開三界，無法歸位，天天有人找他比武，不比就要殺他。因此在不停地比武過程中，他的精氣消耗太多，疲憊不堪，幾乎無法維

持。但是他卻還不悟道，不去掉自己的爭鬥之心，只是越來越憤怒，最後一怒之下，失手殺死了屢次三番找他比武的修行人。

這個修行人的師父境界也沒他高，鬥不過他，便上告到天界。最後天界削去了他的神位，將他重新打入了六道中輪迴，苦苦修行的道行毀於一旦。

此時，他才慢慢冷靜下來，發現自己的爭鬥之心，找到自己的不足，但為時已晚。他痛恨不已，對天大哭。

大哭過後，他封了龍吟劍，封住了龍吟劍的所有劍竅，將它埋在崑崙山中。然後他一一找來生平與他結過怨比過武的所有門派，他在崑崙山腳下，暗中設下了百劍陣，將所有門派中人引進了百劍陣中，自己站在了劍心。最後他讓自己被百劍穿心而死，還掉了這一生結下的所有怨氣。

聽後，我心中不知道是什麼滋味，才知道修行是這麼嚴肅的事情，任何一顆放縱的執著心都可能毀掉自己，將千年的道行毀於一旦。

平先生說，這麼多年來，埋在崑崙山中的龍吟劍，雖然被封住了所有劍竅，但卻一直發出龍鳴哀吟之聲，呼喚它的主人，一直苦苦等待著主人的歸來。所以這把龍吟劍誰也操縱不了，只有它當年的主人重新輪迴修行，到了一定境界之後，才能重新召喚、操縱它，為他斬妖除魔，替天行道。

我點著頭，又問平先生，劍也有竅？平先生說，不但有竅，還有脈。但凡靈物都有竅，竅是與外界溝通的路徑，竅被封了，就阻斷了與外界溝通。不光是動植物和劍有竅，石頭也有竅，古人喜歡佩帶玉器、麒麟什麼的，這些都有竅。

如果這個人有正氣，能感化了佩物，那佩物之竅就能與他溝通上，能跟他的脈聯通上，就能夠感知他，聽他的命令，暗中為他護體，這也就是人所說的通了人性，有了靈性。如果是修行中的人，那這些物體就能在與他修行的過程中，得到靈氣，慢慢提升境界，而成為法寶。所以古時神話傳說中有許多法寶，有的是飯缽，有的是葫蘆，還有鞭子、劍什麼的都有，就是這樣來的。由於現代的人迷失了，沒有了正氣，不相信這些，所以萬物的竅都是封著的，不對人開放，所以人就更感覺不到萬物的靈性，更不相信了。心誠所至，金石為開。人現在已不懂這道理了。

二十四、對應

路上，平先生還跟我講起了對應之理，平先生說宇宙萬物都是講究對應的，失去了對應，這東西就失去了根，沒有了循環，它就不能長久，會解體。

神醫馬上點點頭說，比如中醫，就是講究對應。人體的一切都是相互對應的，而且人體還與陰陽、五行對應著。平先生也點著頭，說這個對應點，其實就是竅。

他說中醫治病時，有的醫生只治耳朵就可以治全身的病，而有的只治腳，也能治全身的病，這是為什麼？神醫接過來說，是因為耳朵周圍有許多的穴位，這些穴位對應著人體的五臟六腑，對應著人體全身的其他穴位，所以光治了耳朵，就能對應治全身的病，而治腳也是同理。

平先生點著頭，問我有沒有聽明白，我說明白了。平

先生又說，宇宙一道相通，其他對應也是此理。比如說這個「心能轉境」吧，他說，他曾經告訴過我一句話，是他在修行中體悟出來的，叫「凡人遇物境為己境，覺者化己境為物境」，也是此理。這個心怎麼能夠化境呢？

平先生說，人體是個小宇宙，意思就是人體與整個宇宙都是一一對應的，所以人是萬物之靈，唯有人才能修成正果，具備宇宙自然所完備的本性。人體與宇宙所有空間境界都是對應的，與外界的自然也是對應的，但對應不一定相通。要打通這個對應，就得修行，找回自我，提升境界，才能與高層時空、自然溝通上。

人是萬物之靈，其實就是這個意思，並不是說人怎麼了不起，可以凌駕萬物之上，任意奴役萬物，這是錯誤的理解。

平先生說，人是自然的對應中心。而人又有對應中心，那就是「心」。人生一世，所碰到的禍福災難，都與你的「心」有關。你碰到的一切環境也與你的心有關。尤其是修行人，他修行中所碰到的一切魔難都與他的心有關。

不同的心，對應著不同的環境，對應著不同的禍福災難。就如上面的那個修道人，他所承受的魔難和後果，都是他的爭鬥心引起的，他如果及時修去了爭鬥心，那環境就會一下子轉變了，也不可能出現那個結果。如果人類，能夠萬事向「心」去找，那就能以不動而制萬動，能夠通過內在而改變外在環境，這是相對應的。有句話說「佛在心中」，也是這個意思。

人的不好的心，還對應著身體的病痛，這個病，那個

痛，根源其實都在「心」。不同的心能夠引起不同的災難和病痛，神仙為什麼沒有病災？因為他們沒有這些骯髒的人心，所以修行人要修去執著心，也是如此。修去了執著心，你才能將你的心清理乾淨，才能通脈、通竅，與高層時空和自然聯通上、對應上，而化身為境，操控自然，成為自在無憂、神通大顯的神。

平先生說，道家有一句話「人法地，地法天，天法道，道法自然。」這說的也是對應之理。萬物都有竅，這是與外界溝通的路徑，而這竅就是對應點。人身有百竅，地上也有百竅，因為地也是一個巨大的生命，風水中所說的風水寶地，什麼尋龍點穴，就是找這個竅。人體的百竅其實是與地上百竅一一對應的。而天也有竅，天其實也就是上層神界的「地」。天亦有百竅，地上的百竅與天上的百竅也是對應的，天的竅，就是不同的神位。每個神位都有不同的神靈鎮守著。所以人對應著地，又通過地對應了天，對應了神靈。

人的這個竅就是人身上的穴位。所以人身上所有的穴位都對應著自然，對應著宇宙，和不同神靈。人體的穴位都有不同的名稱，有的很奇怪，很多人都不解，不知道為什麼這麼叫。其實很多都是穴位所對應的地上，或天上神位所鎮守的神靈的名稱。所以人得時時有正氣，如果身懷正氣，那百竅就會被陽氣、正氣所充實，那就能夠與不同穴位的鎮守神感應上，就能得到鎮守神靈的庇護，邪氣就不能入侵，鬼怪見到都會逃避。這也就是凡人所說的陽氣足。這樣的人，不容易被迷失心竅，因為鬼不敢上身。

所以地上的穴位也有不同的神靈在鎮守著，凡人所說的

山神、土地神，可能指這類。他們會顯不同的形象，有的是以不同動物形象顯示。比如十二地支，在地的深處，其實是十二地穴，對應著天上的十天干。而每個地支都有不同的神靈鎮守，每個鎮守的神靈都以不同的動物形象顯示。有的是猴子，有的是龍，有的是兔子，有的是狗……這就是人類的十二生肖。他們能夠與人對應著，起到某些作用，所以算命的，會將人的生辰八字與這些元素對應起來進行預測，能預測到一些事情。

古人經常觀天象，以天象的變化來預測凶吉，洞察社會變遷。其實也是這個對應之理。天象之變化，對應著地象的變化，而地象變化又對應著人的變化。所以一切都是冥冥中安排好的，都是有氣數的，是天定的。所以古人說，富貴在天，生死有命。

平先生說，萬事莫爭，該有時，總會有；不該有時，求不來，如果不擇手段去強求，就是有違天道，會遭天懲，得不償失！只是人不明白，爭鬥一生，愈漸迷失，直至再找不回自我，將自己徹底毀掉了。

二十五、人神之界

慢慢地離家越來越近了，想著就要與平先生分離了，不知何時能再見，心裏就很難過。與平先生相處的這一段時間，讓我學到了許多東西，知道了人類從不知道的事情，學到了讀遍人類所有書籍都學不到的知識，讓我的世界觀都發生了改變，同時也讓我對中國古老神傳文化產生了興趣。我

問平先生回家了以後，我該看哪方面的書，像《易經》、《皇帝內經》、風水、奇門循甲之類的書可不可以研究？

平先生擺了擺頭，說該上大學的人，總是喜歡抱著幼兒園的書看。他說在人類，有一個界限，叫「人神之界」。宇宙間有許多修行法門，在人間都有一個根，這就是人類的學問。比如我說的《易經》、《皇帝內經》、風水、奇門循甲等等之類，只是這些修行法門的皮毛，只是最低的一層東西，是給人類入世用的，不能用來出世。所以人類就將這些當作學問，用來預測、看風水、驅邪、治病等等，為人類服務。雖然是最低的一層東西，但對人類來說都是深不可測的，抱著這些學問去研究，總覺得研究不到頭。因為他們的理高於人類，而且他們沒有將更高層的理留給人類，所以人類無論如何都無法突破這個界限。由於沒有更高層的心法作指導，所以不管抱著這些東西研究了多少年，都永遠只是在人神之界以下，不可能突破這個界限，這是極限。真正高層的東西，都是師父找徒弟，一代一代在世外單傳的，用來突破人神之界。

平先生說，沒有突破人神之界，算命、看風水、治病、驅邪等等，都是真真假假，半真不假的，不可能那麼準確，所以就允許在人間使用，為人服務，而不會破壞人間的秩序。而如果突破了人神之界，還在人間大肆幹這些事，就破壞了人類秩序，這樣下去是不允許的。

平先生說，比如中醫，沒有突破人神之界的是人醫，他們治病得通過望、聞、問、切，得通過把血管等來觀脈象，再通過陰陽五行來推算病理，再來開藥治病。所以不是什麼

病都能治，效果也沒那麼好，不可能手到病除。而突破了人神之界的就是神醫，平先生指了指獨臂老神醫，神醫笑了笑，點著頭。平先生說，神醫看病可不用望、聞、問、切，而是用眼睛直接去看，一眼望去，不用你開口，什麼病都一目了然。他是用天目慧眼去看的，能夠直接看到人的經脈運行，看到五臟六腑，看到邪氣病根。所以治病就非常容易，手到病除，起死回生。

平先生又舉了個例子，說風水，凡人看風水，要根據羅盤，循山觀勢看龍脈，察地形，找藏風得水之地。所以真不真假不假的，弄半天，還不準。而突破了人神之界的看風水，直接看氣。靈氣聚結的地方就是風水寶地。一眼望去，哪是龍脈，哪是水脈，哪是地穴，哪是地臟，都一目了然，根本不用去找，而且準確無誤。還有算命的，凡間的算命者，都要根據你的八字等等，用陰陽五行去慢慢推算，而且只能測出個大概，半真不假的。真正的神人看命，不用你開口，一眼看去，你的一生都在他眼前展現。神目如電，什麼都逃不過神眼，你一生所做的，再不為人知的事情，他都能看到。

我驚愕地點了點頭，心想下半輩子可再不敢做虧心事了。平先生還教了我一套靜息入定的方法，但他不肯教我心法。平先生說他的心法太低了，不能壞了我的根基。

轉眼就要到家了，神醫在離我家十來里地的地方停了下來，與我道別，他不肯入我家門，說不能打擾了我家的清靜。我很難過地與神醫道別，問不知以後是否還有緣相見。神醫拍了拍我的肩膀，楞了一會，又嚴肅地對我說，如果以

後我得了真道，一定要記得與他的今日之緣。我看著神醫，認真地點了點頭。

到家後，一算時間，將近花去了一個月，離開學還有好多天。我鬆了口氣。母親這一個月裏，急得不得了，天天哭，天天罵我父親。父親沒辦法，常躲進廠裏不想回家。看到我平安回來，家人都吐了口氣，準備了好多好吃的，為我們洗塵。

晚上時，父親迫不及待地詢問我們一路上的歷險。平先生仍是簡單的幾句話，我笑了起來，等平先生走後，將細節都一一與父親講了，聽得父親驚嘆不已，後悔沒有跟去，覺得太便宜我了，害得他背了一個月的黑鍋。

二十六、恆古世界

後來我用平先生教我的靜息之法，打坐入定。剛開始靜不下來，但慢慢地時間長了，我能靜下來了。特別是在夜深人靜的深夜，能夠達到深度入定，定得感覺身體慢慢地消失，直到感覺不到外界對我的任何干擾。慢慢地，在入定中，我能元神離體，能夠看到另外時空，並能與平先生溝通上了，甚至我能在定中，聽到崑崙山龍吟劍的哀鳴之聲。平先生經常在我定中出現，帶著我去一些奇特的地方，去完成一些神奇的事情。這是後話。

關於平先生與我這一世經歷的記錄，先整理這麼多了。以後有空，機緣成熟時，再整理後續。

另外，這麼些年來，平先生一直與我講述著一個發生在另外時空的，驚天動地的故事，是發生在很久遠以前。故事雖不是發生在我們這世界中，卻與我們的這個世界有著極其密切的聯繫，道出一些因果。現在機緣成熟了，我必須先將它拿出來。

因此我先整理了恆古世界的故事，插進來。

關於這故事的講述，也是斷斷續續的，有時是在我睡著的時候，出現在我夢中，有時是我入定的時候，平先生親口與我講述，但講著講著，我腦子中竟然出來了畫面，而且是立體的，像是在看立體電影一樣，很真實。經過這麼多年來接受的斷斷續續的信息，現在終於湊出了整個完整的情節，知曉了因果原委，一切了悟。

與上面的經歷一樣，這個極其奇異的故事裏，也將記錄更多不為人知的事情，並道出一切原委，讓人豁然了悟，知道在這十毒惡世，在這人類所處的極其特殊的歷史轉折時刻，知道該怎麼去做。

若難以神會，可當神話，不要太較真。用平先生的話來說：凡人就喜歡獵奇，卻往往忽視了玄背後之妙，這就是迷茫的凡人，所以永遠迷茫，而修行者卻是要透過玄，觀其之妙，所以具足智慧，成為神靈。

世外異人

第二部

‧‧

子蘇奇緣

壹　恆古世界

盤古劈開了渾沌。清氣上升，濁氣下降。此，天地分，萬物相生。

盤古化身為自然，成就自然造物之神，潤澤萬物。稱盤古世界。盤古世界所在境界不高，在三界內。

人類的世界就屬於盤古世界。

在三界之外，與盤古世界對應循環的有一個神的世界，稱恆古世界。

故事的主體部分就發生在恆古世界中，這是一個相當久遠而又古老神奇的故事，對人來說古老得可怕。

前面平先生說過，宇宙萬物都有循環，循環中斷，生命就中止。宇宙自下至上也都有循環，層層地循環，在循環中，下層世界的精氣被上一層世界所吸收，轉化利用，上層世界也為下層世界提供存在的機制。高層宇宙生命在人間都有一個「根」，他們在人類自然界中有對應物，叫應靈，這是維持他們循環的機制因素。

恆古世界亦是如此。在恆古世界的盡頭有一片望不到邊的森林，叫生命之源，裏面的樹木叫生命之靈。從盤古世界散發的精氣，被森林的生命之靈所吸收，他們將精氣轉化，轉化為恆古世界的能量存儲在自然之母體內。

從恆古世界之外有一潭死水流進恆古世界，消失在森林之中。死水極其可怕，不起任何的波瀾，沒有任何生的氣息。一切落入其中的生命物質，都會瞬息化掉，化為原始之氣，不留下任何痕跡。

死水流入生命之源的盡頭，然後在生命之源中轉化，化為生命之泉，流淌在森林的下面。這生命之泉極為清純，是恆古世界的生命支柱，恆古世界的一切生命都得靠它維繫。如果泉水被汙染，那麼恆古世界及其所有生命都會解體、毀滅，所以極其重要。

在恆古世界有專門負責守衛生命之泉的生命，她是恆古世界的聖女，負責在生命之源守衛、淨化生命之泉。但恆古世界的眾生，誰也沒見過聖女的真面目，只是在靜息冥思中與自然聯通時，偶或感知到她的存在，感知到生命之泉有一絲靈動，但誰也見不到她。據說她時而化為泉中魚蝦，時而化為泉邊花草，時而化為生命之靈，時而化為妙齡少女，時而化為林中霧靄，隨心而化，不顯真相。

在恆古世界另一個更神祕的生命就是自然之神，也叫生命之母。她是恆古世界最高的神靈，化身為恆古世界的大自然，主宰生命。她沉冥在世界之虛，運承自然之道，聆聽萬物之聲，撫慰眾生之靈，淨化自然身靈，安排所有生命的歸去。

恆古世界有各色奇花異果，珍禽玄獸，高山流水，行雲流靄，美不能言。恆古世界的生命在我們眼中，都是神。他們騰雲吐霧，朝山暮水，無肉體之奴縛，無肉欲之奴心，隨心而作，快樂無比。

恆古的眾生，他們日食各色奇草異果，但不是為填飽肚子，只是為了增長某些特殊的智慧和能力。恆古的眾生不用吃飯，他們在靜息冥思中，將身心與自然相聯通，融為一體，就能吸收自然的能量，感悟自然之道，感受生命的喜

悅，感知萬物的心聲，感知世界的靈動，或向神母傾訴自己的心聲，讓身靈在自然深處得到撫慰。

恆古的眾生，沒有老、病、死，沒有痛苦，但他們生命也有盡頭。他們的壽命對我們人來講，是久遠的可怕的數字，平先生的五百歲對他們來說，連零頭也不算。他們的生命走向了盡頭以後，他們的神識會沉冥在世界的虛空之中，回歸到神母那裏。聆聽神母的教誨，然後在生命之水中，洗淨汙垢，神母再根據他們的意願，安排他們的去向。他們一個生命終結了以後，就會在恆古世界的另一個地方重生出來。如同鳳凰涅槃一般，他們生命不會消亡，也不會入世輪迴，只是以另一種方式重生。重生後一般以前的記憶都會抹去，一切重新開始，除了特別的生命。他們抹去的記憶都會保存在神母那裏，保存在沉冥的最深處，誰也不能打開。

在恆古世界，有三種境界。一種叫物境，是最低的一層境界。物境共有九九八十一層，他行使的是自然之法，能與自然相通、相生，合為一體，行使種種自然界具足的神通，恆古世界的眾生都處在物境的不同層次中，他們能通過悟道，靜息修行，來提升自己的層次。

再高一層的境界叫化境。化境共有三大層，每一層之間的差距都非常懸殊，幾乎不可逾越。恆古的眾生可以從物境的第一層慢慢修行到八十一層，甚至修行到化境的初級層次，但想修行到化境的中級層次，就基本上不可能，從來就沒有人逾越過。所以化境的初級層次似乎是恆古眾生修行的極限。他行使的是超自然之法，能隨心而化，由心化境，改變自然。目前整個恆古世界，只有五人達到這個境界。其中

三個人是恆古世界的守護三使，他們達到了化境的初級層次，分別為聖善之使、公正之使、復仇之使，他們各鎮一方，守護著恆古世界。另一個是聖女，沒人知道她在化境的哪個層次，只知道她比守護三使的層次還要高。而處於化境頂級層次的，就是生命之母，她是整個恆古世界的主宰者，是整個世界境界最高的生命。

最高一層的境界，叫造境。他行使的是造自然之法，能使萬法朝宗，主宰整個世界的幻滅存亡。目前恆古世界沒有生命能達到這一境界，唯一在這境界之中的是無極之上的造物之主，他造化出一切自然眾生，冥冥之中注視著這個世界。

貳　在人間

　　故事的前小半部分，發生在人間。所以又得涉及到人類。但這裏涉及到的人類，不是我們現在的人類，而是一劫之前的人類。一劫是一個相當久遠的數字，對人類來說，同樣久遠得可怕。就是在我們這個人類世界開始之前的人類世界，那個人類世界因災難毀滅了後，才生出了我們現在的世界。當然那時的自然環境與社會人文形勢也與現在不一樣，所以不必與現在聯繫牽扯到一起去較真。

一、紅拐阿婆與她的後花園

　　當時人類，社會大亂，天象異變，動盪不止。國家無首，各種勢力割據紛戰，自立為王，山賊、土匪橫行，弱肉強食，爭戰不斷，民無寧日。

　　當時中國位於世界之南，那時也不叫中國，其多山多水，於海之中，分為幾洲，稱南洲澤國，以下簡稱澤國。

　　那時有一座比較偏遠的山，位於澤國的西南，山不算高，多產紅石，叫紅石山。山中有一座山谷，稱避風谷。谷中散落著一個小村寨，叫避風寨。

　　故事的開頭就發生在這座偏遠的小寨子裏。這座寨子地處偏遠，山民的生活比較原始，他們過著相對比較落後的生活。

　　山中不適合種植粟稻，村寨便主要以狩豬為生。平時他們以家族、家庭為單位，三三兩兩入近山各自狩獵，以維持

家用，稱為私狩。但每隔一段時間，或有特殊情況時，他們整個村寨的壯力就會全部出動，進深山中，集體狩獵，稱為大狩。大狩時間較長，看入山的遠近，一般得兩三天時間。大狩歸來後，所有獵物都放在一起，分門別類，有特殊貢獻的人，能得到優先分配，其他所有的獵物大家平分。他們獲取的獵物，主要是作為全家人的糧食，填飽肚子，若有剩餘，他們便會集中起來，一起扛到山外的集市上，賣出去，換些錢財，或稻米和生活必需品，補貼家用。

婦女一般都待在寨子裏，她們或製網，製箭、磨刀，或收拾、保存、豢養獵物，或上山採集，或下水捕魚，或帶養小孩等等，反正各有分工，以勞索食。

在寨子最西角的山腰上，有一塊平地。平地上搭了間石木屋，這裏住的就是紅拐阿婆，她一直一個人孤零零地住在這裏。紅拐阿婆年齡很大，村中都沒人記得她叫什麼名字。她背有些駝，一天到晚拄著根紅色的拐杖，村人便一直叫她紅拐阿婆。

阿婆是村裏的土醫生，會一些醫術，會按摩推拿，會用草藥，會治蟲咬刀傷，所以村人的日常雜病都不出山看醫生，直接找阿婆看。但阿婆只會治小病和疑難雜病，一些大病她還治不了，得出山外治。阿婆在木屋的後面開了一片地，用柵欄圍了起來，平時從山中搜集來的草藥和各種奇花怪草都種在裏面，時間久了，竟成了一片花園，美麗異常，尤為春天降臨時，百花齊放，恍若仙境。如果有人在山中偶然誤入了這片花園，還會以為跑到了另一個世界，一時回不過神來。

村中婦女都喜歡阿婆的這花園，閒來在家時，都會來阿婆這裏看看花，尤為阿蓮。阿蓮是寨主的女兒，長得很漂亮，很受家人寵愛。寨中男孩子都很少有識字的，但家人卻讓阿蓮學習讀書識字，平時不讓她幹粗活，想讓她長大後嫁到山外的大戶人家，不再受苦受累，為家族爭光。村裏的姑娘都很羨慕阿蓮，覺得她長大後定能嫁到豪門，最少也得是個千戶長夫人。而阿蓮卻從來都討厭別人提起這些，她只喜歡阿婆家的花兒，一有空，她就會躲到阿婆家來看花。

阿婆是一個很慈善的長者，待人極誠，村中人不論善惡，都比較喜歡她，家中有剩餘的飯糧都會送給阿婆吃。阿婆給村人看病從不收錢，她年紀大了，幹不了重活，只在門外開了方菜園種了些蔬菜，閒時幫村人幹幹雜活，平時就靠村人的接濟和自己山中的採集和種菜來維持生活。

二、子蘇

子蘇就是在這裏長大的，是紅拐阿婆將他養大的。

關於他的身世，子蘇自己也說不清楚，他都不知道自己的父母是誰，只是聽阿婆跟他說過。阿婆說，那是一個月亮很大的晚上，只聽得山間一聲奇怪的鳴叫，甚是奇異，非常悅耳，穿越山澗。阿婆說自小就聽她母親跟她講過靈雀的故事，覺得這叫聲跟母親講的靈雀的叫聲很相似，就起床去山中尋找。

阿婆說這靈雀是神鳥，世間罕物，據說是從元真山中飛來，來去無蹤影，很少有人看到，而看到的人就會有福。阿

婆說紅石山祖上從來都沒聽說過有靈雀降臨，這次突然聽到似靈雀的奇怪鳴聲，所以定要去山中探尋，就是尋不到，也會甘心一些。

阿婆拄著拐，往著聽到叫聲的方向尋去，也不用掌燈，月亮將山路照得通亮。尋了半個小時，來到了山澗邊。阿婆突然聽到小孩的哭叫聲，嚇了一跳，覺得莫非碰到了冤鬼要來索命。

正嚇得要逃回去，但阿婆突然又想起小時她母親跟她說的一句話，「不做虧心事，邪鬼不上身」。就轉念一想，自己平生從未做過虧心之事，不沾惡邊，怎麼要怕這邪鬼。就壯起膽，順著哭聲尋去，看到山澗邊的崖上，一棵橫空而生的大樹，上面掛著一團白布包裹著的東西，在月亮下發著白光，像蠟燭一樣，還在蠕動，哭聲就是從那裏傳來的。

阿婆就走了近去，才發現白布包裹，包裹著的是一個嬰兒，正在哭鬧。阿婆不能上樹，伸著拐杖，也沒辦法將嬰兒取下來。就速回了村中，喊醒了村民，帶著他們來到了掛著嬰兒的樹邊，讓村民將小孩取了下來。

是個男孩，皮膚白白的，發著光，很健康，在那伸著小手不停哭鬧，可能是餓了。村人家中都有小孩，而且這小傢伙來路不明，半夜出現在山澗中，還會發光，還不知道是不是人類，所以村人都不肯領養。阿婆孤身一人，一直想要個孩子，覺得這是上天憐憫她，賜給她的，就收養了這小孩。

阿婆說，當初的這小孩就是子蘇。阿婆很喜歡的一種草藥叫紫蘇，就順口給他取了個名字叫紫蘇，但又覺得這「紫」太女孩氣了，就改叫子蘇了。

阿婆說，那晚的叫聲可真是靈雀。自從子蘇出現後，村中就屢屢有人在山中看到靈雀。阿婆說她也看到過兩次，這靈雀很巨大，翅膀伸開比人還大，通體白色，尾巴尖上是紅色的，牠飛行時，就是一道白光，看不見，只在牠停下盤旋時，才能看清牠。

　　子蘇聽著阿婆的描述，也朦朦朧朧地回憶著，覺得自己也在山中看到過靈雀。那是在他五歲的時候，他一個人跑到山中尋找阿婆，突然就感到天黑了，他抬起頭，看到一隻巨大的白鳥盤旋在他的頭上，並低著頭用眼睛盯著他。牠的羽毛白的發光，比雪還白還細，散射著淡淡的瑩光，子蘇記得當時沒有害怕，只是楞住了，也呆呆地盯著白鳥。注視了許久，突然那鳥就鳴叫一聲，變成一道光消失了，像是做夢一樣。以致於到現在，子蘇都不確定那時到底是在做夢中，還是真的現實看到了。

　　子蘇的另一場關於靈雀的記憶，是在夢中，這次他確認是夢。也不知道是什麼時候做的夢，反正是在小時候，而且記憶非常深刻，以致於到現在都無法忘記。

　　他記得，他一個人在夢中，孤零零地站在一片黑暗中，什麼也沒有，什麼也摸不到，只有黑暗。突然有了光，很亮，越來越亮，將他包圍了起來，暖暖的，像在搖籃中一樣。接著他的腳下生出了大地，地上生出了各種花草、樹木，還有山川、湖泊，好美，五顏六色，晃得他眼睛一下子都睜不開。

　　突然一個白鬍子老道坐在了他的身邊，笑呵呵地看著他。子蘇記得他當時一下子哭了出來，他撲過去，喊老道叫

師父。老道就摸著他的頭，拍著他，讓他閉上了眼睛，子蘇就感到眼前劃過一道道光影，感覺像穿越了他的身體穿進他靈魂的深處，老道像是把什麼東西印在了他的腦海中一樣。

光消失了以後，老道又掏出了一張紙，問子蘇說：「摺鳥給你玩好不好？」子蘇忙點頭答應了。老道就三下兩下摺出了一隻鳥，然後掏出筆來，在鳥的翅膀上一邊各寫了四個字，還教子蘇認，子蘇記得當時都認得了，但醒來後什麼都不記得了。認完字後，老道就又用筆蘸了硃砂，往鳥的尾巴上一點，朝鳥吹了口氣，鳥頓時就張開翅膀，越變越大，最後變成了真鳥，牠飛上天空，在天空盤旋著，盯著子蘇看著，子蘇覺得這眼神就與他五歲時那次看到的那鳥眼神很像。接著不知從什麼地方突然出現了許許多多的小雀，它們都跟在靈雀的後面，紛紛盤旋飛舞著，越聚越多，最後將天空都遮住了，牠們在天空盤成巨大的漩渦，叫聲喧天，吵得什麼都聽不到，天空也越來越黑，子蘇想起了老道，可一回頭，什麼也不見了，只剩下他一人在黑暗中。接著他就醒了過來，醒來後，耳畔彷彿還聽到喧天的鳥鳴聲，久久沒有散去。

這就是子蘇兩次與靈雀有關的記憶，只是都朦朦朧朧的，不知是夢是醒。

阿婆沒有勞力，平時給村人幫忙，靠村人接濟。所以子蘇自小就是吃百家飯長大的，雖然阿婆平時捨不得吃的都留給子蘇，但子蘇還是長得很瘦小，營養不良。阿婆就一直覺得愧對子蘇沒有將他養好。子蘇卻非常懂事，從小就很善良，看到螞蟻落進水裏，都會想辦法把它撈上來。他生平看

不得別人痛苦，就像是痛在他自己身上一樣。

　　阿婆起初逢人就誇子蘇善良，懂事。但村人卻都不怎麼喜歡子蘇，覺得他來路不明，又吃百家飯，就說善良又當不得飯吃。阿婆就不再說了。

　　村中的同齡孩子，都會欺負子蘇，沒事時看到子蘇，都會戲謔他一番，有事沒事，都來作弄他，連比他小的孩子都會騎到他頭上來。子蘇每次被欺負時都低頭不吭聲，也不會還手，他知道村人都不喜歡他，一旦還了手，就會惹來更大的麻煩，會連累到阿婆。子蘇被欺負了，也從來都不告訴阿婆，阿婆這麼大年紀了，他不想讓阿婆為他操心，阿婆是他在這個世界上唯一的親人，他想等長大後，好好地報答阿婆。

　　子蘇沒有朋友，也沒有說話的對象，村裏孩子玩遊戲時，從來都沒他的份，只會將他當成娛樂的對象。所以子蘇平時都會盡量地躲開他們。

三、阿蓮

　　阿蓮比子蘇長四、五歲，她將子蘇當作親弟弟。一有閒，阿蓮就會跑到阿婆家的後花園，她是除阿婆外，唯一對子蘇好的人。她經常把家中好吃的偷偷拿來分給阿婆和子蘇吃。

　　阿蓮識得字，她空閒時就經常教子蘇識字看書，或教子蘇唱歌。幾年下來，子蘇竟然識得了字，能自己看書了，阿蓮直誇他聰明，說如果子蘇生在有錢人家，將來定能出息，

可惜長在這個山溝裏。

阿蓮的心事從來都不跟家人說，也不跟別人說，她只跑來偷偷地跟阿婆說。阿蓮說她根本不想嫁到山外去，不想嫁到什麼大戶豪門，也不想過什麼貴夫人生活，只想像阿婆那樣守著一片花園，給人治病療傷，一個人自由自在過到老。阿婆就讓她別亂想，說她只看到這樣生活的自在，卻看不到這樣生活的淒涼，吃百家飯會欠下百家恩，這樣背著恩過日子，心裏像壓著山一樣。阿婆經常對子蘇說的一句話就是：知恩當圖報，禽獸尚知報恩，如果人有恩不報，那就不如禽獸。

阿蓮就反駁說，這麼多年來，阿婆幫村人治病，還幫村人幹零活，從不收錢，不收物，這就算是已經報恩了。阿婆擺著頭說，遠遠不夠，她說吃得人家一碗飯，得報回十碗飯的恩，不然心裏就虧欠著。

阿蓮要跟阿婆學醫術，阿婆不肯教。她說幹這一行是被人瞧不起的，屬於三姑六婆，她天生命賤，就幹了這一行，而阿蓮是大家閨秀，她不能毀了阿蓮，不然到時候嫁不了好人家。但阿婆給人治病時，阿蓮都在邊上看著，不時問問，這樣下來，她竟學會了不少。

轉眼子蘇長到十幾歲了，雖然子蘇習字快，但長得太瘦小，老被人欺負，所以學習其他的技術總比別人差很多。比如游泳，村裏孩子都會游泳、潛水了，連比他小好幾歲的都會在水中變著各種戲法游，可子蘇還只敢遠遠地躲在一邊，在河邊抱著石頭練踢水。

有一次，村裏幾個小孩牛蠻、狗丸他們閒得無聊，就

在河中間一商量，他們又想了個壞主意。就偷偷潛到子蘇身邊，強行將子蘇拉進了河中間的深水裏，說是教他學游泳。子蘇很害怕，他從未進過深水，知道他們肯定又是要害他，就求他們放開他將他送到岸邊。那幾個孩子就一陣壞笑，同時鬆開了手，子蘇頓時沉了下去，他腳踏不見河底，便使勁撲騰掙扎著，也不知道喝了多少水，只感到整個世界在他眼前變得模糊，他覺得自己可能死了。

等他清醒過來時，發現自己趴在了河邊的石頭上。子蘇拚命咳嗽著，想把喝進去的水吐出來，水順著髮稍和鼻子裏流了出來，子蘇的眼淚也順著水一起流了出來。那幾個孩子還在岸上，他們看到子蘇咳嗽的樣子，朝著子蘇又笑又跳。同時牛蠻手裏還舉著一條白色內褲在那晃著，讓狗丸爬上樹，把內褲掛到樹稍上去。

這時子蘇才發現自己光著身子，赤裸地趴在那裏，就趕緊躲進了水中去。子蘇咬著牙，使勁地朝他們伸出手，想讓他們把內褲還給他，但他卻沒有說出聲來。

所有人都回去了，河裏只剩下子蘇一個人。他呆呆地站在夕陽下，腦中一片空白，他想剛才如果淹死了，就不會再難受了。他又想起了阿婆，如果淹死了，阿婆會怎樣難過啊，覺得這想法太自私了。他想現在阿婆肯定站在山腰口，望著他回家吃晚飯。

子蘇不敢上岸，他很害羞，怕有人過來會看見，只想等著天黑，再上樹取下內褲。天漸漸暗了下來，太陽快下山時，阿蓮跑了過來。她遠遠地尋見了子蘇，就朝他大喊著，問他這麼晚怎麼還不知道回家，阿婆都快急死了，所以她就

跑過來尋。

子蘇低著頭，他不敢說什麼，只是不吭聲。阿蓮跑了過來，在岸邊問他怎麼了。子蘇還是不說話。阿蓮生氣了，說再不上來，就下水去拖他，對他不客氣。

子蘇嚇壞了，他支支吾吾地說他身體不舒服。阿蓮嚇一跳，說身體不舒服更不能待水裏。子蘇沒撒過謊，才發現撒謊比較困難，就又支吾著說身體太燙，得水中待著才好一點。阿蓮更生氣了，說他亂來，發燒怎麼能泡在水裏，不要命了。

說著，阿蓮就要脫下鞋，下水來拖子蘇。子蘇嚇壞了，就往深水中淌，說阿蓮下來，他就往河中間跑，到時兩個人都可能會淹死。阿蓮呆了半天，她瞪著子蘇，不管他了。然後就轉身回村了，她想只有去叫阿婆親自過來了。

但不多久後，阿蓮又回來了。她還拎了一個人過來，是狗丸。阿蓮拎著他的耳朵，將他提了過來。狗丸捂著耳朵，哎呦哎呦地叫著，他邊叫邊將阿蓮帶到一棵樹下，指著樹稍上的內褲，讓阿蓮放了他。阿蓮就放開他，讓他上樹將內褲取下來。

原來阿蓮回村後碰到了狗丸，狗丸見阿蓮從河邊來，就問她有沒有看到子蘇，是不是還泡在河裏？阿蓮覺得奇怪，問他怎麼回事。狗丸就得意的將捉弄子蘇的事說了出來，阿蓮這才知道子蘇為什麼變得這麼奇怪不肯上岸了，就一路將狗丸拎了過來。

子蘇穿好褲子上了岸，阿蓮就瞪著他，罵他這麼沒用，被人欺負了還不敢吭聲，以後怎麼做大男人，哪個姑娘還肯

嫁給他。子蘇仍然只是不敢吭聲,還讓阿蓮千萬不能將這事告訴阿婆,阿蓮瞪著他,說自然知道怎麼做,不用他教。

四、學藝

子蘇漸漸長大了,阿婆也越來越老了,她老感到自己可能活不久了,她一直擔心子蘇。阿婆覺得應該讓子蘇學一門技藝,以後也好養活自己。

阿婆就求村人,讓他們帶著子蘇一塊學狩獵。村人同意了,覺得子蘇也不能老是吃他們的百家飯,得自己幹活養活自己。阿婆很高興,就用留了好多年捨不得用的鹿皮,給子蘇縫了件狩獵服,保護身體。

這以後,子蘇就跟著村裏的孩子一塊練習狩獵。他們先是在村中或河邊練習,不上山實戰,等練得差不多出師了以後,才被允許上山實戰。要練習開弓射箭、使刀投石、張網設陷、攀爬滾跳等等。一般要練習一年時間,第二年才和大人們上山實戰。先練開弓,其他孩子能拉到八分弓的時候,子蘇才能拉開五分弓。

子蘇雖然很弱,但他從來不服輸。他回家後咬著牙拚命地練習力氣,練習開弓。半年後,子蘇與其他人一樣能開到八分弓了。子蘇練習得很吃苦,比其他孩子都苦。因為他比其他人都弱小,他不想超過別人,只想能和別人一樣就行。在訓練場,子蘇同樣是被欺負的一個,經常被捉弄得受傷、流血,但他從不吭聲,回家後,就自己偷偷地用從阿婆那學

來的方法給自己治傷包紮。

轉眼一年了。子蘇學滿出師了。

他很高興，終於學會了技藝，可以上山打獵，從此自己養活自己，不再吃百家飯了。子蘇想著一定好好幹，讓阿婆過上好日子。

可一上山後，新的問題就出現了。子蘇看到獵物根本就下不了手去，他拉開弓，手在打顫，他害怕看到動物被他射中掙扎的樣子，下不了手去。最後被同行的大人訓罵，逼著他射，他便閉上眼放開了箭，箭射偏了十萬八千里，把獵物都嚇跑了。如此五次三番，最後同伴對子蘇失去了耐性，就把他趕了回去，不再帶他上山了。

阿婆知道後，又從村頭求到村尾，讓村民帶著子蘇去，即使他不能打獵，也讓他扛扛東西，做些力氣活，打打雜什麼的，能讓他有碗飯吃就行了。阿蓮看到阿婆求人的樣子後，就抹著淚，跑回家，一定讓他父親在寨中作決定，將子蘇一起帶著，做些雜活，養活他自己。

最後寨子開會商量後，就同意將子蘇再帶上了，不再讓他打獵，讓他跟著做些雜活，但每次只能分到別人剩下的獵物，比如幾隻小鳥，或好的時候能分到兩隻野兔什麼的。子蘇能靠自己勞動得到食物，他已經很高興了。

那之後，他們上山時，就讓子蘇扛工具，挖陷阱。抓到獵物時，就讓子蘇看管獵物，搬動下山。雖然這樣，子蘇還是老出事。因為看到獵物受傷後，子蘇就非常難受，他會經常將受傷的活獵物的傷口包紮起來，還會趁人不注意，解開獵物的繩索，將牠們放跑。村人清點少了獵物時，他就低著

頭，說不小心看跑了。村民就過來打罵他一頓就算了，看著阿婆與阿蓮的面子，村人沒再趕他走，只是以後，但凡活獵物都不讓他看管了，只讓他負責扛運死物。

就在這一年，子蘇能養活自己，想好好報答阿婆的時候，阿婆去世了。這一年子蘇十四歲。阿婆是在半夜悄悄離去的，沒有驚動任何人，就像是平時一樣。阿婆從沒喊過身體不舒服，跟往常一樣做好家務躺下。第二天一早，本該做好早飯，喊子蘇吃飯上山的時候，卻再沒有起床。子蘇趕到床前，阿婆已離去了，表情很安詳，她微張著嘴，像是想說什麼，眼睛是閉著的。子蘇哭得死去活來，覺得像天塌了一樣，世上再也沒有親人了。

阿蓮也哭得很厲害，村人共同籌資，將阿婆好好安葬了。阿蓮讓子蘇不要難過，振作起來，以後好好幹活學習，養活自己，並說阿婆在那邊看著的，不能讓阿婆失望。阿蓮還說，以後就將她當作親姐姐，有什麼事，或受了什麼欺負，就去找她，不要老是一個人悶著不吭聲，這樣別人只會越來越欺負他，看不起他。

五、靈雀

紅石山上有靈雀的事傳開了。這紅石山原來是歸山外的一個叫做史剛的千戶掌管，由於這一帶地廣人稀比較偏僻，所以這史剛的轄地範圍也比較大。這史剛待人很苛刻，對待老百姓手段毒辣，喜歡搜括民脂民膏，老百姓都討厭他，背地喊他「糞缸」。

紅石山這鳥不拉屎的地方，來一趟都不方便，本來誰也不願上這來管，以前糞缸都是讓他們寨長定期交一些入山稅就行了，也不派人去管。後來紅石山有靈雀的消息傳到了糞缸的耳朵裏，他就開始惦記著這個地方了。

聽說這靈雀相當厲害，如果馴服了牠，能作為己用，就會所向無敵。即使不能馴服，就是光吃了牠的肉，也能包治百病，返老還童，延年益壽。這糞缸自從聽了這消息後，就心裏一直在盤算著，打著靈雀的主意。只是這靈雀乃神鳥，非世間之物，能見上牠一面都極其困難，更別說抓住牠了。

後來這糞缸千方打聽，終於從一妖道那裏搞來了一套抓靈雀的方法，便令人製了一些抓靈雀的套子，送到了避風寨。他將寨人招來開會說，如果抓到了靈雀，以後所有的入山稅都免了，這山就免費送給他們寨子任意使用了，是他們的私有財產，並說不光將山賞給他們，而且只要抓到活著的靈雀時，就當即賞給他們每戶五十兩銀子。

村人都對這些條件流著口水，但他們對抓住靈雀卻沒有把握，只為這麼多年來，他們一共才看到過這麼幾次靈雀，而且每次都只這麼幾秒鐘，想抓住真是比登天還難。

那時阿婆還沒去世。糞缸走後，阿婆是第一個站出來反對抓靈雀的人。她說靈雀是神鳥，看到的人都有福，靈雀能出現在他們紅石山上，是他們紅石山人的福氣，能保佑他們寨子。如果抓了靈雀，天就會降災給他們。村民們本來就根本沒有絲毫把握能抓到靈雀，聽阿婆這麼一說，就更沒打算去抓了，糞缸送來的那批套子，他們就一直閒置著。

阿婆去世了以後，後來糞缸打聽到村民根本就沒有把他

的套子下下去，就氣得咬著牙說一定得好好教訓這些刁民。於是糞缸就大大提高了入山稅，提高到以前的五倍，還派人去駐守，交不出錢來就派人去搶。山村就這樣被打破了寧靜，經常聽到婦人小孩驚恐尖叫哭嚎的聲音，雞犬不寧。村中寬裕點的人家能夠交上稅，但交完了這些稅後根本就沒飯吃。

後來寨主千方百計從駐兵那打探到了事情的原由，便後悔不已，一面連夜讓村人把套子都下了下去，一面去糞缸那裏跪地請罪，讓寬限些時間。糞缸慢慢地消了些氣，就將駐軍遣了回來，因為這種地方長期駐守也根本就不現實，而且得不償失，損兵耗錢，本來就沒打算派人駐守，只是想給村人一點厲害看看，嚇嚇他們。現在目的達到了，就正好順水推舟，見好就收。

糞缸說寬限他們一年時間，限他們在一年之內，一定得將靈雀抓到，交上來，說一年內如果沒交上靈雀，他就會再次派人去村中新帳舊帳一起算。

寨主一個勁地點頭，哪敢有半句閒話，只能是多拖點時間，走一步算一步。就在寨主從糞缸那回來，八個多月後，突然靈雀就被捉住了。

是子蘇第一個發現的，子蘇正在山間挖陷阱，頓時又感到天黑了下來。他猛地一抬頭，看到了靈雀，這次不是在做夢。但是就在這一霎那，突然從四方飛來許多黃色的符貼，圍著靈雀旋轉著，擋住了牠的去路，又一張大網從天而降，將靈雀網住了，罩了下來。

靈雀在網中掙扎著，哀鳴著，叫聲穿越山野。子蘇一下

子驚得不知所措,等他清醒過來後,村民們都趕了過來,他們看到縛住的靈鳥,就問子蘇是怎麼回事。子蘇張著嘴說不出話來。村民們想起了糞缸送來的罩,就知道是這些罩逮住了靈雀,都說這罩厲害,說著就高興得手舞足蹈,一起將靈雀抬了下山。

這時已經是下午了,出山去報告糞缸已來不及了,就想著先守一夜,等第二天一早再遣人去報告。

可說來也怪,這靈雀在網中拚命地鳴叫,叫聲震耳欲聾,村民們都嚇得摀著耳朵蹲在地上。可只要子蘇一站在牠身邊,看著牠,牠就不叫了,只盯著子蘇看。村民們也奇怪,就讓子蘇守在牠身邊。

晚上時,子蘇守在靈雀的身邊,門口還有兩個村人在加守。子蘇盯著靈雀,看著牠的眼神,心裏一陣陣顫抖,想起阿婆說的話,他有一陣陣的負罪感,讓他心如刀絞。凌晨時,兩個村民太睏了,他們拚命地轉著圈,還是睏得睜不開眼睛,子蘇的精力卻很好,他正在盤算著一個計畫。他對那倆村民說,讓他們去睡一會,說他一個人看著就行了,靈雀被網縛著,逃不了。那倆村民盯著他看了半天,還是不怎麼信他,但最終都歪在門口睡了過去。

聽到他們睡得打起了呼嚕,子蘇便掏出他隨身攜帶磨得鋒利無比的小匕首,顫抖著,邊揭開符貼,邊割開了網,邊割邊乞求著靈雀不要叫出聲來,不然他們都完了。不一會,網割開了,靈雀張開翅膀鑽了出來,牠拍打著翅膀,看著子蘇,沒有離去。

這時牠拍翅扇起的大風,將門口的倆村民驚醒了,他們

睜開眼看到了這一切，就大叫著撲過來。子蘇趕緊朝靈雀大叫著：快飛走，快飛！！！

靈雀頓時，高鳴一聲，抬頭朝屋頂衝去，只見一道白光，衝天而去，整個屋頂都被掀飛了。村人都驚醒了，全部圍了過來，將子蘇包圍在裏面。

子蘇低著頭，不敢看村民。他咬著嘴唇，輕輕地說任由他們處置。這時牛蠻扒開人群，跳了起來，衝著子蘇的胸口就是一腳，將子蘇踢得撞到牆上，喘不過氣來。接著眾人也都扯過子蘇的頭髮，將他拖到地上，一齊拳打腳踢。

如果不是阿蓮及時跑過來推開眾人，子蘇這次可能會被打死。不知不覺已早上了，眾人紛紛回去了，扔下趴在地上一動不動的子蘇。阿蓮也被她家人強行拖了回去，將她鎖在了房裏。

六、阿蓮劫

不知過了多久，子蘇只感到眼睛被光晃得厲害，很刺眼，他滿臉都是血，渾身疼痛，站都站不穩。他就迷迷糊糊地爬回了家，一邊爬在路上，村民和小孩還朝他身上吐著唾沫，潑著髒水。

子蘇只是麻木地爬回了山腰的小屋中，躺下，再也不想起來。他再也不想出門，再也不想見人，也不吃不喝。

也不知過了幾天，子蘇感到小屋的門被推開了。有微微的月光從半開的門縫中投到他的床上。子蘇也懶得抬頭去看，覺得是人也罷，是鬼也罷，反正自己已經活不久了。進

來的是阿蓮，她偷偷趁家人睡著，跳窗溜了出來。

阿蓮輕輕喊著子蘇，心疼地把他扶起來。子蘇仍只是低著頭，不說話，也不抬眼看阿蓮。看著他一臉的血痕，滿身是傷，阿蓮抹著眼淚。去廚房燒了開水，從後花園採來草藥，學著阿婆的樣子，給子蘇治著傷。又拿著從家裏偷拿出來的肉，燒了一窩肉湯端給子蘇。子蘇也不吃，也不說話，只是低著頭。

阿蓮說，阿婆生前幾次三番地跟她說，讓她將子蘇當作親弟弟，說子蘇這孩子太心善，肯定會處處吃虧，讓阿蓮見到了就護著他，別讓他受傷。說著阿蓮又哭了，她說現在子蘇在她眼皮底下被人傷成這個樣子，讓她怎麼向阿婆交待。邊說阿蓮邊哄著子蘇，子蘇慢慢抬起了頭，他端起了肉湯就埋頭拚命吃著，吃完後他一把哭出了聲來，將臉深深地埋在碗裏，再也不抬起來。阿蓮摸著他的頭，默默陪他坐了許久。直到凌晨時，阿蓮便起身，說她得回去了，不然家人會發現。走前又再三安慰子蘇，讓他好好養傷，不要亂跑，說等傷好了，她會幫子蘇想辦法另謀一個吃飯的生路。

幾天晚上，阿蓮都會半夜溜出來，帶東西給子蘇吃，看他傷好些了沒。子蘇本想就這樣一個人不吃不喝，靜靜直到死去，但阿蓮卻跑了過來，現在卻又欠下了阿蓮的恩。阿婆說過，知恩不報，就連禽獸都不如，現在他不知道如何去回報阿蓮的恩，他什麼能力也沒有，連自己也養不活。

轉眼又一個月了。這個月子蘇天天待在花園小屋裏，也不出門，他害怕見到村人，每天吃著阿蓮為他偷來的食物。阿蓮也一直求她父親，讓他託人去山外問有沒有什麼能謀生

的活路，好讓子蘇幹。

就在第九個月，糞缸不知是聽到了什麼消息，還是怎麼的，突然就派人來到了避風寨。糞缸有個兒子，外號稱「糞瓢」，他吃喝嫖賭樣樣俱全，平時揮霍無度，將家產敗了一半，就是不務正業。糞缸對他非常生氣，覺得自己辛辛苦苦搜括來的家業，不能叫他給敗沒了，就給他下了最後通牒，如果三個月內辦不出幾件讓他滿意的正事，家產就不留給他了，並將他逐出家門去，從此不再管他。這糞瓢看到他爹發起了恨，跟他來真的了，生怕斷了財路，就爭著想幹幾件漂亮事，好讓他爹高興高興。這次糞缸又要遣人去避風寨，他便爭著帶人來了。

本來到避風寨，快行的話，凌晨出發，下午可到。但糞瓢萬事講排場，帶的人多，東西也多，他們行路慢，中間便在路上留了一宿，第二天中午才到避風寨。一到寨子裏，他便將村人都召了出來，集中在村子中間。村民都嚇壞了，知道大事不好了，一年的限期還沒到，沒想到他們這麼早來。寨主就忙跑過來，在糞瓢面前說好話，討好他。

糞瓢一看他，就問靈雀呢？寨主不敢告訴他說到手的東西給弄跑了，這樣說他們全部都得倒大楣，只好說這靈雀是神鳥，太不好抓了，套早下到山中了，可到現在還沒抓到。糞瓢一腳將他踹倒在地上，讓人將他吊了起來。然後糞瓢令隨從到村民家中，挨家挨戶地搜，凡值錢的東西都拿，沒有東西的就放火燒房子。

這時村中便又響起了一片哭嚎。搜到了下午，所有值錢的東西堆起來，還不夠這幾個月稅收的一半。糞瓢發怒了，

他讓人拿過來鞭子，狠狠抽著寨主，邊打邊罵，說等到下午太陽落山時，再籌不出錢來，就活活燒死他。

這時一直躲在角落裏的阿蓮，看到父親被打，生死攸關，便衝了出來。她擋著糞瓢，求他放過父親，說約定的時間還未到，再寬些時日，錢一定籌給他。那糞瓢仔細端詳著阿蓮，呆住了。他楞著說，這麼窮的破地方，沒想到還能出這麼漂亮的姑娘，說著他興奮得拍著手大笑起來。

笑完，他指著吊在樹上的寨主，問阿蓮，是她的什麼人。阿蓮說是她父親。糞瓢更高興了，就令人將寨主放了下來，讓他不要害怕，說從今以後就是自家人。說著他又對寨主說，他今天是奉他父親的命令來收稅的，說他父親的脾氣大家都知道，收不到足夠的稅他是不敢回去交差的，雖然他也了解大家的苦衷。說著，他又拍著寨主的肩膀說：「這樣吧，就把你的女兒押回去做抵押吧，到時你們湊到了足夠的錢，再去我家贖回來。」說著就令人將阿蓮強行拖上車去。

阿蓮拚命大叫掙扎著，被四、五個身強力壯的兵衛扯著手腳，抬著強行塞到了轎子中，鎖在了裏面。寨主忙給糞瓢跪下來，說他女兒是大家閨秀，還沒出嫁，從未出過遠門，這次被抓過去，以後還怎麼見人，說要抓就抓他去吧。那糞瓢大笑著，一腳將他踢開了，說抓他不值錢。並說如果阿蓮抓回家後讓他老爹看中了，以後說不定就是他後媽了呢。說得那幫人都跟著他大笑了起來。

那寨主見讓他放人是沒戲了，就哀聲嘆著氣說，如果想娶他女兒也可以，但他們都是大戶人家，也得明媒正娶，不能讓人笑話。那糞瓢沒理他，轉身就走，邊走邊頭也不回地

跟他說，如果萬一真成了他後媽，他會派人送罈喜酒來的。
邊說邊大笑而去。

一寨子的老少爺們，這時竟沒一人敢出來說句閒話，
都嚇得吭也不吭一聲。寨主也只得仰面躺在地上，對天哀
聲嚎哭。

七、子蘇大鬧滾石山

子蘇一直躲在家中，他聽到村人的哭嚎就偷偷跑了出
來，躲在靠近村裏的山包草叢中，慢慢靠近過來，看到了發
生的一切。當看到阿蓮被劫走時，子蘇心裏一陣憤怒，他想
去救阿蓮，但憑他之力，肯定會被打死。又想著，如果不
救，那阿蓮這輩子就完了，而自己欠下了阿蓮的大恩，如果
此時不報，那豈不是禽獸不如？想著，子蘇就摸出他隨身匕
首，用布包好，藏在身上，又帶了些路上的必需品，就獨自
一人，潛出村子，跟蹤而去。

子蘇怕跟丟了，不敢離遠，就保持一定距離，不即不離
地跟著。到傍晚時，後面的兵衛發現有人一直跟著他們，就
跟糞瓢說了。糞瓢就令人藏在路邊，等子蘇跟過來時，就將
他逮了起來。他們將子蘇拖到了糞瓢跟前，糞瓢令人將子蘇
圍起來就打。子蘇抱著頭，大叫著，說他是阿蓮的弟弟，並
說阿蓮患有心病，得定時吃藥，不然犯了病會不省人事，他
是特地為阿蓮帶藥來的。子蘇不知哪來的機智，竟隨口就撒
出了個謊來，他將聲音喊得大大的，是想讓阿蓮也聽到，不
然謊言拆穿了就不好辦。

阿蓮一直在踢打著轎門，哭著，嗓子也快喊啞了，突然聽到子蘇的聲音，就一驚，靜了下來，細細地聽著。

　　糞瓢起初一看到阿蓮，就動了壞心，本是想據為己有，但又想這是在他爹面前辦的第一件事，如果辦砸了，他爹以後不認他了，那他就成了街頭的流浪漢了。想著就為了討好他爹，就準備將阿蓮送給他爹做小妾，到時他爹肯定很高興，對他會讚賞有加。想著，他就覺得，得將阿蓮好好地押回家，而且還得是活蹦亂跳的，不然會影響他老爹的心情。

　　想到這，糞瓢就湊到阿蓮的轎前，大聲對裏問阿蓮，問她是不是有什麼病。子蘇說的話，阿蓮都聽到了，她就說她有心病，如果不吃藥會死，而且這藥其他地方買不到。糞瓢聽了，就讓子蘇交出藥來。子蘇就掏出他隨身帶來的一些草藥說，這藥得現配，只有他才懂這藥方，並說以前阿蓮的藥都是他配的，其他人配不好。那糞瓢不想囉嗦，就讓人將子蘇一起帶上，跟著走。

　　走到晚上時，他們出了山道，到了一家路邊野客棧，在那投了宿。糞瓢讓人將客棧圍起來，打開了轎子，讓阿蓮出來透透氣，吃點飯，順便吃藥。子蘇捧著他胡亂配的一些內補藥，送給阿蓮。阿蓮一把抱住了他，泣不成聲。

　　糞瓢就讓人將他們拉開，並將子蘇捽到一邊。阿蓮指著糞瓢說，好好待她弟弟，如果她看不到她弟弟，或她弟弟有什麼事，她就馬上自盡。那糞瓢便忙笑著，扶著子蘇讓他坐在他身邊，並對下面人說，路上要好好待子蘇，奉為上賓，不能欺負他，不然他不客氣。

　　說完他又笑著看著阿蓮，問她滿不滿意，並讓店家做來

上好飯菜，捧給阿蓮吃，阿蓮沒胃口，不吃。他便令人將飯菜放進轎子裏，等阿蓮餓了吃。子蘇幾次偷偷地靠近阿蓮，暗示她，讓她別害怕，說定會想辦法救出她。

天亮後，他們剛準備上路，就碰到了糞缸派來的傳令兵，他說現在兵馬不能回去，得順路去滾石山，將滾石山抓到的一個土匪頭目押送回去。

這滾石山的土匪很有名，他們是這一帶唯一不怕糞缸，敢跟他們對著幹的人。滾石山在入城的要道上，滾石山土匪霸山為王，專門打劫押往城中的財物，糞缸被打劫了好多次，氣得吐血，就派出精兵，設下陷阱，捉住了兩個強盜，其中一個是領頭的。但他們兵力也損失慘重，趁著其他強盜回去報信的時候，他們就忙往回退，但退不到一半，發現退路都被強盜們斷了，那強盜們還去外地不斷地召回兄弟，要他們放人，不然跟他們決一死戰。

他們便以強盜頭目的腦袋為要挾，退到了滾石山的兵站，邊防守著，邊派人回糞缸那請救兵，他們以兵站為基地，跟強盜周旋著，不敢輕易上路。但這個糞瓢不管幹什麼事都講究排場，這次他去收稅，竟帶去了糞缸的大半人馬，而且都是精兵，好幾百人。這糞缸念他是第一次幹正事，就沒阻止他，沒想到現在要急著用人了，卻找不到人，就連夜派傳令兵去紅石山尋找糞瓢。

那糞瓢見又有新任務了，就很高興，覺得他爹還是蠻信任他的，想著再露一手，就一揮手，帶著人馬趕向了滾石山，想到時雙功並邀，定讓糞缸對他刮目相看。

子蘇這時來主意了，他想著靠自己之力是救不了阿蓮

的，得借力，以惡治惡。他聽說滾石山土匪，雖然很惡，但是個個都講義氣，講信用，發過的誓都會兌現，不食言。想著子蘇就心裏盤算著救人主意。

傍晚時，趕到了滾石山兵站。兵站的人剩下不多，只幾十號人，他們很緊張，緊守著入口，時時用刀架在匪首的脖子上，一旦強盜占上風，他們就以匪首相要挾，令他們退兵。他們看到幾百號救兵趕到，都吐了口氣，興奮不已，以為這下強盜肯定沒戲了。

晚上時，那些緊張了兩天的守衛，都鬆了口氣，覺得沒必要再怕強盜了，就癱在地上，七歪八亂地睡著了。糞瓢也自恃人多，不把強盜放在眼裏，趕了一天的路，他餓壞了，這輩子他從沒這麼累過，就讓人找來酒肉，自己大吃大喝了起來，其他什麼也不管了。

子蘇偷偷地觀察了一番形勢後，就跑到了關著阿蓮的房前，他對守衛說，奉糞瓢的命令，來給阿蓮吃藥，讓他們將阿蓮轎子打開。那守衛看著他，想著昨晚糞瓢還令他們好好待他，信以為真便開了轎門。子蘇貼在阿蓮耳邊，說已想好救她的方法，讓她耐心再等一兩天，不要擔心。

阿蓮眼睛哭得紅腫紅腫的，她摸著子蘇，說自己死心了，只讓他別亂來，說誰也救不了她，只要能看到他就好。

子蘇怕守衛聽到，就沒說什麼，他看著阿蓮轎中沒有吃過的飯菜。阿蓮就將飯菜端了出來，問子蘇餓不餓，讓他吃掉，說自己吃不下。

子蘇就端過飯，沒說什麼，走了出去。

子蘇走到了關押強盜的屋裏，守衛喝問他幹什麼。子

蘇說奉糞瓢的命令，給強盜送飯，並還說奉命親自餵著他們吃，還聽說他們餓了兩天了，怕他們餓死了，回去交不了差。守衛打量著子蘇，又盯著他手中拿的飯菜，楞在那不動。子蘇看到他們的樣子，就說反正強盜也吃不完這麼多，餵給他們飯餓不死就行了。說著就把菜送給了守衛，說這菜就孝敬他們了，那守衛接過菜直樂，忙打開門讓子蘇進去了。

強盜被關在木籠子裏，身上還被粗麻繩捆了好幾捆，根本動彈不得。子蘇就走到門口，讓守衛將強盜的木籠子打開。守衛就瞪著眼，問他開籠子幹什麼。

子蘇就說，關在籠子裏，根本餵不了飯。那守衛就進來瞧了一瞧，覺得在籠子裏確實餵不了飯，看著他們身上捆了一身的粗麻繩，捆得像根蚯蚓一樣，根本就跑不了，便將籠子打開了。

子蘇就進了籠子中，拿出飯來要餵他。那強盜瞪著子蘇，子蘇也冷冷地與他對視著。子蘇捧著飯那強盜也不吃，就僵持了半天。那守衛不耐煩了，就罵著，說不吃就算了，乾脆飯也給他們吃了，讓子蘇出去。子蘇說糞瓢有交待，一定得吃，不然出了事就要重罰他，所以在強盜吃完飯前，他不能出去。

那守衛不耐煩了，也不管他們了，就將房門鎖上，將子蘇與強盜都鎖在了裏面，他們在門口用手抓著菜餓狼般地吃了起來。這時子蘇見機會來了，就一把湊到強盜耳邊，說他和他們一樣，同樣是被抓的。並將他們抓阿蓮的事說了一遍，然後又盯著強盜說，他現在是來救他們出去的，但放他們出去後，他們得答應他，一定要回來救出他和阿蓮。

他讓那強盜同意了就點點頭，不同意就擺擺頭。那強盜看了他許久，最後點了點頭。子蘇便說要一起發血誓，他問強盜同不同意，強盜也點了點頭。子蘇便掏出刀子，劃破了自己的手指，又劃破了強盜的手指，讓血滴在一起，抹在他們的嘴上，並將誓詞說了出來，讓強盜也說一遍。強盜說了。

發完後，子蘇就拿鋒利的刀口，將強盜身上的麻繩都割斷了，邊割邊對他們說，出了門，有幾匹棗紅色的馬，他來的時候就已割斷了牠們的韁繩，可以騎著牠們走。還說靠近西邊有一個小門，能夠出去，那裏只有兩個守衛，容易出去，其他地方守衛眾多，不便逃走。

一切準備就緒後，子蘇便敲了敲門，說強盜吃完了。一陣鑰匙聲後，門開了，那守衛頭還沒探進來，就被強盜頭掐住了脖子，一把扭斷了他的頭。

另外守衛叫了起來，那強盜也馬上解決了他。他們奪過武器，一陣飛跑，跑到了子蘇所說的棗紅馬那裏，跳上馬就往西門跑。

其他人聽到守衛叫了兩聲，看到有人騎馬逃出來，還不明白是怎麼回事，就楞在那，這時強盜已逃到了西門，幹掉了守衛，奪門逃出去了。等他們知道怎麼回事後，騎馬去追時，已經追不上了。

八、犬俠

那糞瓢正吃飽喝足，想去看看阿蓮，突然就聽到了外面亂轟轟的動靜，以為強盜攻來了，就趕緊跑出去看。當

他知道怎麼回事後，氣得大叫。他將子蘇提起來，狠狠地抽打著。他讓人將子蘇吊起來，說晚上要活活地將子蘇剝皮開膛。

阿蓮聽到了外面有動靜，就仔細聽著，知道是強盜讓人給放跑了，她就想定是子蘇幹的，因為他專幹這種事。阿蓮一想壞了，子蘇放跑了這麼重要的人，糞瓢他們可不比村裏的人，定會活活打死子蘇，越想越怕，她就大喊著，讓人開門放她出去。可喊破了嗓子，守衛也不開門。她聽得糞瓢怒斥鞭打子蘇的聲音，心如刀絞，想著再不想法，子蘇死定了。越想越急，便用頭往門上狠命地撞，那守衛嚇到了，趕緊讓她不要撞，將門打開了。阿蓮已撞得滿臉是血，她靠到牆邊，讓守衛不准靠近，並讓他們馬上傳令給糞瓢，讓他們馬上將子蘇放下來，與她關在一起，並說如果有不同意，她就馬上撞死在牆上，說著就做出要撞的姿勢。

那守衛嚇壞了，怕承擔責任，就趕緊跑了過去，將阿蓮的事跟糞瓢說了。那糞瓢聽後咬著牙，氣得直蹦。他咬著牙一想，第一次出門給他爹辦事，兩件事，現在第二件已經砸了，只剩下阿蓮可以拿回去交差了，說不定看到阿蓮漂亮，他老爹一高興，第二件事就這麼算了。如果阿蓮死了，那兩件事就都砸了，那他這個流浪漢是當定了的。

越想越慌，就讓人放下了子蘇，帶著他趕到阿蓮房門口。看著阿蓮滿臉是血，他嚇壞了，讓人趕緊來給阿蓮止血包傷。阿蓮說不用了，只讓他將子蘇放進來，說子蘇會治傷，糞瓢就將子蘇推了進去。阿蓮抱著子蘇，問他有沒有傷到，子蘇擺著頭，說沒事。

阿蓮便讓他們關上門，不准任何人進來打擾。糞瓢點著頭，讓人給他們準備吃的，說有什麼需要就跟守衛說，不要亂來。

　　第二天天未亮，氣得一夜沒睡的糞瓢，就招呼起所有人，讓他們起來，馬上趕路回去。阿蓮要將子蘇與她一起關在轎子裏，糞瓢想也沒想，就同意了。想著什麼都先滿足她，等回去了再說。

　　從兵站回去，有兩條路，一條近路，一條大路。一個領軍的說要走大路，但糞瓢壯著人多，要抄近路，覺得現在強盜都逃回去了，不可能再來找他們麻煩，就是找麻煩也不怕，他們人多正好可以再逮兩個回去交差。領軍沒辦法，就聽著糞瓢的。

　　走到中午時，他們趕到了滾石山的邊界。再經過一道峽谷就出了滾石山，後面都是大道，晚上時可以趕回。就在他們走進峽谷中間的當口，突然巨大的石頭從天而降，這可真是滾石啊，磨盤、石滾般大的石頭，沿著陡坡滾了下來，砸得那些兵衛鬼哭狼嚎，一下子就亂了陣營。糞瓢嚇得鑽進馬車裏，瞎亂嚷著，讓士兵們守住，不要跑。

　　阿蓮和子蘇鎖在轎子裏，讓馬拉著，轎子很高，石頭砸不到。亂石過後，從兩頭山崖又傳來喊殺聲，是強盜們，他們不知道從哪裏搬來了許多救兵，將山崖堵住了，喊聲震天，見人就殺。剛逃到山口的士兵還沒緩過神來，就又都被他們殺得人仰馬翻，鬼哭狼嚎。

　　一陣激戰過後，糞瓢他們大敗，大部分被殺死，沒死的都跪在地上當了俘虜。糞瓢也被俘住了，他驚嚇不已，跪在

強盜面前，哭著說他帶來了一個絕世美女，想進貢給他們，求他們放了他回去。

那強盜一陣大笑，撬開了轎子，將阿蓮和子蘇拉了出來，將他們帶到了一個長著豹眼的強盜面前。子蘇認得這強盜，這強盜就是他放跑的一個，子蘇靜靜地看著他，都沒有說話。

突然後面的一個扎著兩根辮子，戴著大耳環的強盜，走了上來，他盯著阿蓮看了許久，笑著對豹眼強盜說：「大哥，這小美人長得也忒俊，真是少見的稀罕物，乾脆帶回山做押寨夫人吧！」

那豹眼強盜只笑了笑，沒有說話，他沒說可以，也沒說不可以。子蘇這時急了，他大聲質問強盜，說明明跟他發過血誓的，怎麼能食言！

這次豹眼強盜終於開口了，他變得凶狠起來，咬著牙說，發誓只是說從糞瓢手上把他們救出來，並沒有說不收阿蓮做押寨夫人，現在他已經做到了，誓言已兌現了，剩下的就不再屬於他們約定的範圍了，說著就示意手下可以抓阿蓮。

強盜們轟笑了起來，那扎辮子的強盜便撲過來就要扯住阿蓮。子蘇一把擋住阿蓮，他抽出隨身的刀子，指著他們。強盜們笑得更歡了，他們對著子蘇說：「就憑你這瘦猴樣，還想救美，都不夠我們一巴掌拍的，還是省省事吧，快扔了刀子，省得耽誤時間。」

阿蓮已經麻木了，她苦笑著，讓子蘇將刀子給她，她說她已經累了，對這個世界絕望了，什麼也不想要了。

剛出虎口，又入狼穴！子蘇氣得狠狠地咬著牙。他不知哪來的憤怒，怒目圓瞪，抬頭望著天，這人類怎麼就這麼壞！他狠狠地對天吼叫著，然後舉起刀子就往自己身上亂扎，扎得鮮血直流。阿蓮趕緊死死抱住他，大哭起來。子蘇又瞪著眼，指著那幫強盜，咬著牙一字一字地對他們說：「如果老天還有眼，我死了以後，定要用天雷一個一個地劈死你們！誰也逃不脫！」

那幫強盜愣住了，這次誰也沒有笑，愣了好半天。那豹眼的強盜，就跳下了馬來。他朝著子蘇一拱手說，剛才失禮了。然後又讓子蘇他們上馬，說回山上給他們療傷，不會讓人碰他們一根頭髮，並說傷好後若想走，隨時可走。

子蘇仍是瞪著他，不回話，也不上馬。阿蓮就哭著說，求他們放過她和子蘇，讓他們平安地離開，就感激不盡了。

那豹眼強盜點了點頭，就將馬牽了過來，把韁繩塞到阿蓮手裏，說這寶馬跟著他征戰好多年了，現在送給他們，為他們送行。阿蓮就忙扶著子蘇，爬到馬上，後面的強盜又拿出一些包紮的藥帶，遞給了阿蓮。

那豹眼強盜又從身上掏出一塊牌子，遞給子蘇，一邊拱手說：「好漢，這是我滾石山的令牌，人稱我犬俠，是滾石山土匪老大，以後若你們有什麼需要幫助，就持這令牌，來滾石山找我，沒人敢攔你。」

子蘇沒有接，阿蓮便替他接了，邊接過牌子，邊拱手謝過他們，就調過馬頭，飛快地朝山外跑去。

九、尋仙人

　　他們漫無目的地往前亂奔著，也不知跑了多久，期間來到一條河邊。阿蓮停下馬，扶下子蘇，給他清洗包紮好了傷口。然後又騎上馬，往前亂奔著，生怕又有什麼人追上來。一直奔到半夜，馬累得跑不動了，他們才停下來。阿蓮也不敢回家，因為糞缸肯定會等著要抓他們，在其他地方也沒有任何可投靠的親人。阿蓮心中惶恐極了，覺得這世上真是沒他們的容身之地了。

　　他們餓了採野草、野果，渴了喝溪水，阿蓮出來時，身上還藏了一些銀兩，碰到店家就買了些好點的食物給子蘇補充營養。還好子蘇沒有傷到內臟，只是流血過多，身體較虛弱。

　　他們一口氣走了四天四夜，走了好遠好遠了，第五天看到了一個依山傍水的小村落，那邊人說話口音跟他們完全不同，但還能聽得懂。這時已走了很遠了，遠遠地離開了家鄉，可能這輩子再也找不回去了，再也沒人認識他們了，只有和子蘇兩個人相依為命了，想著阿蓮眼淚又流了出來。這時馬已很疲憊了，明顯累瘦了，跑不動了，再不休養一下，可能會活活累死。

　　就是這一路上逃亡的時候，阿蓮碰到了幾個趕路的外鄉人，很善相，這幾個人跟他們同路了一段時間，還幫子蘇看了傷，送給他們食物吃，並說他們是去元真山尋仙的，問阿蓮他們要不要也跟著去。阿蓮茫然地擺著頭，她都不知道元真山在哪，只是聽說過元真山頂上自古就有一個元真大仙，

他道行極其了得，上天入地，無所不能。

子蘇聽到尋仙，就來了精神，開口問他們尋仙的事。他們就告訴子蘇，說元真大仙在二十年前，就開門收徒弟了，而且據說只開仙門二十年，今年已是最後一年了，過了今年，大仙就會關上仙門不再收徒了。他們還說，每年都有許許多多的人去元真山尋仙，但據說只有命中有仙緣的人，才能無意中進入仙門，凡進入了仙門的人，都會成了元真大仙的徒弟。

子蘇問，如果找不到仙門呢？他們回答，其實能找到仙門的人極少，每年頂多就幾個人能幸運地找到。他們說，據說元真山上有魔王在誘惑人，有的將人誘入魔窟，再也出不來，有的從崖上跌下摔死，每年都會有很多人死在元真山中。

他們的話聽得阿蓮不能理解，覺得他們活得好好的，有家有親人的，幹麻要去尋仙，又不是像他們一樣被逼得走投無路，無依無靠。可子蘇卻將他們的話記在了心裏。

到了村子邊，阿蓮想就在這裏找個地方，好好休養一陣子，順便給子蘇養養身子，奔波了這麼多天，不然都吃不消了。人生地不熟，阿蓮不敢隨便進村子，就牽馬往山上走。繞過了幾道山道，阿蓮看到前面山腳下有一個小屋子，就走過去。

裏面空空的沒有人，阿蓮從門縫往裏面打探著，原來裏面是一個小山洞，小屋子就是挨著山洞搭出來的。裏面有石桌椅，還有石床，床上鋪了厚厚的茅草，門外有石灶，和一些發爛的柴火。這屋子顯然很久都沒人住了，阿蓮想著，就

推開門，將子蘇扶進了屋裏的石床上，讓他躺下。然後牽過馬，走到山下，給牠餵草。

下午時，有兩個過路的村人，他們看到小屋裏有人，就好奇地打量著阿蓮他們。阿蓮有點緊張，她扶著子蘇，驚慌地看著他們。

那倆村人，先開口問阿蓮是從哪來的，怎麼住這裏。阿蓮突然想起那幾個尋仙人，就馬上告訴他們，說她弟弟自小有仙緣，她和她弟弟是去尋仙的，路上弟弟受傷了，沒辦法，就找到這裏暫時落落腳，等傷養好了後，再趕路。然後又問他們，這屋子是不是他們的。

那倆村人忙擺著手，說這屋子是搭給行人上山歇腳用的，沒有主人，都可以進來住。然後他們聽說阿蓮他們是去尋仙的，就馬上對他們恭敬起來，說尋仙的人那都是很不一般的人，了不起。他們一個勁地說著了不起，其他一些話，阿蓮沒聽明白在說什麼，就朝他們拱著手感謝著。

那村人從他們肩頭取下兩隻野雞，送給了阿蓮，讓她燉給子蘇吃，說看子蘇臉色蒼白，身體肯定很虛。山雞還是熱的，肯定是剛打的，阿蓮心頭一陣發熱，不住地朝他們點頭感謝，覺得在這人生地不熟的地方還能碰到這樣的好人。

那倆村人回去了，傍晚時，那村人又過來了，這次他帶了好幾個人一塊上山。他們身上還背了鍋碗、鹹肉、稻米、舊衣物什麼的，說讓他們安心養傷，需要什麼就跟他們說。

阿蓮再也沒控制住，她眼淚又嘩啦嘩啦地流出來了，一個勁地點頭感謝村人。村人馬上說不要客氣，他們說，他們這一帶的人最尊重的就是尋仙人，只要是有尋仙人經過，或

要落腳，他們就一定得好好招待好。其中一個老者說，凡是尋仙的人都已經算得上是半個仙人了，碰到半個仙的人，怎麼能不好好款待。何況如果真能尋到了仙，那就完全變成仙了，到時一定會記得他們村人，保佑他們村子的。阿蓮流著淚，點著頭說，一定，一定忘不了他們。

參 尋仙

一、龍潭湖

　　子蘇一直一個人躺在床上，他埋著頭，不敢看村人。因為他知道阿蓮在騙他們，他很痛苦，不敢面對他們。

　　直到村人都走後，他還不敢抬起頭來。阿蓮將雞燉了，盛了一大碗，端給子蘇，讓他趁熱吃了。子蘇低著頭不肯吃。

　　阿蓮摸著子蘇，問他怎麼了。子蘇說，傷好後，他要去尋仙。

　　阿蓮聽後，就驚坐在一邊，不說話，又在抹著眼淚。子蘇看到阿蓮很難過，就慢慢抬起了頭來。阿蓮說，現在這個世界上，她就只剩下子蘇一個親人了，現在子蘇卻說要去尋仙，扔下她孤身一個女人家怎麼辦？說著就一個人來到門外，抱著腿團坐著，埋著臉哭著。

　　子蘇很慌張，他跑出去，站在阿蓮旁邊不知所措。阿蓮哭了一會，看著驚慌的子蘇，就拉過他坐到邊上，說以後他們姐弟倆就找個平靜的地方，相依為命，好好過日子，不去尋什麼仙了，興許以後還能再碰到避風寨的家人。

　　子蘇就點著頭，沒再說什麼。

　　過了些時日，他們吃著村人送來的肉食，子蘇感到身體恢復很多了。後來幾日，村民們每天都有送來了一些新鮮魚，後來越送越多。阿蓮感激不已，不肯收這麼多，說讓他們自己留著吃。那村人說，幾里地外千年不乾的龍潭湖突然

乾了，湖底泥裏好多魚蝦，周圍人大老遠的，都跑去撿魚，他們村人也撿了好多，根本吃不完，就送來了。

阿蓮就睜大眼睛問，還有魚撿嗎？說想跟他們一起去撿魚。阿蓮想多撿一些曬乾了，帶在路上做乾糧。那村人說現在可能不多了，已撿了好幾天了，很多人撿。並說明天會來山上帶他們去撿，阿蓮又感激不盡。

第二天一早，就有一群婦女和孩子帶著網袋和各種容器具，來到阿蓮門口，她們笑呵呵拉著阿蓮說，跟她們一塊去撿魚。阿蓮才想起了昨天村民說今天帶她去撿魚，就猶豫了一下，說她沒有器具。那些女人就說她們已幫帶著了，直接跟去就行了。阿蓮很高興，不住地感謝她們。阿蓮穿上髒衣服，她看了看子蘇，就把子蘇也拉起來，拖著他讓跟著一塊去，怕他一個人在家裏又會無聊胡思亂想。

一路上那些女人唧唧喳喳地說笑個不停，她們你一句我一句地不停問著阿蓮，阿蓮一下子應付不過來，有些話說得太快了，她還聽不懂，就一個勁地朝她們笑著，不停點著頭。一路說笑感覺時間很快，不多久就到了湖邊。

好大的湖啊！阿蓮和子蘇看得睜大了眼睛。湖很深，但湖底卻一點水都沒有，只剩下湖中心一塊的濕泥。她們都脫下鞋，挽起褲腿，各人拿著工具，帶著阿蓮他們往湖心去了。走到湖心都走了許久，一邊走，一邊看到湖底許多的死魚，但都乾掉了，沒人要，很多都爛得剩下骨頭。阿蓮不住地嘆息著，覺得好可惜，這麼多魚如果能及時撿回，那該能吃多久啊，就這麼浪費了。

那些女人告訴阿蓮說，這湖真是怪，千年都不曾乾過。

就在七天前的一個晚上，周圍村子的人半夜聽到湖裏好像傳來咕嚕咕嚕的吸水聲，聲音很大，第二天一早，他們起床後就發現湖水乾了，一夜之間就乾了，真是奇了。阿蓮也非常驚奇，就問她們知道是怎麼回事？她們就說，聽人說是那天晚上，一條渴極了的巨龍，經過了龍潭湖，太渴了，就不停喝水，將水給吸乾了。她們還說東村有兩個夜歸的村人，那夜剛好經過龍潭湖，他們親眼看到一條巨龍，尾巴還在雲裏，頭卻掉到了湖心，不停地吸著水，他們嚇壞了，拔腿就往家裏跑，不敢喊出聲來。

聽得子蘇也驚得張大了嘴巴。說著就到了湖心，子蘇看到湖心已有一些人在撿魚了，都是小孩和女人，人不多。那些婦女說：「前幾天你們沒來，那人真是多得密密麻麻，現在魚撿得差不多了，也就沒幾個人再來撿了。」

二、救魚

子蘇分到了一個木桶，他一看湖底，淤泥上還有一個一個的小水坑，坑裏水很少，已經沒有大魚了，都是幾寸長的小魚和蝦。有的地方泥較濕，一腳踩下去，能陷到膝蓋，有點難拔腳。阿蓮跟著她們拚命地撿起了魚來，雖然魚小，阿蓮也撿得很高興。

子蘇看到水乾後，那些魚蝦在泥地上張著嘴亂蹦著，好可憐。他們將桶裏使勁裝了小半桶水，將一些乾渴的魚蝦放進桶裏。這時子蘇看到湖中心散落著一些紅色的東西，在太陽下閃著光，還在動。子蘇覺得很奇怪，想看清是什麼，便走

了近去看。阿蓮就喊著子蘇，讓他不要到湖心，怕泥陷住了
腳出不來。子蘇點著頭，覺得泥路還能走，就又往前探著走。

　　走到近前，子蘇才發現是一些紅色的小魚，它們有一
些已乾在泥面上了，使勁地張著嘴，扭動著身軀，子蘇看著
它們痛苦的樣子，彷彿自己也窒息了一樣。子蘇趕緊抓起一
條，他看到這魚竟然有透明的眼瞼，能眨眼，它們眼裏不斷
有水溢出來，彷彿是在流淚，在求子蘇救命一樣。

　　子蘇一陣陣心痛，就趕緊抓住跟前的紅魚，將它們放
進水桶裏，子蘇不停地抓著，湖心的泥很難走，將腳給吸住
了，走一步得半天。而這些魚很分散，到了中午時，子蘇才
抓了小半桶。

　　這時阿蓮喊子蘇上來吃飯，子蘇就提著桶先上去了。那
些女人隨身帶來了午飯，她們也幫阿蓮和子蘇各帶了一份。
子蘇提著桶過來時，她們瞧見了子蘇桶裏的紅魚，趕緊嚇得
喊子蘇快將它們扔了。子蘇就愣著問她們為什麼。她們說這
種魚吃不得，有劇毒，聽人說連抓到手裏都會爛手。子蘇看
了看手，覺得抓著一點事也沒有，好好的。

　　阿蓮就一把拉過子蘇的手使勁瞅著，問他有沒有什麼感
覺。子蘇擺著頭，說沒事。然後阿蓮提著桶要將魚倒掉，子
蘇趕緊攔住了她，然後問村人，這附近還有沒有什麼水源。
那些女人又告訴他，說這湖邊幾里地外，還有一條小河。

　　子蘇就提著桶要往河裏去，阿蓮趕緊拉著他，不讓去，
讓他吃飯。子蘇就胡亂吃了飯，然後還是執意要提著桶去河
邊。阿蓮拿他沒辦法，知道他這脾氣，就跟著他一塊去了。找
了半天，他們終於找到了小河。子蘇便將水桶的魚倒進河中，

一倒進小河後，魚就馬上散開了，一會就全部消失了，像是在水中化掉了一樣。阿蓮用帶來的布巾給子蘇抹著臉，問他這下該滿足了吧，說完就帶著子蘇趕回去，她怕耽誤了撿魚。

子蘇又提了小半桶水順路帶過去。這一趟下來，他們累得氣喘吁吁，子蘇感覺腳都軟了。但想著還有這麼多小魚在那痛苦地蹦著，子蘇又跑到湖心撿紅魚去了。阿蓮看著他直嘆氣，想起怪不得阿婆生前老是對她說，子蘇這孩子心太善了，以後肯定要吃虧，讓她以後要護著子蘇。阿蓮就將他的手用布包了一層又一層，怕那魚真的有毒，傷了手，然後讓他去了，知道他不做完，心裏會很難受的。

子蘇下午又撿了小半桶提進了河裏，晚上時，村人們收工要回去了，說魚撿得差不多了，明天不來了。阿蓮就喊子蘇上來，子蘇一看，湖心還散落著最後一些魚，估計這一趟能全部撿完，他就讓阿蓮先跟著她們回去，說自己撿完最後的一些，就一個人回去，他說他認得路。

阿蓮就讓村人們先回去了，她自己也跑過來幫著子蘇撿。阿蓮下到湖心後，才知道子蘇的辛苦了，看著眼前兩米外的小魚，似乎舉手可得，但要真正地撿起來，卻要花上半天時間，在湖裏每走一腳都要用盡力氣，湖泥將腳緊緊地吸著，要使盡力氣才能拔出一隻腳來，移出一步得累得氣喘吁吁。看著滿身滿臉是泥的子蘇，阿蓮眼淚不知怎麼地又流了出來，世上怎麼有這麼善得發傻的人，那一生得比別人多吃多少虧，吃多少苦啊，想著就覺得以後一定要好好看護著他，不能再讓他胡亂吃虧了。

天完全黑下來了以後，子蘇終於將最後一條發著光的紅

魚抓進了桶裏，這時他已經沒力氣再邁出步來了，他和阿蓮
姐弟倆，便手拉著手，相互扶撐著，用盡最後的氣力往湖上
邁去。最後他們是爬上湖岸的，阿蓮倒在地上，再也爬不起
來了。子蘇歇了一會，就坐了起來，他讓阿蓮在湖邊等他，
說他把最後半桶魚送到河裏就回來。

　　說著又拎著桶往河邊走去了，阿蓮實在是站不起來了，
看著子蘇竟然還有力氣趕路，就讓他去了，只叫他快回，路
上小心。

　　等他們相互攙扶著趕回屋裏時，已經是深夜了。平時極
愛乾淨的阿蓮，這回身上的泥也懶得洗，飯也不吃，就和子
蘇歪在地上睡去了。

三、泊

　　累得迷迷糊糊的睡著了後，子蘇做了一個夢。他夢見來
到了一個湖邊，湖水清清的，很漂亮，湖面上升騰著煙霧。
突然白霧之中，出現了一個漂亮的女人，一身白紗裙，年齡
看起來比阿蓮還大一些。她朝子蘇笑著，慢慢踏著波，走了
過來。她赤腳走在湖面上，像是走在平地上一樣。子蘇嚇壞
了，扭頭就要跑，那白衣女子竟然喊他的名字，喊他叫子蘇
主人，讓他不要怕。

　　子蘇就停下來，回頭剛要看看，發現這時白衣女子已到
了他面前了。她來到子蘇面前，俯身便拜，喊子蘇叫子蘇主
人。子蘇張著嘴，說不出話來，他不知道現在該如何是好，
也忘了逃跑了。

這時白衣女子開口了，她讓子蘇莫要驚慌，慢慢告訴子蘇說，她原本是神界的一條溪流，因為生性貪玩，玩忽職守，結果溶入接納了汙穢之物，把自己給沾汙了，因此就被打下了神界。打下神界後，就在人界做了龍潭湖，成了泊神，因此便更加低迷，終日精神不振，懷念故鄉，不問職事。結果就縱容淤泥之底的汙蛭成了地怪，這汙蛭地怪鑽入了地下深處，在湖底亂搞，她也不願管，結果這蛭怪打通了地枯之脈，湖水就全部漏光了，龍潭湖行將枯竭而亡。

　　湖水漏光了後，她才醒悟振作了過來，但為時已晚，眼看就要枯竭而死，她才悔恨不已。這時就碰到了子蘇，是子蘇拯救了她。她說湖底的那些紅色的小魚就是她在人世幻化的生命之氣，紅色小魚都枯死了以後，她的生命也就終結了。

　　說著又流著淚對子蘇大拜著。子蘇這才手足無措起來，他想扶起她，但又不敢碰她。女子又接著說，她名叫「泊」，她現在已是無根之物，沒有歸去，以後子蘇就是她主人了，她以後就跟隨子蘇，做奴為僕，報答子蘇之恩。

　　子蘇忙擺手說，舉手小事，不用報恩。泊哭了起來，她說神和人類不一樣，人可以忘了恩，但神如果知恩不報，會被削去仙名，淪為禽獸，再無出頭之日。說著又俯身大拜，一定要子蘇答應她的請求。子蘇無措，就答應了她。

　　她這才笑著起身了，她告訴子蘇說，在湖底西邊有一塊鎮湖界碑，挖開界碑下面的泥，在泥中有一個紅土陶罐，她就待在罐中，她讓子蘇明日去取她回來。她說如果子蘇到了一個地方，就在附近找一方乾淨的水源將她放進水裏，如果要上路，就再從水裏將她撈起來，裝進罐中，帶著上路。她

說子蘇如果需要她時，就到她安身所在的水源，喊她的真名「泊」，她就能顯身。說完她就慢慢隱去了，子蘇也醒了過來，醒來時，耳邊似乎縈繞著泊的聲音，讓他明天別忘了去湖裏取她回來。

子蘇很震驚，天亮後，他想把昨晚的夢告訴阿蓮，但又怕夢是假的，是他胡思亂想出來的，怕到時阿蓮笑話他，就沒有說。

起來後，阿蓮就拉著子蘇來到溪邊，將身上洗乾淨，髒衣服也洗了乾淨，然後燒了早飯與子蘇吃過。吃過飯後，阿蓮就說，在這住了這麼多天了，身體也基本上休養好了，不好意思再打擾村人了，不能再給他們添麻煩，所以這幾日可能就動身去其他的地方，等找到了和平安靜、沒有戰亂的好地方，就和子蘇長住下來，姐弟倆相依為命，順便看以後還能不能再打探到紅石谷家人的消息。

阿蓮想了會又說，這些天村民撿了許多魚，肯定要將魚風乾，醃起來，現在肯定忙不過來，她得去村裏做幫手，幫幫忙，感謝村人這些天的照顧。子蘇點了點頭，阿蓮就對子蘇說，如果子蘇不想見人，不想去村裏，就一個人待在屋裏，她說，她中午會回來做飯給子蘇吃，讓子蘇別亂跑。子蘇又點著頭。

等阿蓮走後，子蘇又想著昨晚的夢，他不知真假，他記得白衣女子說湖西面有一個界碑，碑下的泥裏有個罈子，讓他去把罈子取回來。子蘇就想，再去看看吧，如果真能找到那罈子，那這夢就是真的了。他想著，就趕緊動身往湖裏趕去，心想如果動作快，中午左右可能會趕回來，不然阿蓮又急了。

子蘇來到湖邊，這時湖裏已沒什麼人撿魚了，只有幾個小孩在那裏玩。子蘇趕到湖西，仔細尋著界碑。尋了半天，他看到西面湖底的地方，有一塊東西突出在泥面上，他走近去看，是一塊石頭。一半埋在泥裏，一半在泥面上，上面還有字。子蘇就將石頭上的泥擦乾淨，看到上面有四個大字，「龍潭神泊」。下面還有很多小字，子蘇懶得去看了，就使勁向下挖著。他將石碑從泥中挖了出來，石碑倒在了地上。子蘇又向下挖著，挖了許久，還是沒看到什麼罈子，子蘇有些洩氣了，覺得夢可能是假的，但又一想，既然來了，那就再挖一下，不然白跑一趟。

他又挖了一會，突然手指碰到一個硬物，子蘇便將硬物刨了出來，是一個腦袋大的泥團，裏面硬硬的。子蘇就找到點水，將泥洗乾淨，是一個紅色的罈子，上面還有蓋子，用陶泥封住了。子蘇大喜，便將蓋子撬開，裏面有一汪清水，一條渾身白色的金魚在水中打著轉游著，像一團白色雲霧一般，甚是漂亮。

「您就是泊嗎？」子蘇對著金魚說。那金魚便跳起來，蹦出了水面，在水面上一躍一躍地，彷彿是在回答子蘇。子蘇高興壞了，知道昨晚的夢是真的了。

這時已快中午了，子蘇想起阿蓮等會找不到他會急壞的，就趕忙抱著罈子往回跑。

四、逃難

趕回家時，阿蓮果真在找他，村人也在幫著找。幸好子

蘇及時趕到，不然村民們準備組織人上山去搜山了。

　　子蘇感到很內疚，他低著頭不敢看村人。阿蓮看到他回來了，終於鬆了口氣，問他跑哪了。看著他一身泥，就問是不是又跑龍潭湖了，子蘇點了點頭。

　　村人看子蘇平安回來了，就紛紛回去吃飯了。阿蓮也不說什麼，就生火將村人送來的飯菜熱了下，跟子蘇吃了。

　　吃完飯，子蘇就將昨晚的夢和今天去龍潭湖刨到罈子的事，與阿蓮說了。並將罈子打開，把白色的金魚給阿蓮看了。阿蓮看著他，抿著嘴笑著，也不說話。

　　子蘇不知道阿蓮是信他還是不信，就問阿蓮。阿蓮就說：「我又沒有怪你偷偷跑去龍潭湖抓魚，你如果喜歡這白金魚，那以後就帶在身邊養著吧。」

　　子蘇知道阿蓮不信他，就不再說什麼。下午阿蓮又去幫村人洗魚、醃魚去了，晚上才回來。過後阿蓮又幫了村人兩天忙，直到他們魚都醃好了後，才跟村人道別，說要走了。村人都跑到路上來送他們，並且包了一大包魚乾和肉乾，還有舊衣物，讓他們帶在路上用，說一路艱險，前方還在打仗，得萬加小心。

　　阿蓮流著淚，一一向村人道別，說不管尋不尋到仙，以後定會回來看他們的。他們又開始上路了，走了一天後，阿蓮就將自己打扮成了男人。她穿上村人送的男人衣服，將頭髮挽了起來，用泥往臉上抹，把自己弄得看起來很粗野。還不時地問子蘇，自己看起來像不像男人。子蘇撇著嘴，說這樣子看起來挺噁心。阿蓮就說，現在兵荒馬亂的，別人看到她是女人家會欺負的，如果妝成男人，別人就不敢隨便欺負

了。然後，她又讓子蘇以後在有人的地方，叫她哥哥，說這樣就能省很多麻煩。

他們邊走邊尋，又奔走了兩天，還是找不到如意的地方。這時阿蓮開始後悔打退堂鼓了，他跟子蘇說，還是回龍潭湖那的小山村吧，那裏人好，地方也不錯，就跟他們說仙門關了，尋不成仙了，以後就在那住下算了。

子蘇白了她一眼，說她越來越會撒謊了，他可沒臉再回去了。阿蓮就生氣不再說話了，仍然漫無目的地尋找奔走著。第四天，他們出了鄉道，上了一條馬道，在馬道上碰到了一些人，他們拖家帶口，帶著家當雜物，用馬車拖著往前趕路。阿蓮就說他們肯定是逃難的，上前一問，果然是逃難的。

他們說，現在前方爭戰不斷，他們都處在羅天王的轄地裏。他們說這兩年，羅天王與上德真王打起來了，但上德真王替天行道，有神人幫忙，羅天王打不過，連連失利，就不斷招兵買馬抓壯丁，並不斷增加兵稅，現在他們是被逼無奈，實在活不下去了，只得冒死帶著全家去逃難，邊說，他們邊用袖子捂著臉，不斷哀聲長嘆。

阿蓮想起了村人被糞瓢欺負，和自己被抓時的事，就哭了起來。逃難的家人看到阿蓮哭了，就跟著一起哭了起來，一時哭聲載道，不無淒涼。子蘇也咬著牙，伏在馬上哭了起來，哭著，他更堅定了去尋仙的心。他覺得一定要尋到仙，成就仙果，然後用他的仙德，安撫普天蒼生，給他們帶來安寧幸福，不要讓他們再哀聲哭泣了。

哭過後，阿蓮就問他們是要逃到哪裏去。他們告訴阿蓮說，再行兩天，就到了界山了。過了界山就到了上德真王的

地盤，他們要逃到上德真王那裏去。

阿蓮就問，這個上德真王好嗎？他們說，怎麼不好，不好還捨命往那逃，那裏和其他地方比起來，可真算得上是天堂。他們說上德真王生性仁厚，從小修道，對待百姓就像是家人一樣。那裏沒有苛捐雜稅，沒有貪官汙吏，沒有強盜土匪，百姓安定，生活富足，舉國齊心，民風敦厚，待人如賓。雖然地盤不大，但卻是整個澤國人都嚮往的好地方。說得阿蓮心跳個不停，想著世上還有這樣的好地方，她竟然還不知道。阿蓮心動了，便決定與他們一塊逃難過去，然後下半輩子就帶著子蘇在那定居了。

他們一路上走著，人越集越多，有六、七家逃難的，還有兩個尋仙的。阿蓮聽說是尋仙的，就與子蘇跟了過去。阿蓮覺得尋仙人特別親切，人都很正直，所以格外信賴他們。她就問他們，尋仙為什麼跟著逃難的人一起走。那倆人笑了起來，他們說不是他們跟著逃難的人走，而是逃難的人跟著他們走。他們說元真山就在上德真王的轄地裏，這麼多年來，全國的尋仙人都去元真山，因此就踏出了一條路，叫尋仙路。後來有逃難的人，要去上德真王轄地，就是跟著他們走尋仙路過去的，不然出不了關，就會被抓起來。接著他們又說，現在羅天王與上德真王戰爭，屢屢失利，就遷怒於他們尋仙人，現在也派人在尋仙道上設關卡，還經常派人埋伏在道上，捉他們，所以現在尋仙之路很危險。

阿蓮害怕了，就問他們路被守住了，怎麼還要去。他們說，舊的路堵住了，新的路就會開闢出來，尋仙路本來就是他們尋仙人開出來的，是堵不住的。他們說他們現在知道一

條最新開出的路，就從那裏出關。他們說這條路不知道有沒有被官兵發現，如果被發現了，設了關卡，那他們就沒辦法了，只有另外尋路了。

阿蓮有些害怕，但又對上德真王的轄地非常嚮往，想著就再冒這一次險吧，等出了關，就與子蘇在那邊安身下來，以後好好過日子，不用再擔驚受怕了。

五、月亮人

過了一天後，他們又進了山裏，進山以後，他們便用布把馬腳包起來，怕發出太大聲響來，引起注意，阿蓮也撕下布包了馬腳。白天他們集在一起，尋個隱蔽的地方躲起來，晚上趕路。而且白天尋仙人往前探路，沒危險後，就回來晚上帶著他們一起走。第三天晚上，尋仙人回來了，他非常高興，對大家說，看來這條路官兵還沒發覺，前面沒發現關卡，而且走過這個晚上後，就出了關了，以後就是上德真王的領地了。

大家都歡呼不已，對尋仙人感恩不盡，拿出帶來的最好東西一起慶祝著。晚上月亮很好，不用掌燈能看清路。他們一路輕輕行著，凌晨時分，在一道峽谷中，突然前面的人驚慌了起來，大叫著調轉頭往回跑。後面的人也跟著騷亂了起來，阿蓮才知道前面有官兵埋伏，就也跟著眾人，調轉馬頭準備跑。

可剛剛調轉頭，兩邊山崖上就站出了兩排弓箭手，而且後路也被突然出現的官兵堵住了。他們中埋伏了，阿蓮害

怕極了，她心想著這下又完了，又入虎口了，什麼希望都泡湯了。那些弓箭手，令他們原地不准動，不然就亂箭射死他們。然後官兵過來，令他們都下馬，扔掉武器，站成一排。

然後一隊官兵將他們的馬都牽走了，另一隊押著他們往北面的山道上行。阿蓮緊緊地拉著子蘇，嚇得發抖。子蘇就讓她不要害怕，說能想辦法出去的。走到天亮時，他們趕到了山間的一個兵營中，兵營裏有兩排木囚房，囚房裏關著不少人。

這時押送的官兵讓他們在囚房邊排好隊，一個軍官模樣的人走了過來。那士兵向他報告了情況，軍官就點了點頭，讓他查清來路，分開關押。那兵衛就拉出前面的一家人，問他們是幹什麼的。

那女人嚇得直哭，男人就說沒飯吃，是逃荒的。那兵衛就一巴掌，將男人打得趴在地上，又往他身上亂踢著，邊踢邊罵說：「你們這些賤民，羅天王待你們不薄，你們不在這裏好好的活著，偏要逃到那土道士那邊去當奴才！」打累了後，他就讓人將他們一家用繩子綁在一起，拖到第一排囚房裏，關了起來。

一會兒就輪到子蘇他們了，阿蓮嚇得緊緊抱著子蘇。子蘇就將阿蓮擋在身後，自己站了出來。那兵衛看到子蘇身上鼓鼓的，就扯開他衣服，看到腰上別個罈子，以為是財寶，上前就奪。子蘇伸手去護，結果被兵衛打倒在地，罈子翻在了地上，水和金魚流了出來。

子蘇趕緊扶好罈子，將金魚放進罈裏，只剩下小半罈水了。那兵衛看到是一條金魚，就氣得用腳蹬子蘇。阿蓮趕緊

撲過來護著子蘇，那人踢了阿蓮幾腳就把她扯起來，問是幹什麼的。阿蓮看到前面說逃難的都被打被關起來，就說他們是尋仙的。

那兵衛聽到尋仙後，就大笑起來，歪著眼睛上下量著阿蓮和子蘇，說怎麼尋仙的都是這式樣的，不是瘦成一條筋，就是娘娘腔，說得那些人哈哈大笑起來。

那兵衛又問阿蓮，尋到了仙準備幹什麼？阿蓮不回答，那兵衛就說，是不是尋到了仙，就去幫那土道士和我們對著幹？阿蓮還是嚇得低著頭，不回答。這時那兵衛就一巴掌朝阿蓮打了過來，子蘇趕緊擋了過去。兵衛沒打著，就氣得扯著子蘇一頓亂踢。這時後面的兩個尋仙人挺身站了出來，他們擋著兵衛，將子蘇扶起來。

兵衛氣得直跳，問他們是不是活煩了，想死。那尋仙人笑了笑，說怕死的，就不會來尋仙了。那兵衛氣得拔出刀來就要砍，被邊上一直默默看著的軍官喝住了。那軍官一揮手，示意他算了，將人送進去。兵衛就氣得領著他們去了第二排囚房，將他們踢進去，重重關上了囚門。

裏面已關了不少人，他們都是尋仙人，他們說已關了幾天了，等人多後，就會將他們押送到百里地外的囚場，然後下半輩子就會在那裏做苦力，直到累死。阿蓮聽著就哭了，子蘇一個勁地讓她別哭，說一定會想法帶她出去的。子蘇想起了泊，他便打開罈子，發現只剩下小半罈水，但金魚還好好的，在水裏靜靜地待著。子蘇朝它輕輕地喊了一聲「泊」，金魚便輕輕擺動了尾巴，像是聽到了，但卻沒有其他反應。子蘇就蓋好罈子，使勁想著怎麼帶阿蓮出去。

晚上時，子蘇還在想著法，下半夜時，他支撐不住，就迷迷糊糊睡去了。睡夢中，他又見到了泊，泊對他說，已經想辦法帶人來救他們了，讓子蘇不要擔心，說這兩天就會有人來救他，說完子蘇便醒了。他打開罈子，金魚還在水中不停游動著，朝他擺著尾，子蘇輕輕地朝她說：「謝謝妳。」

　　子蘇便跟阿蓮說了，說這兩天有人來救他們。他知道阿蓮不信，就沒再解釋，只是焦急地等著。到了第二天晚上，救兵還沒出現，子蘇很著急了。就在半夜時，月亮高掛在天上，很圓很亮，子蘇怎麼也睡不著了。阿蓮現在變得呆呆的，她緊緊抓著子蘇，不吃也不睡，睜著眼睛直發楞。

　　突然天空傳來了幾聲笛鳴，悠遠綿長，淒清蕭颯，斷人心肺。

　　「月亮人來了！緊急戒備！！」這時只聽兵營裏傳來一陣呼叫聲，弓箭手馬上戒備，引弓齊朝天上尋去。子蘇他們也同時抬頭朝天看去，只見高天之上，月亮之下，三個白衣人，翩翩而飛，停在高空盤旋飄舞，似雲霧一樣，卻不會落下來。笛聲就是從那雲上傳下的。是神仙？子蘇拚命地擦著自己的眼睛。

　　慢慢的，白衣人飄了下來，他們越降越低。這時一聲令下，弓箭手便齊放箭朝他們射去。「不好！」子蘇驚叫了一聲。眼見著箭就要射上了，只見中間的白衣人，伸手展開袖子，袖子越展越長，越展越大，像雲朵一樣，她揮動袖子，所有的箭便齊刷刷地朝她袖子上射去，全部被袖子吸住了。

　　就在大家還沒反應過來時，他們都已站在地上了。是三個戴著竹笠的白衣人，笠沿上罩著白紗，將臉都遮住了，

看不見樣貌。兵衛們就舉起武器，朝他們包圍過來。只見一個白衣人出列，他一下子幻化出了五、六個一模一樣的白衣人，與他做著同樣的動作，再一會，又由五、六個化出五、六十個，轉眼又化出了幾百個。這些幻化出的白衣人穿插在士兵群中，像一片雲霧一樣，變化莫測，士兵的兵器卻傷不著他們，嚇得兵衛連連外退。

另兩個白衣人開了囚籠，放出了裏面所有的人，一個一個地扶他們出來。全部出來後，一個白衣人便在前面帶路，帶著他們離開，另一個白衣人跟在後面斷後，保護他們。

走到清晨時，出了界山，已到了上德真王的地盤了，關卡的守兵前來迎接，說歡迎他們來到真王的轄地，一路上受苦了。眾人大呼，齊跪在地上向白衣人磕頭，感救命之恩。白衣人扶了他們起來，說不用客氣，希望他們以後在真王的領地裏，安居樂業。然後白衣人又問他們中有沒有一個叫子蘇的。

子蘇聽到叫自己名字就站了出來，吃驚地看著白衣人。白衣人走了過來，看了他半天，就拍拍他的肩膀，說仙緣不淺，然後就離開了。

六、上德真王

白衣人走後，守疆的兵衛們就讓尋仙者和難民們分開來。阿蓮和子蘇不知道站在哪邊為好，猶豫了一下，就站在了尋仙人一列中，覺得這樣保穩一些。守衛就先帶著難民離開了，說他們一路上受苦了，先給他們洗洗風塵，然後就帶

他們去安家重建家園。難民們就跟著去了，他們想起一路上的艱險，覺得終於熬到頭了，個個都樂極而泣，掩面大哭。

阿蓮這才覺得站錯地方了，就扯著子蘇要跟過去，子蘇不肯，她就只好站著不敢亂動。然後又一個守衛走了過來，他先朝所有尋仙人深深地行了大禮，說讓他們受苦了，然後就帶他們去了兵營中。那裏已擺好了宴席，兵衛就讓尋仙者們上座，說是一路上歷盡了艱辛，讓他們好好休息下，吃頓飯，洗洗塵，然後再帶他們去元真山。他們說過些天，仙門就要關了，這幾天上德真王正在元真山大祭神靈，感恩仙人們的庇佑，等關了仙門後就封山，不再讓人上山打擾神靈。

尋仙者一聽仙門要關了，就爭著要走，守衛馬上說，不急不急，還有時間，肯定能趕到的，若有仙緣，必能入仙門，若無仙緣，就是早去二十年也無益，說得眾人都點頭稱是。

阿蓮聽說上德真王在元真山大祭神靈，而且又是關仙門之日，就想著肯定會很熱鬧。既然已經進了這人間天堂了，哪都能安身了，就不用再擔心受怕了，何不先去玩玩也不錯，反正子蘇也一直想去元真山，就順便帶他去看看吧。

吃飯的時候，他們都在議論著月亮人，其中一個尋仙長者說，聽說月亮人是上德真王請來的仙人，說上德真王替天行道，德感天地，很多神人都來幫忙。他們說月亮人來時，都從天而降，翔於高天之上，翱於雲霧之間。他們救人時，一般都是在月夜，幾聲笛鳴以後，他們就從天而降，身著白衣，變幻莫測，無人能敵。他們只救人，卻從不傷命，所以那邊的兵衛都以為他們是月宮的仙人，從月亮而來，就都稱他們是月亮人。

　　子蘇對月亮人羨慕不已，覺得他們可能是元真山上來的仙人，便更堅定要去尋仙了。

　　吃完飯，休息了一會兒，兵衛們便派來一隊車馬，請尋仙人上車了，然後就驅車向元真山進發。子蘇和阿蓮高興不已。

　　一路上，阿蓮和子蘇探出頭，不停地欣賞著一路的風景，覺得這裏果真是天國氣象，造化非凡，連路邊的山水看起來都是那麼順眼，透著股仙氣，山明水靜，比他們家鄉美多了。一路飛奔，直到半夜時，才趕到了元真山。

　　元真山很大，是澤國的最高山。在月色下，山朦朦的，看不清。尋仙人興奮不已，守衛驅車在一個很大的兵站前停了下來，然後請尋仙人下車，對他們說，夜深了，先在兵站中專為尋仙人準備的旅館中休息，等明一早再入山尋仙。

　　兵衛將尋仙人帶到了旅館中，兩人一房，房間非常舒適、乾淨，都是上等的客房。尋仙人感激不已，都說隨便找個角落睡下就行了，怎麼還準備這麼好的房子，都很過意不去。兵衛說，他們上德真王，自小修道，最尊敬神靈，對來元真山的尋仙人亦是尊重有加，凡來尋仙的，在上德真王的轄地內，都可以免費吃住，而且吃住都必是最好的。尋仙人聽後，都俯身作揖，對上德真王感恩不已，他們說以前都只是聽說上德真王的厚德，沒有親歷，現在親歷了真王的仁德，才真能感受到真王的德恩感天地，將來必成大業，一統澤國，這也是澤國眾生的大幸！

　　晚上阿蓮興奮得睡不著，她拉著子蘇說，這個王可真好，他們下半輩子總算有著落了。子蘇就跟阿蓮說，他明天要去尋仙，不然白吃白喝人家的，還騙得人家的尊重，良心

受不了。

阿蓮一愕，然後就脫下了男裝，將身子洗了乾淨，又妝回了女兒身。她對子蘇說，有什麼受不了，一路吃了這麼多苦難，生生死死才逃到這裏來，現在苦難吃到頭了，算是老天開眼眷顧我們姐弟倆，明早直接跟他們道個歉，把事情講清楚就是了，他們人這麼好，念在我們吃了這麼多苦，肯定不會怨我們。

子蘇不說話，只低著頭不吭聲。阿蓮又在他耳邊安慰著，說了大半夜，想讓他徹底打消這個尋仙的念頭。

第二天早上，尋仙人都起床了，阿蓮也拉著子蘇出門了。竟然也沒人注意到阿蓮的變化，他們各忙著各的，阿蓮也覺得奇怪，一個大男人，一下子變成女人，竟沒人發覺，這些人也太馬虎了。想著沒發覺更好，就更心安了，想著直接拉著子蘇去山邊看一遭就走，再尋個好地方安身下來。

門口有免費供給的早點，阿蓮現在不好意思拿了，就問子蘇餓不餓，子蘇擺擺頭。阿蓮就拉著子蘇跟著尋仙人來到山前，她想看看他們怎麼進山的。那些尋仙人來到山口，就各自揮手道別，並相互祝賀對方能尋得仙門，然後就各走各的尋仙路，上山而去，不同行。不多久尋仙人就都上山不見蹤影了。

阿蓮呆呆地看了半天，這時一個過路的看到他們愣在山前，就順口提醒了一句，是尋仙的嗎？如果是尋仙的得趕快，這兩天仙門就要關了，再拖延就永遠錯過機會了。

子蘇聽後，心如刀絞，他猶豫了一下後，就掙開了阿蓮的手，說他今天定要去尋仙。說著就來到入山道上。阿蓮一

驚，趕緊跑了上去，將子蘇死死拖住，她說別人都說過了，每年真正能入仙門的就只有那麼幾個人，山中有魔王，其他大部分人都會死在了山裏。說啥她都不放子蘇去。

子蘇說他不怕，犟著定要去。阿蓮想著昨晚還說了大半夜，說得子蘇不吭聲，以為說服他了，沒想還這樣，想著這一路的艱辛，生生死死，想到好不容易逃到這裏，總算找到了安身的地方，子蘇卻又要去尋仙，想著她又抹著淚哭了起來。

正僵持著，突然一隊人馬趕了過來，他們還舉著旗子，旗子上寫著，「替天行道，德濟蒼生」，領頭的是個年輕人，見他厚唇方額，神色端莊，目光寧靜，面相仁厚，看後便令人心生敬畏之情，子蘇覺得這定是不一般的人。年輕人看到他們僵在那，並看到阿蓮抹著淚，就走過來，拱著手，關切地詢問出了什麼事。

子蘇就說他想去尋仙。年輕人笑了起來，說尋仙好呀，這麼小年紀就來尋仙，太難得了，有志氣，他不停讚揚著子蘇。

「好什麼好？我就只剩這麼一個弟弟了，有個什麼三長兩短的，我怎麼辦？如果您只剩下一個親人了，會讓他去尋仙嗎？」阿蓮看到他還不斷地鼓動子蘇尋仙，就再忍不住，咬著嘴唇哭著質問他。

「也是……」這年輕人聽阿蓮的哭訴，又拱手點著頭，很為難地說。

阿蓮扯著子蘇要往山下走，可子蘇又犟著不肯下山。這年輕人想了一會，就拍著手說，他有兩全之策。

阿蓮就問他有什麼兩全之策。年輕人說，他現在正要尋

山，他們經常都會尋山，看山上有沒有什麼需要幫助的尋仙人，或迷路受傷的尋仙人，把他們救回來。年輕人接著說，他們尋山隊人多對山路又極熟悉，從未出過事，就讓子蘇跟他們一塊上山，既滿足了子蘇尋仙的願望，又能保證不會出事，到時再平安把子蘇送下山就是了。

阿蓮就半信半疑地看著他，問他怎麼能夠保證到絕對安全呢。這時邊上的兵衛終於忍不住，馬上開口說了，他們說：「連我們真王親口說的話你都不信？那你還能信誰？」

真王？阿蓮一驚，指著年輕人問，上德真王？年輕人拱手笑了起來，兵衛馬上接了過來：「霍！虧你還來到了元真山，連我們上德真王親自站在你面前都不認得了。」

阿蓮嚇一跳，原以為上德真王是個上了年紀的人，至少也得是四、五十歲的中年人，沒想到這麼年輕，估計只有二十幾歲。阿蓮不好意思起來，她不知道說什麼，就低著頭拉著子蘇待在一邊，不知如何是好。

「我的方法您覺得怎麼樣？」年輕人看她不說話又問。阿蓮點了點頭。

子蘇很高興，他不斷地謝過真王，又讓阿蓮在山下等他一下，說沒尋到仙就會下來找她。年輕人讓他不要擔心，說他會安排阿蓮的住處，到時下山後就會帶他們姐弟倆見面。子蘇感激不已，便跟著尋山隊進山了。

七、靈雀引路

子蘇跟著尋山隊進山不多遠，他發現山腳有一條清泉，

水異常清亮，是從深山山澗中流出來的。子蘇想起了泊，便打開罈子，將泊放了進去，準備下山後再取走。

走到了中午時，他們沒看到尋仙人，便在山中的一個臨時兵站落腳休息了下。尋山隊人說，一般要走到下午晚上才能遇到尋仙人，他們一般都入山很深，他們一直要尋到明天早上才下山換班。

子蘇點著頭，跟著他們走著，他在想如果自己真有仙緣，應該能看到仙門吧，也不知道仙門是什麼樣，一直都沒看到。他想著明天早上就要回去了，回去後，阿蓮不可能再讓他上山了，而且仙門也要關了，到時就再也與仙無緣了，想著他焦急了起來，不斷東張西望，看有沒有看到什麼特別的東西。

半夜時，他們上了一個很高的山頭，大家都很累了，便在山頭臨時躺下休息一會。一躺下，幾個兵衛就開始打起呼嚕來，他們太累了。

子蘇也腰酸背痛，雙腿發軟，就在邊上靠著棵大樹坐了下來，他楞楞地望著月亮發呆。正呆著，突然他看到月光下，一道白影掠過，便定睛望去，是靈雀！

子蘇很振奮，想著原來靈雀果真是從元真山下來的，但不知道這隻是不是他放跑的那隻。那靈雀停在前方的半空中盤旋著，子蘇就趕緊跟了過去，想看個仔細。

但子蘇一跟過來，靈雀就又換了個地方，又在那盤旋不動，彷彿在等子蘇，子蘇便又跟過來。就這樣不知跑了多遠，子蘇便一直兩眼盯著靈雀，也不看路。突然子蘇感到腳下一空，他整個人彷彿掉進了萬丈深淵，迷糊了過去。

　　等子蘇睜開眼醒來時，發現自己躺在了另一個世界裏，雲霧繚繞，彷彿仙境，高山流水，飛禽異獸，還有悠遠的仙樂陣陣傳來。難道是掉進深崖跌死了，靈魂來到了天堂？子蘇摸著自己的臉，想著。

　　正尋思著，突然一隊青衣道人從雲霧之中，翩翩而來。他們來到子蘇面前，拱著手笑著，對子蘇說：「恭喜小師弟，賀喜小師弟，你現在是元真大仙關門的最後一個弟子，你太幸運了！」說著他們哈哈大笑起來，一起拉過子蘇，說跟著他們去見師父。

　　一切來得太突然了，子蘇還沒反應過來，就糊里糊塗地被他們拉著走，等他反應過來時，已走到半路了，這時他才激動得流起了眼淚來。原來自己糊里糊塗地就誤入了仙門，成了元真大仙的關門弟子。

　　一路上又碰到了其他的一些青衣弟子，他們有的在騰雲駕霧，有的在山頂靜息，互相見面後，都拱手，以師兄弟相稱，神態祥和，舉止自若，真是有仙人的風範。看得子蘇羨慕不已，想著不久後，自己也是他們中的一員了，越想越高興。

　　突然子蘇想起了一個問題，就問青衣師兄們，這裏到底是在哪裏，在元真山上？

　　師兄們又笑了起來，說這裏是在山裏面。山裏面？子蘇更疑惑了，山裏原來是空的嗎？裏面有這麼大嗎？而且還這麼漂亮？

　　他們又說，這裏是元真山下的山洞中，叫洞天，是元真大仙造出來的仙府，其實相當於一個小世界，不屬人間。子蘇點了點頭，還是不怎明白，師兄們就拍拍他的頭，說在這

跟著師父修習一段時間後，就什麼都明白了。

　　說著就繞過了山石，來到了一處園子裏，園中有一座看不到邊的蓮塘，池水碧清，蓮香撲面，與凡間花香不同，這清香嗅過之後，頓感神清氣透，百神頓醒，彷彿此時才是真正的自己，而以前彷彿都是在夢中一般，眼前的一切都顯得無比的真實。子蘇禁不住又流出淚來。

　　眼前塘中，碧葉連天，平鋪在水面，水上突起的五彩蓮花，放著光芒，顯得格外耀眼。蓮花巨大，大的蓮花直徑可以容人坐下。

　　正看著，突然水面蓮葉浮動，分開了一條路來，三朵蓮花由遠而近從天邊漂來，漂到靠近水邊時，又錯開排成一行，花瓣張開，蓮芯中各坐著一個白衣人。

　　月亮人！子蘇認了出來。「師兄！師姐！」只聽到青衣師兄們，對著白衣人拱手便拜。子蘇也忙跟著拱起了手來。

　　剛拱完手抬起頭，卻發現一位老道人，已抱著葫蘆，站在了他們中間。「快敬師父！」青衣師兄提醒著子蘇，便一齊跪拜師父，子蘇趕緊跟著跪了下來。

　　「你就叫子蘇？」老道人問著子蘇說。子蘇忙點頭稱是。「以後就叫子虛吧！」道人又指著子蘇說。子蘇又忙點頭稱是，不敢抬頭看道人。

　　「看來你仙緣不小，我本已收滿了九十九個徒弟，今天準備關門，本不打算再收徒，沒想到你竟在關門之際，誤入了仙門，看來是天意。」老道又說著。子蘇忙拜謝。老道又指著各位青衣師兄，讓他們今天就帶子蘇四處逛逛，熟悉一下地形環境，並將一些基本戒律和禁忌交待清楚，然後明日

一同去道場聽道。眾師兄忙行禮稱是。

　　老道講完後，便朝子蘇一揮衣袖，頓時子蘇身上的髒衣服不見了，一下子變成了一身乾淨光潔的紫色道衣。眾師兄看他的衣服顏色與其他人都不同，就略有驚奇，老道就說，本只打算收徒九十九，準備關門，所以衣服也只準備了九十九件，沒想到子蘇誤闖了進來，所以只能給他一套與大家不同的衣服。眾徒弟大悟。

八、神遊洞天

　　眾師兄便又帶著子蘇去洞天裏四處遊逛，裏面可真是大啊，分為好幾個部分，東面是眾師兄弟起居，悟道的地方，那邊是一座大山，但比人間的大山美多了，子蘇看到許多山巔之上，都有一青衣道兄，盤腳坐在那裏靜修，一動不動，有些身體不斷放出七彩光芒來，羨慕死子蘇了。山間流水行雲，奇花異獸，山中有許多山洞，洞中有家居，可隨便挑選一洞，作為居身之處。山上結滿奇果，餓了可去採些奇果，渴了可飲山泉。眾師兄說，剛開始時，會感到餓，但修行久了以後，根本就不用吃東西了，沒有凡人的饑渴之苦。

　　南面是三品仙洞。就是有三個大門，高聳入天，上面雲霧繚繞，看不見頂。第一扇門上寫著「下品仙洞」。眾師兄告訴子蘇說，這仙洞裏面藏有許多經書和天機，凡青衣弟子都可入此門尋經問道，他們又對子蘇說，雖然他穿的是紫衣，但應該是屬於青衣弟子之列。子蘇忙點著頭。

　　第二扇門上寫著「正品仙洞」。眾師兄又說，這扇門只

允許白衣弟子進入，青衣弟子概不能入。他們再三囑咐子蘇說，這是禁忌，千萬要記住，別入錯門，不然會被重罰逐出師門，他們說師父對待這些禁忌和戒律是極其嚴格的，誰犯了都不會饒恕，必重罰。子蘇趕緊記住了，點著頭。

第三扇門上寫著「上品仙洞」。眾師兄說，這扇門目前除了師父，沒人能進去。並再三交待子蘇千萬別入錯門。子蘇點著頭，又問，為什麼要分不同的弟子，穿不同的衣服，這裏有什麼玄機嗎？眾師兄就說，白衣弟子目前一共只有三個，他們都是入門最早，修行得最高的弟子，所以達到了這個境界，就穿白衣，而其他人入門遲，修行低，所以都著青衣。他們還說，這裏不看年齡，只看入門先後，入門早的就為長，入門遲的為晚輩。那白衣弟子中有個女弟子，也是現在同門一百弟子中唯一的女性，她五、六歲就入山尋仙，並入得仙門，所以年齡比他們都小，但是他們的師姐。子蘇想到了月亮人，知道這個師姐就是在天空用雲袖擋箭，並領他們去軍營的那白衣人，想著什麼時候碰到，定要感謝她。

西面是碧波蓮池，這是師父靜息的地方。沒有特殊情況，一般弟子不能進入打擾。

北面是講道場，是師父每日論道講經的地方，也是眾師兄弟切磋問道的地方。

洞中很大，轉了一圈後，師兄們說，如果行腳的話，圍洞裏走一圈得花幾年時間，而剛才師兄們運用了神足通，所以只花半日。師兄們說，剛才只是看了洞的四面主要的地方，而中間的地方卻沒有遊覽，因為中間太大了，就是運用神通也遊不完，所以就再帶子蘇去中間主要的兩

個地方看看。

他們又來到了洞的正中間，這時只見正中一座奇峰，直插雲霄，上不見頂。子蘇站在下面仰頭望去，只看見上面層層雲霧繚繞，分為一層一層的，每一層都有四扇懸在半空中的大門，每一層都很高，每一層都有不同的瀑布從空中直瀉而下，都有懸山奇石，浮在雲中，沒有根，也不掉落下來，懸山間長滿各種奇異藤草花木，還有各色仙禽異獸，在半空中盤旋翱翔，或飛騰跳躍，忽上忽下，看得子蘇眼花繚亂，只張大著嘴，說不出話來。

師兄拍了拍子蘇的肩膀，讓子蘇回過了神來。他們告訴子蘇說，這叫無極天門。是通往天上各神界的階梯，每一級代表一層神界，上到了哪一級，就可以進入哪一層神界了，據說最高能通往無極，所以就叫無極天門。

最後他們又把子蘇帶到了西南面的一座山峰前，這座山峰很奇怪，一面是紅色一面是黑色的，也是高聳入雲。他們說這叫九轉峰，峰內有一個爐子，是師父煉丹用的。峰下有一個台子，有階梯而上，台上靠著九轉峰，有一根柱子，也是直通天頂。眾師兄指著柱子對子蘇說，這裏叫罰惡台，是師父懲戒犯了戒律禁忌的弟子用的，所以是最可怕的地方，他們說師父懲惡從不留情，所以得多加小心。

遊了一天後，眾師兄準備帶子蘇回東山休息，突然老道士不知什麼時候站在了他們身後。眾弟子趕緊給師父拜禮，老道就問都看過了沒。子蘇點了點頭，說大致了解了。老道就嗯了一聲，又對子蘇說，來尋仙時，可有凡間未完的俗事？

子蘇使勁想了一下，才想起阿蓮還不知道他在這裏，還有上德真王，和尋山的兵衛，他們可能都急壞了，想著，這才急了起來。老道似乎已知道他在想什麼，就一揮手，一陣雲騰了起來，雲霧散後，子蘇發現師兄們都不見了，而他和師父已站在了一個高台之上。

子蘇四處尋視著，發現這裏應該是師兄帶他經過的雲台，在西北面。他記得師兄說，坐在雲台之上，能元神離體神遊天界，還能返還世間給世間之人託夢。在台的邊上還有一個圓形池子，叫境池，從境池中能看到人間過去發生的事，現在發生的事，和以後將要發生的事，還能看到天界的情況。但這裏是禁地，他們說沒有得到師父的允許，誰也不能隨便上雲台，所以就匆匆經過，沒帶他上來。

子蘇往台下一看，果然看到一個圓形的池子，但斜望去，池中是黑色的，什麼也沒看到。正看著，老道就開口說話了，他讓子蘇盤坐到台子上，腦中想著世間要找的親人。子蘇就趕緊在台中坐下了，他閉上眼，想著阿蓮。想著想著，他突然感覺掉進了無底深淵，越掉越深，突然看到了亮光，他從亮光中出來，就看到了阿蓮。

九、雲台託夢

他看到阿蓮趴在房間窗檯邊痛哭著，眼睛哭得紅腫。子蘇便喊著阿蓮，可怎麼喊，阿蓮都聽不到。他伸手去碰阿蓮，可手卻從阿蓮身體穿過去了，觸碰不到。子蘇急了，突

然阿蓮似乎累了，她就趴在桌上睡去了。

　　這時子蘇發現阿蓮的百會穴打開了，彷彿有一個入口，他便一下鑽了進去。鑽進去後，他看到一片黑暗，只聽到哭聲，就順哭聲尋去，又看到了阿蓮，她一個人坐在無邊的黑暗中哭，哭得很淒慘。子蘇又喊著阿蓮，這次阿蓮聽到了，她抬頭看到了子蘇，四周就一下子亮了起來。阿蓮跑了過來，抱住了子蘇，她問子蘇去哪了？怎麼不回來了？子蘇就告訴她說，自己偶然入了仙門，成了元真大仙的關門弟子，現在正在元真大仙的洞天中修行，等修成了以後，就會出來找她。子蘇又跟阿蓮講起了洞天中的見聞，正講著，突然就感到一股力量將他攬著往外拉，子蘇知道不能說太多了，就趕緊與阿蓮告辭了，讓她不要擔心。

　　子蘇出來後，又一想，阿蓮一個人孤苦零丁的，得託付人照顧她，想著他又找到了上德真王，同樣託了個夢給上德真王。一切都做好後，子蘇感到一陣大風將他往一個洞中吸，不一會他睜開眼睛，發現自己坐在了雲台之上。

　　事情都辦妥了嗎？老道問他，子蘇趕緊跪拜說都辦好了。老道就一拂袖，又一陣煙，子蘇驅散煙，發現老道不見了，而自己已來到了東山之中。

　　眾師兄看到子蘇回來了，就圍過來問長問短的，他們還一一跟子蘇介紹著，說這是幾師兄道號叫什麼什麼，這又是幾師兄弟叫什麼什麼。子蘇看得眼花繚亂，這麼多師兄道號他根本記不過來，就拱著手不停地叫師兄。他們帶著子蘇找了一個屬於他的靜修洞府，然後他們用手往洞門的石頭上一抹，頓時石頭上就顯出了幾個字，「子虛，元真門壹佰弟

子」。

　　話說子蘇當日追趕靈雀，從尋山隊中跑開了以後，尋山守衛才發現子蘇不見了，就四下裏尋找，尋到了第二天上午，還是尋不到人影，周圍都尋遍了，都尋不見，只好回真王那裏領罰，並再搬救兵過來。阿蓮聽說子蘇不見了以後，就哭得天昏地暗，想起她出事後，全村老少只有子蘇念著她，兩次捨命相救，想著這一路來的生生死死，覺得天塌下來一般。真王想起自己對阿蓮的保證，他羞愧得躲進房中不敢見阿蓮，只讓幾個侍女過去陪著她，勸慰她。然後親自帶隊去尋子蘇，將周圍的山澗中都尋遍了，也尋不著子蘇的屍體，只得無功而返，正愁著怎麼向阿蓮交待時，便一時睏累倒在樹下睡去了，正睡著，子蘇便託夢給他了，託他幫忙好好照顧阿蓮。

　　真王醒來大喜，朝天大拜，然後欣喜領兵回去，準備向阿蓮報喜，又怕阿蓮不信他的夢，以為他弄丟了人，就編出個夢來敷衍。正尋思著，就在半道上碰到了阿蓮，兩人同時一驚，阿蓮本也是找真王報告她剛做的夢的，就同時猶豫了。最後阿蓮先開口，她將自己剛做的夢說了，她聽說真王是修道的，自小就了解這些神仙之事，便問真王怎麼解？真王大喜，現在誤會頓消了，他便也將自己剛做的夢原原本本的說給了阿蓮聽，這下阿蓮放心了，知道子蘇確實是入了仙門了，只是擔憂，不知何日能見子蘇。她跟真王說，聽聞洞中一日世上千年，現在子蘇在洞中修仙，她不知道要輪迴幾世才能等到子蘇出洞了。真王大笑，他說不用擔心，元真大仙道法無邊，上知無極之事，下通世間萬理。他說元真大仙

能掌控天上地下的時間，能將天上地下時間在洞中重合起來，調整到一致，洞中的時間可能就與人世間的時間是一致的。他說二十年前，元真大仙收的徒，現在基本都可以出師了，他們經常會出洞協助他替天行道，常在困境之中解救他。並說上次解救他們的月亮人，就是元真大仙早期的幾個弟子。阿蓮大喜，她想著子蘇到時身穿白衣，在高空翱翔，成為月亮人時的情景，喜不自禁。

真王回來後，又大擺道場，祭祀神靈，慶祝子蘇入仙門，並祝賀元真大仙關閉仙門。祭祀完後，便派大隊尋山，將山中的尋仙人全部找下來，然後封山，從此為時二十年的尋仙之旅，宣告結束，不允人再上山打擾神靈。

自此真王待阿蓮為上賓，視她為仙眷，不敢怠慢，並派人偷偷打探阿蓮族人的下落，安撫他們，準備時機成熟時，再接他們過來團聚。

肆 修仙

一、一日修仙

　　子蘇就這樣糊里糊塗入了仙門。第二天上早課時，師父坐在高高的道台之上講道，子蘇也是聽得糊里糊塗的。講完了之後，子蘇根本就不知道師父半天在講什麼，一句也聽不懂，只記得一大堆之乎者也，講完，他也全忘完了，腦子一片朦朧空白。子蘇急呀，他心裏很急躁，看著其他所有的師兄，都聽得不住地點著頭，面露微笑，神色飛揚，能在神中達到共鳴的樣子，他更是急得抓著頭髮，渾身熱燥。

　　師父講完以後，就是弟子問道和相互之間論道的時間。那些早就準備好了問題的師兄都爭到師父身邊，跪在地上捧經書輪流詢問著。聽著師父的點悟講解，他們不住地點著頭，拍著手，面露喜色，似乎大有所得。子蘇也想去問，他便使勁地想著要問的問題，想了好大半天，但他腦子中卻一片空白，他都不知道自己要問什麼。一些問題太幼稚了，他又怕問出來挨師父罵，師兄恥笑。只好垂著頭，作罷。想著就等以後領悟多了，再來問吧。

　　子蘇又緊到圍成一圈一圈的，相互之間爭論、交流、論道的師兄們中間。子蘇看著他們，時而爭論得群情激昂，手舞足蹈，時而又娓娓道來，以理服眾，看得子蘇也莫名其妙，不知所云。似乎隻身一人來到了異國他鄉，而言語不通一樣。子蘇只好想著，或許是初來乍到，還沒有入門的緣故，等時日久了，入了門了，也就應該能懂了，想著他也心

安起來。

上完早課後，就是弟子們各自修行悟道的時間。有一群師兄要去一品仙洞尋經悟道，他們問子蘇要不要同去，子蘇點了點頭，他們就帶著子蘇一塊去。而一路上，有許多師兄根本不用行腳，而直接騰雲飛升而去，速度很快。子蘇看得很羨慕，不知道自己何時也能達到這種境界。同行的師兄看到子蘇的樣子，就說，那些飛升的師兄，是入門早的，或後入門悟性好，修行得很刻苦的，所以他們道行很高，不用行腳。然後又跟子蘇說，神足通在洞天裏，是最基本的神通，對入洞修行的人來說，就像是小孩學會走路一樣。所以他們讓子蘇趕緊用心修行，等會了神足通以後，就能來去自如了，不用再讓師兄們帶著走了。子蘇點頭著。

不久就來到了一品仙洞。那天是在門外，這次進門後，裏面完全就是另一個世界，完全出乎子蘇的想像，驚得他合不上嘴來。他原以為裏面就是幾排書架，放幾本古書，可完全不是這樣。裏面無邊無際，雲霧升騰，在虛空之中，分著層次，一層一層懸浮排列著許多經書，這些經書都懸浮於半空中，都放射著七彩霞光，越往上，經書越大，放射的光芒越強越漂亮，而且每本經書裏面，都有高山流水，還有各種玄禽異獸在經書中飛舞著，還有各種不同裝扮的道神，在那靜坐著，講著經，還有各色天女在空中飛舞著散花，或奏著天樂，仙樂飄飄而來，異香撲鼻而至，每本經書就是一個小小的世界，漂亮極了，玄妙極了。子蘇看得拍起巴掌來，不禁讚歎道，修道是件多麼美妙的事情呀，可憐大多世人卻誤解了修道，不想修道，那太不幸了。

師兄們看到子蘇如此，便問他看到了什麼。子蘇便將自己看到的情況說了一下，他以為所有人看到的都應該一樣。師兄們聽後驚嘆不已，他們讚歎子蘇的慧根好，竟剛入門，就能看到如此高境界的景象。他們說，他們剛入道時，就只能看到下幾層的低境界景象，高層根本看不見，即使是修到了現在，看到的境界也很有限，子蘇所說的高層景象，他們也根本看不到。聽到師兄們的誇獎，子蘇心裏一陣竊喜，覺得原來並不是自己愚笨，而是剛入門的緣故了，以後修行下去，應該不會比師兄們差了。

高層的經書，子蘇搆不著，師兄們說得從低層看起，根據自己的層次一步一步來，不然就是搆著了高層經書子蘇也看不懂。他們怕子蘇不信，就將子蘇帶到了下層排在最後頭的一些經書，讓子蘇看。子蘇看著經書的字都閃著光，但這些字子蘇卻一個也不認得，根本不是他在人間學過的文字。師兄們大笑起來，說這些是天書，是天上的文字，只有修行到了這個境界，才能認得這些文字來。子蘇大悟，便從頭看起，裏面顯現的果然是人間的文字，只是字後面放射的光芒很微弱，沒這麼漂亮了。

子蘇認真地看著，他看了許久，也仍只是看到滿書的之乎者也，看得他眼花起來，彷彿字都在跳動飛舞，卻什麼也沒看明白，頭腦仍是一片渾沌。子蘇急壞了，就問師兄，剛入門時，是不是也是他這種狀態。師兄們很驚訝，他們擺著頭，說一入門，便感覺茅塞頓開，雖然師父講的道剛開始時半懂不懂，但能感到師父的話中有一股能量在通他們的竅，過些時日後，他們的竅便通了，師父講的話就都能懂

了，很入心，雖然各人對師父的話理解的層次境界不同，但都能懂。

他們看到子蘇很焦急的樣子，就鼓勵他說，他能看到所有人都沒看到的這麼高層美妙的景象，慧根肯定很好。只要過些時日，等竅通了，也就什麼都明白了，到時肯定比他們進步得要快。子蘇就點著頭，焦急地等待著通竅的這一天，但他身體似乎沒有任何感覺，感覺不到任何能量在給他通竅。

二、碧波童子

如此過了三月，子蘇仍是一竅未通，什麼也聽不進，腦中一片空白。一般這個時候，師兄們都已具足神通了，可子蘇仍是肉體凡胎一個，什麼也不會。師兄們知道子蘇的情況後，都來幫他，教他悟道，可怎麼教子蘇都不會，聽不懂，連師兄們都急了，他們又不敢告訴師父，怕將子蘇逐出師門。

就這樣，三個月後的一天早課，講完道後，師父單獨把子蘇叫了上去。子蘇就低頭恐慌地上了台，不知師父要叫他幹什麼。師父跟子蘇說，一般凡人，即使再愚笨，入洞聽道九日，便能通竅。可現在三月了，子蘇卻一竅未通。他嘆了口氣對子蘇說，子蘇與人不一般，他身上根本就沒有竅，石板一塊，所以一直油鹽不進，為師的再大本事也無能為力，修道悟道，得看各人的資質，是個人的事，誰也不能代勞。聽得子蘇差點掉出淚來，剛入洞時那種喜悅與榮耀早已蕩然無存，他恨自己怎麼生得這麼愚笨，難道真的像避風寨村人

說的那樣，自己根本就不是人。

眾師兄也在下面偷偷聽著，不敢吭聲。看著子蘇的樣子，師父又嘆了口氣，對子蘇說，既然能入得仙門，那就一定是天數早定好的，不知冥冥之中是什麼安排。既然能進門，而現在還沒到出師開關的時候，而子蘇也沒犯下大錯，所以就不能趕子蘇走。眾師兄聽後也鬆了口氣，他們覺得這小師弟也蠻討人喜歡的，心底純善，沒有雜念，有時甚是可愛，便不想看他被驅出師門。

最後師父便令子蘇作他的護園童子，給他看管碧波蓮池，守園護院。眾師兄聽得，都羨慕起子蘇來，覺得他因禍得福了，天天能伴在師父身邊，能聽經問道，這可是所有弟子都想得而得不到到的美差呀。最後師父嘆了口氣說，子蘇是他所有弟子中，唯一入了師門卻成不了他弟子的人，那就作個童子吧，也算是結下善緣，看日後的造化了。

師父將子蘇帶到了蓮池，他仍是一揮手，子蘇的裝扮形象便大改了一番。仍是那件紫衣，頭上卻挽了兩個髮髻，子蘇覺得現在樣子有點像個小姑娘，但他不敢吭聲。師父交待了子蘇任務，讓他負責園子的衛生，說從現在開始，一年四季園子中必須得保持整潔乾淨，不得有雜物，不然要受到處罰。子蘇點了點頭，然後老道又拿出一拂塵送與子蘇，說既然子蘇不具神通，在洞天中的確不方便，就將這拂塵給他，讓他如果想去哪裏，就揮動著拂塵，心想著要去的地方，即刻便到。子蘇雙手接過拂塵，連連謝過師父。老道便站在蓮池之中，腳下生出九彩蓮花，往池中飄去，不一會就在水天之間消失不見。這時子蘇才想起來，蓮池這麼大，離師父這

麼遠，他又入不了蓮池，那有事該怎麼通報呢？這時他耳邊突然傳來師父的聲音：「你朝池中喊三聲便是，我便能聽到。」子蘇忙點頭，朝池中行禮。

　　子蘇接到了任務後，便忙開了，他想即使成不了仙，那也要盡到自己最大的能力，只要自己什麼事都盡到力了，那也就問心無愧了。子蘇覺得一定要讓師父對自己所作感到滿意，他便拿著掃帚工具在園中忙開了。

　　這園子可不是一般的園子，整個園子就是個小世界，光碧波蓮池就大得看不到邊，而整個蓮池都是位於園子之中的。子蘇主要是打掃落葉之物，然後整理歪斜鬆動的石板、石階和雜亂物等等，這園子以前似乎從未打掃過，子蘇忙了老半天，還只整理了一小塊，他看著整個園子，心想如果把整個園子整理一遍，那得要多少年時間呀，可能這一輩子都別想清掃完了。子蘇不想這麼多了，只想著每天盡力整理就行了，總有一天會不知不覺整理好的。

　　子蘇在碧波園時，經常能看到三位白衣學長。他們是所有弟子中唯一被允許進入碧波蓮池中的三位弟子。他們神通廣大，經常被允許入蓮池中靜修聽道。三人之中大師兄名字最怪叫阿羅修，他是一百同門弟子中輩分最大的，是所有人的大師兄，也是子蘇最不喜歡的一個。他每次碰到子蘇時，子蘇都向他行禮，他卻總不會用正眼看一下子蘇，當作子蘇不存在一樣，很鄙夷的樣子，更不會還禮。所以後來子蘇見到他也乾脆當作沒見到一樣，也不再行禮。

　　二師兄和師姐，子蘇倒還喜歡，他們也還尊重子蘇，每次見到子蘇都打招呼，還禮。特別是師姐，子蘇很喜歡。

她還認得子蘇，一見到子蘇就笑著過來打招呼，她說，她早說過了子蘇仙緣不淺，沒想到還成了同門師姐弟，真是有緣分。她告訴子蘇，那天他們正打座，元神離體準備神遊天界，突然有神人登門求見，是一世間女神，便問何故。神女便伏地哭訴，說恩人遇難，求他們去救恩人一行人，並說她恩人的名字叫子蘇，然後一跪不起，並獻出千年修成的定湖寶珠一顆，說願作為謝禮。他們聽後於心不忍，便去請求師父，師父恩准了他們出山，她們便在第二天半夜前去搭救了子蘇他們。

然後她又問子蘇怎麼與神女有緣的，怎麼會對神女有恩。子蘇撓著頭，一時不知道從何說起，師姐就笑著沒再問他。她又告訴子蘇，她叫爾雅，六歲就入了仙門，而另外的一個二師兄名叫玄真，讓子蘇以後修行有什麼難事，就來找他們。子蘇不住地點頭，拜謝著。

三、死去的子蘇

這樣一個月下來，子蘇還只清掃了園子的一個小小角落，他覺得已經盡力了，從沒偷懶，師父應該滿意了。這時老道卻突然出現在子蘇面前，只見他滿臉怒色，手拿著法棍，使勁抽打著子蘇，邊打邊厲聲大罵著，罵子蘇懶惰，四體不勤，又愚笨又不思進取，完全是朽木不可雕，廢物一個。

子蘇被師父突然的打罵，他低垂著頭，縮成一團，也不吭聲，他心裏委屈極了，真想馬上從這個世界上消失掉。老道打罵完後，便命令他三年之內哪裏也不能去，必須待在園

子裏將整個園子都清理乾淨，不得有任何雜物和不整之處，不然到時得受到大罰，還會被逐出師門。

老道走後，子蘇摸著被打得紅腫的身子，楞楞地望著看不到邊、十幾年時間都清理不完的園子，發著呆。他想自己這一輩子的願望，就是為了尋仙，現尋到仙了，卻要被逐出師門，那還怎麼有臉再回去，怎麼活下去。子蘇蜷在角落裏，一個人靜靜地待著。

他想師父既然說他懶惰，那就是嫌他還沒盡到最大的力。那現在開始，他就一天到晚不停歇地幹，一刻也不停下來地幹，直到達到自己身體承受的極限，看這樣師父還有什麼話說，還會不會責怪，如果到時這樣還要責他，逐他出門，那就不再是他的錯了，他也問心無愧了。

想著，子蘇便又拿起工具，使勁地清掃起來。累得渾身酸痛後，子蘇不再停下來休息，餓得受不了時，子蘇便採園中的果實為食，渴了飲蓮池之水，從此一天到晚不再停息。也不知幹了多久，多少的日日夜夜，子蘇完全忘記了時間，他只知道不停地幹下去。漸漸地他發現園中有一種紅色的果實，剛好一天能找到兩顆，吃下後，會感到渾身有力，疲累全消。而用碧波池的水洗臉，會令人精神振奮，睏意全無。

子蘇不停地幹著，日日夜夜，他孤身一人在園子深處，從此，看不到一個人，聽不到一句人語，也再也未開口說過一句話，他彷彿都忘記了怎樣開口了。

不知道師兄們修得怎麼樣了，不知道阿蓮現在還好不好，不知道阿蓮現在是不是已忘記了他，還有阿婆，他好想阿婆，好想再看一眼阿婆。

　　起初子蘇不停地清掃著，心裏萬念翻湧，萬千思緒湧
上心來，想到酸心處，不禁淚水漣漣。子蘇更加拚命地清掃
著，任淚水滾落，也顧不得擦，他不敢讓自己停下來，因為
一停下來，心中的悲傷就會崩湧而出，再也止不住了。

　　他感到寂寞和悲傷像一個巨大的黑洞，將他的靈魂抽得
空空的，抽得一乾二淨，直到什麼也沒有剩下。

　　子蘇一刻不停地清掃著，累得站不起來了，他就跪著
清掃，膝蓋跪腫了，他就爬著掃，他一刻也不敢讓自己停下
來，他讓自己的心在寂寞中一點一點地死去，在勞苦和悲痛
中慢慢地麻木，麻木得再也泛不出一絲漣漪來。

　　日復一日，子蘇只不停地清掃著。他漸漸忘記了傷心，
忘記了寂寞，也忘記了整個世界，他彷彿將一切都從心中掃
去了，掃去了，只剩下無盡的虛空。

　　所有人都不見了子蘇，師兄們以為師父單獨安排了子蘇
什麼特別的修行，給他吃了小灶，竟背地裏議論紛紛，還羨
慕起子蘇來。卻沒有人知道子蘇獨自承受的苦難。

　　三年過後，子蘇微薄、瘦弱的身影再次出現在了園門
邊。眾師兄們再次見到子蘇時，驚呆了，他們完全認不出眼
前的子蘇了。

　　從他臉上再也看不到一絲的留戀和悲喜，他的雙眼彷彿
早已洞穿了紅塵生死、世態滄桑，世間的一切事情，彷彿不
可能再在他心中留下任何印跡，他就如一潭死水，他的世界
再也不可能驚起任何的波瀾。

　　他靜靜地看著師兄，靜靜地行著禮，靜得像碧波池碧清
的池水，他緊閉的嘴唇顫動著，本想給師兄們問個安，卻終

沒有啟開雙唇，只是深深地俯身恭拜。師兄們忙扶起子蘇，幾位師兄抹著淚，他們深深地給子蘇下拜還禮。他們不知道子蘇這三年去哪裏了，但他們知道這三年，子蘇肯定經受了這裏任何人都無法經受的苦難，讓他身如死水。

這時老道出現了，他抱著葫蘆，大笑著走了過來。看著整潔的園子，他掐指一算，共歷時兩年十個月零五天。他看著子蘇，抹著鬍子，點著頭，說子蘇超時完成了任務，孺子可教。然後他讓子蘇從現在起，不用再幹粗活，做他的貼身童子，隨他煉丹靜修，跟從左右，聽他召令。眾師兄又大驚，這次他們誰也沒有意見和想法，覺得這完全是子蘇應得的，只有他有這個資格。

子蘇卻沒有欣喜，也沒有悲傷，只是靜靜地還過禮，靜靜地站著，如同靜靜的碧波池水。

四、至夢無極

做了貼身童子後，師父白天在蓮池中靜息，子蘇便守著園門，有事就通報師父。師父還給了子蘇一顆紫黑色的丸子，讓子蘇服下去，說服下這個，在洞天裏就不會饑渴，不用老麻煩想著吃飯喝水。

守了一段時日後，師父便要去上品仙洞靜修。他領著子蘇去了上品仙洞，子蘇站在門外，師父令他跟進去，子蘇就跟了進去。裏面的景象比下品仙洞要神奇萬倍、億倍，子蘇卻再也沒有驚奇，只是靜靜地看著，什麼也不說。

師父隨口跟子蘇說，這個仙洞上達無極，他說，他要上

去閉關靜修一些時日，他令子蘇在門口靜坐、守護，在閉關期間，不准任何人來打擾，不准他偷看或觸碰任何的經書，如果偷看了其中一眼，就馬上逐他出門。子蘇靜靜地點著頭。

老道便盤腳而坐，腳下生出了九彩蓮花，然後他凌空而上，身體越變越大，越變越高，最後消失在虛空不見了。

子蘇對這些再也沒有好奇，他只是在門邊，靜靜地坐著，什麼也沒想，什麼也不用想，心靜如水。而此時，他一生的記憶卻異常地清晰起來，彷彿此生經歷的任何事情，都像膠卷一樣，同時一一展現在眼前，任何一個細節都是如此清晰，連沒有記憶的嬰兒時期都浮現出來，雖然很多是他早就淡忘了的。而他此時不在其中，不再為其所牽、所累、所悲、所喜、所哀、所怒，他靜靜地置身於事外，彷彿他是一個旁觀者，只是在靜靜地看著一個與他無關的人的一生。

此時他兒時的那個關於靈雀的夢，也清晰了起來，又在他眼前展現開來。他靜靜地看著，他看到了師父（不是現在的元真大仙）在靈雀的翅膀上所寫下的幾個字：至夢無極，化夢為真。

子蘇輕輕地念著，他感到一陣巨大的睏意襲面而來，朦朧之中，一隻巨大的靈雀不知從何而來，牠鳴叫著，展開巨大的翅膀朝子蘇掠來，子蘇只感到眼前一片白，然後就歪在地上睡去了。

子蘇做了一個夢：

在夢中，他變小了，變得只有四、五歲的模樣，一蹦一跳的，還是這身童子裝扮，著紫衣。子蘇在夢中快樂起來，他一蹦一跳的竟能飛起來，他飛到無極天門邊，看到天門開

了，一道金光從上往下照了下來，照得整個天門通亮。子蘇感覺有人在喊他，子蘇、子蘇地叫著，好親切，也好熟悉，便尋著聲音飛往了天門中，子蘇一層一層地尋找著，他看到每一層都有許多的世界，每個世界都美極了，沐浴著聖光，美不可言。

子蘇突然看到了一個世界，發現這個世界是灰暗的，失去了光芒，眾生都在哭泣。子蘇俯身看去，發現這世界一半已死去了，變成黑色，而另一半也變得灰暗，似乎也在死去。那一半的眾生都哭泣著，他們生命都變得黯淡，仙氣也快消失了。遍地的花草都倒在地上，失去了光芒，似乎在漸漸枯萎。溪流湖水也失去了光澤，變得黯淡混雜，玄禽走獸也變得虛弱不堪，牠們飛騰一會，都要停下歇息著，彷彿枯朽的老人。

看著這一切，子蘇的眼淚滴落了下來，他想幫他們，安慰他們，幫助他們恢復原來的世界。這時一個小丑樣的怪物從黑暗的那邊世界中來，它跳到還生著的這一邊世界來，大肆破壞著，它毀壞它能看到的一切，讓一切都毀壞，死去，變成黑色。這世界的天兵、天將還有眾生看到小丑，都一齊站出來組成一堵厚厚的牆，用身體阻擋著小丑的入侵，不讓它繼續毀壞這個世界。小丑大笑著，更加瘋狂了，眾生們的神力在小丑的攻擊下，漸漸變弱，漸漸消失，漸漸敵不過小丑，眼看就要崩潰了。看著他們即將在小丑的攻擊下倒下，子蘇再也看不下去了，他降落了下來。

子蘇落在了小丑的面前，這時他才發覺小丑如此的巨大，他幾乎只有小丑的腳趾頭這麼高。小丑突然看到子蘇從

空中降下來，就伸腳便踩，子蘇一急，他想如果我也長到這
麼大就好了。只一想，他就突然發現自己已變得跟小丑一般
大了，小丑看後一驚，便朝著子蘇，口中噴出黑色的燄火。
子蘇又一想，將它的火燄給凍住，只一想，這小丑的火燄還
沒完全脫口，便被一起凍在了口中，它伸著長長的舌頭，凍
得整張嘴都動彈不了，在那睜大著眼睛。

　　子蘇很高興，覺得自己無所不能，他又想著，長、長、
長、長，長到頂天立地，頓時小丑只到了他的腳趾底下，吃
驚地仰望著他。子蘇抬起腳來，小丑嚇得叫著，連蹦帶跳地
逃走了，逃回了黑暗之中。

　　這個世界得救的眾生們，都一齊跪在了子蘇的腳下，
流著淚，朝子蘇哭泣拜謝著，子蘇想扶他們起來，但自己太
大了，扶不了。他看到遍地行將枯萎的花草，突然想起了小
時的夢中，自己站在黑暗之中，世界萬物從他腳下生出來的
情景。他便往前走著，邊走邊念著，生、生、生、生，頓時
他踩過的地方都放出光芒來，花木叢生，流水潺潺，子蘇的
口中也放出光，他每念一個生字，就有一束耀眼的光芒射出
來，落在這個世界上，將眾生身上的灰暗漸漸洗去，他們慢
慢恢復了一些神力，子蘇不停地在生著的這邊世界中，往前
走著，花了很久，他從世界的這頭一直走到了那頭，走過之
後，灰暗就被洗去了，世界重新放出光芒。

　　走過之後，子蘇回頭再一看，看到花草樹木都重新挺直
了，放出光芒，山川溪流，都純淨了，重新煥發了光澤，飛
禽異獸也都充滿了活力，奔走飛騰著，不再苦累了。

　　這邊世界的眾生，全部都沿著子蘇走過的腳印，跪俯

在地上，他們跪成長長長長的一排，他們同時哭泣著，感恩著子蘇，感恩著再造之恩。看著他們，子蘇的眼淚不知為什麼，竟滴落了出來，滾落在地上，覺得自己彷彿就是為了救他們而來的，彷彿自己從極其遙遠的地方，為了他們而走了好遠好遠，遠離了家鄉，孤身一人走了好久好久，好久好久，再也望不見家鄉，望不見回家的路。哭著，突然天空又傳來一聲鳴叫，是那隻巨大的靈雀，牠不知什麼時候也到了這裏，牠又朝子蘇飛來……朦朦朧朧地，子蘇就醒了過來。

五、九轉金爐

醒來後，子蘇發現是一個夢，他抬頭再尋靈雀，卻不見蹤影。這個夢好奇怪，子蘇想著，又靠在門邊望著天上。天上飛落下來一些靈獸，牠們繞著子蘇的頭頂，轉著圈盤旋著，子蘇只是靜靜地看著牠們。還有一些奇異的花，從虛空中散落下來，落在子蘇的身上，化掉了，散發出異香，子蘇只是靜靜地看著這一切，他不知道夢和現實到底哪個更真。

元真大仙整整閉關了一個月，這一個月子蘇一直在門邊靜靜地守著，期間只大師兄阿羅修來過一次。他敲著門，子蘇開了門，將他擋在門外，問他有什麼事。他詫異地看著子蘇，半天才開口，質問子蘇有什麼資格敢闖進上品仙洞中。子蘇只是靜靜地對他說，是師父令他進來守門的。阿羅修便又在那張著嘴楞了半天，他用眼睛朝門縫裏使勁張望著，最後他說要找師父。子蘇就說師父有命令，閉關期間不允許任何人打擾，說著就朝他行了一禮，關上了門。

　　元真大仙出關後，便帶子蘇來到九轉峰前，他說時機到了，從現在開始煉丹。元真大仙嘴裏念著一句什麼口訣，然後一揮手，九轉峰就從中間，沿著紅黑兩色的分界線，裂開了。原來整個山峰就是一個巨大的煉丹爐。

　　元真大仙又揮著袖子，往爐子裏加著什麼東西，加了很多很多，然後又念著口訣，山峰就合上了。山峰合上後，開始慢慢地旋轉起來，下面也騰出火來。火苗剛開始是紅色的，慢慢變成黃白色，然後轉變成青色，最後火苗全部變成純青色。

　　老道讓子蘇靜坐在爐前，他對子蘇說，現在開始煉九轉丹。他說這丹一共要煉九次才能煉成，而且每次要煉四十九天，並且必須得一直用純青之火來鍛煉，如果爐火不青了，不純了，丹就會煉廢，就前功盡棄。說完，就問子蘇明不明白。子蘇點著頭。

　　老道又說，得坐在爐前一心不亂地專心煉，爐火才純青。如果心帶有一絲雜念，爐火就會不純，不青，這樣下去，丹就廢掉了。老道讓子蘇從現在起在爐前看管爐火，專心煉丹，說如果丹廢了就要重罰子蘇。

　　老道交待完，就走了，留下子蘇一個人坐在爐前。子蘇心中計算著時間，九次，一次四十九天，得四百四十一天，一年多時間。而且這一年多時間，必須什麼都不能做，什麼都不能想，只能靜靜地坐在爐前看著火，必須保持心中絕對的寧靜，子蘇心中正盤思著，突然爐火就跳動著，青色開始不純，下面慢慢混雜了一些黃白色的火焰來。子蘇趕緊停止思索，睜大著眼睛，專心地盯著爐火，什麼也不想，慢慢爐火又恢復了純青。

就這樣，子蘇讓心中空空的，就像在清掃園子那時一樣，讓自己靜得如同一潭死水，外界與他再無相干，甚至連身體也與他無關，只剩下爐火，只剩下唯一不死的一念，在守著爐火。

　　這期間很多師兄飛升過來，看著子蘇煉丹，他們好奇地詢問子蘇，卻發現子蘇像一段枯木一樣，對外界再也沒有任何反應。他們就議論著，說是不是子蘇已元神離體了，被師父帶著去另外的空間單獨修行去了，不然不可能什麼反應也沒有。

　　子蘇沉寂在爐火之中，他的世界只剩下爐火，什麼都不存在了，純青的爐火布滿了一切，他的神識遊離在爐火之中，鍛燒。

　　一日復一日，一月復一月，子蘇的世界裏，時間變得模糊，最後消失不存在，空間也模糊了，也隨著時間，消失成了渾沌。無盡虛空的渾沌，他只剩下一念游於渾沌之中，彷彿是無盡太虛的主宰，一念起，萬物生，一念消，萬物滅。

　　子蘇如同一尊石像，歲月從他肉體和丹爐邊流過，他的身上、頭髮，長出花草來，開出奇異的花。直到一天，爐火熄滅了，子蘇才重新恢復了外界的知覺。

　　他看到眾師兄都圍在他身邊，師父也在。師父笑著對子蘇說他很盡責，丹煉成了。子蘇微微地點著頭，他的身體卻失去了知覺，無法起身。師父便朝他一拂袖，頓時他又恢復了知覺，恢復了活力，身體也恢復了光潔乾淨。

　　已經一年多過去了，子蘇完全靜寂在時間之外，彷彿不久以前才在爐前坐下，現在卻已經煉成了。

六、罰惡台

丹煉好後，子蘇才發現師兄們都修到了不低的境界了，他們個個都能騰雲飛升了，而且各人都有各自獨門的本事，各人都有各自證悟之道，道道不同，道道相通。

子蘇仍是什麼能力也沒有，什麼道也不通，也沒有通過竅，他對這些彷彿早已無關緊要了，與他不相干了，他尋過仙，他修過道，他是無愧的，所以他很寧靜。他默默地祝福著師兄們。

丹煉好了，師父又交待子蘇去看管無極天門，說天門最近有異樣，有事就與他報告。子蘇便坐在天門下，仰頭望著無盡的天門，他彷彿又聽到了那個熟悉的聲音。彷彿在一聲一聲地呼喊他，如此淒切，子蘇的眼淚又滴落了下來。他不知道自己從哪來，也不知道往哪去，他只知道自己終要去一個地方，那個他恆遠恆遠之前，就一直要去的地方。

慢慢地，從無盡的天門之上飛下了很多玄獸仙禽，其中有很多靈雀。牠們圍著子蘇飛舞著，放著七彩光芒，不肯離去，師兄們都被這一神奇的景象吸引了過來，他們驚奇地圍看著。子蘇靜靜地看著牠們，然後伸出手來，牠們竟會一個一個地輪流飛落在子蘇的手上，然後又飛起。師兄們驚喜不已，他們祝福著子蘇，說古書上說，被仙獸旋繞的人，必是德大如天的人，千年不出一人。

子蘇只是靜靜地一笑，他只是覺得很好，沒有驚喜，他很喜歡這些純靜的生靈。仙獸越來越多，牠們都圍著子蘇，一層一層地，直至很高的天頂上。子蘇微笑著，靜靜看著牠

們。師兄們也都圍過來，看子蘇和仙禽，最後全部趕過來了，連爾雅和玄真也趕過來看驚奇。

大師兄阿羅修，看到所有人都在看子蘇，看得連修行都忘了，他便趕去報告了師父，並造言了一番。

師父不知什麼時候趕來了，只見他面露怒容，手持罰惡鞭，厲聲喝令眾師兄散開。

眾師兄見師父的樣子，都嚇得低頭跪在一邊，向師父請罪。老道也沒有理他們，逕直走到子蘇跟前。子蘇低頭向師父行拜，老道卻一揮手，頓時從罰惡台上飛來兩根鐵鏈子，將子蘇捆住，綁在了罰惡柱上。

這時眾師兄都齊聲向師父求情，問子蘇到底犯下了什麼大罪，得動用罰惡鞭。這時大師兄阿羅修便說，子蘇在趁替師父守關時，在上品仙洞中偷習經書，學得喚仙之術，現在在此顯耀，擾亂眾人修行，是乃大罪。

眾師兄便都詢問子蘇可有此事。子蘇搖著頭，說他在上品仙洞中未碰過一本經書，未離過大門一步。

「還嘴硬！」這時老道已蹬上了罰惡台頂，他揚起鞭子，只聽得一聲驚心的鞭響，子蘇痛得渾身顫慄。眾師兄摀著眼不忍看下去，阿羅修又接著說：「你就招了吧，然後服罪離開師門就是了，少受些皮肉之苦。上回我去上品仙洞找師父時，就從微開的門縫中看到你在經書中穿行，鬼鬼祟祟的，確有偷盜之嫌。」

「我沒有偷看。」子蘇仍只是很平靜地說。又兩聲驚心的鞭響，子蘇顫抖著，咬著牙，幾近昏迷過去。這罰惡鞭子不比一般刑具，被它抽過之處，會留下一條深深的紅印，過

後，紅印邊的肌膚就會生生掉落下來，痛徹入骨。

眾師兄又求情，說子蘇不會撒謊，他說沒偷看，可能確實是沒偷看，中間有誤會，請師父查明了後才處罰。老道喝令他們閉嘴，說自己自有公斷。說完就指著子蘇，讓他認了罪，然後自己離開師門，別再稱自己是元真門弟子，以後就不再追究了。

子蘇抬起頭，平靜地看著師父，眾人都盯著他，子蘇嘴唇輕輕動了動，他仍靜靜地說，他沒有偷看。眾人哭了，他們都捂起耳朵閉上眼睛，轉過身去。

又是三聲鞭子響，子蘇昏死了過去。

老道又開啟了丹爐，引火鍛燒罰惡柱，他說看子蘇能撐過幾時。

第二日，老道用水將子蘇潑醒後，又問子蘇認不認錯。子蘇使勁抬起頭，睜開眼睛，仍只是輕輕地說，沒有錯如何認。

老道又狠抽了他九鞭子。第三日亦是如此，每天九鞭。子蘇的血將台上都浸濕了，他身上很多地方都露出骨頭來。

眾師兄哭著向老道求情，老道發怒了，怒斥他們再若求情，就一齊受罰，一同逐出師門。師兄們不敢再向老道求情，背後就責罵師父冷酷無情，他們實在不忍心看到子蘇承受的痛苦，就來求子蘇，求他不管有沒有錯，就認了這個錯吧，反正師父早就是想逐他走的，不然為什麼這麼多年來一直對他如此苛刻，讓他承受這麼多，凡人根本承受不了的，如此巨大的痛苦。子蘇吃力地睜開眼，他謝過了師兄，他說他什麼都不求，什麼也不稀罕，逐出師門已無所謂，凡事只

是要問心無愧，他說他沒有錯，就不能愧對自己的心。

第四日，師兄們沒人再敢上罰惡台，也沒人再去面見師父。只爾雅一人，壯著自己是白衣弟子，常伴師父身邊，就又隻身去了碧波池，找到師父求情。老道大怒，將爾雅關了禁閉，一月不准出關。

第六日，子蘇醒來的次數越來越少，幾乎長期昏迷之中，他身上的皮膚已全部脫落，露出渾身血紅的筋肉和骨頭，老道怕他死去，還給他淋了還魂水。

第七日，所有師兄都相約跪在罰惡台，他們一齊向老道求情，求放了子蘇，願意一同逐出師門。

老道大笑，他看著眾徒弟，一揮手，鐵鏈鬆開了，子蘇跌落在地上，成了一個血球。無一人不失聲痛哭。

老道打開他懷中的葫蘆，將葫蘆裏面的水淋到子蘇身上，從頭淋到腳。所淋之處，血汙消失，重新生出新的皮肉來。淋完後，子蘇也醒了，他慢慢站起來，渾身生出了新的皮肉，新生的皮膚，細緻光滑白嫩，散著瑩瑩的微光，彷彿重生的嬰兒一般。

眾師兄抹著眼淚大驚，子蘇摸著身體，感覺脫胎換骨了一般。師父大笑著，漸漸遠去，邊走邊擺著頭自語著，從未收過這麼葷驢般的徒弟。

七、出山

重生後，子蘇感覺自己力量大增，渾身有用不完的勁，一拳能將石頭打出一個坑來。但他仍是什麼神通都沒有出，

仍是一竅未通。但他很知足，他覺得這麼多年了，自己已經問心無愧。

如此又一月後，突然一天，老道將所有人都召集起來。眾人都很吃驚，這是師父第一次主動召集他們所有人。老道坐在高台上，對他們說，該教的都全部教給他們了，剩下的就看他們各人的修行和造化了。老道說在洞中的修行期已結束了，剩下的就該他們出山各自修行了，明日仙門將再大開，是他們的出山之日。

眾弟子都大驚，他們都覺得自己還沒修行好，還有很多東西沒領悟透，想再留在師父身邊一些時間。老道又大笑起來，他說：「師父領進門，修行在個人，我總不能一直跟在你們身後，一口飯一口飯地餵著你們吃。我將方法教給了你們，你們自己去領悟吧，成就各自的仙名去。」

弟子就詢問師父，說現在天下大亂，出山後將何去何從？老道又說，山下上德真王，一心向道，敬神重德，天意所向，雖現在勢薄力微，但順天而行，德濟蒼生，所以天要助他成就王業。「你們可去幫他成就王業，平定四海，除邪罰惡，就也是天意，也是修行，事成之後，可根據各人所為，統一封神，位列仙班。」

眾弟子拱手大悟。老道又說，如今人類亂象，是因為上界對應的一個神界出了大亂。所以平下亂，得先除上亂。他對眾弟子說，上天將選定幾人去上界平亂，選定的人會得到上天賜予的神體，神體會化為靈獸，選中主人，到時得到神體的人到洞中集合，在天陽與地陰重合之日，天門將大開，屆時，選定的神使將上天平亂，功德無量。

眾弟子很驚喜，他們掐指一算，離天陽地陰重合之日，還有一個多月時間，他們互相觀望著，都想得到神體而上天平亂。最後老道說，明日出山前，他將開啟他的寶庫，給每位弟子送一件寶物，助他們伐惡修行。

　　說完便消失而去。眾弟子議論紛紛，他們聽到師父說送寶物，都很興奮，就議論著師父的寶貝。有個師兄說，師父有一件至寶，肯定不會送人。

　　眾人就問什麼寶，那師兄就說是金神甲，眾人紛紛點頭。他們說這金神甲是在渾沌之中用無極真火鍛煉了數劫才鍛造而成，無極之下，無物能破，穿在身上刀槍不入，避一切傷害與道魔之術。他們說得津津有味，子蘇一個人靜靜地坐在邊上，他想四年多了，終可光明正大地出師門了，雖然他什麼道法也沒學到，但他不是被驅趕出去的，他問心無愧。

　　第二天，仙門大開，老道一一召見徒弟，與他們一一單獨面訓，交待一番，並贈送了寶物。然後他們便各自離去。

　　所有人都被召見了，但唯獨子蘇沒有被召見，子蘇心裏很平靜。他覺得可能是自己還沒有入道，師父沒有什麼可交給他的。他深深地拜別了師父，感謝他這四年多來的收留和照顧。

　　子蘇不能起空，他正想著怎麼離去，老道便從空中傳來一句話，怎麼來的，就怎麼出去。子蘇想起是靈雀將他引進洞的。他想起了夢中那隻靈雀，便念動那句咒訣「至夢無極，化夢為真」，心生一念，令牠將自己帶出洞去。

　　頓時一聲禽鳴，一隻巨大的靈雀騰空而來，牠抓著子蘇

的臂膀，盤旋而起，帶著子蘇朝洞外飛升而去。

　　一晃四年過去了。子蘇從師父那什麼道也沒學到，但他得到了一心的寧靜，和脫胎了的肉體。他覺得已經足夠了，問心無愧。子蘇下山時想起了泊，便將泊也取了回來。

　　真王將阿蓮照顧得很好，還派了兩個侍女陪伴她。見到子蘇時，阿蓮認不出來了。她張著嘴楞楞地看著子蘇，這是四年前離開她入了仙門的弟弟子蘇嗎？她問著自己。一遍又一遍地看著，那雙純淨得令人驚嘆的眼神，如水般的神情，已找不到以前子蘇的影子了，只是從脫胎過後的肉身模樣輪廓中，尋得出一絲子蘇的痕跡來。阿蓮哭了起來，她俯在子蘇的腳下，抱著子蘇的腿哭著。她說四年前親密無間的弟弟，現在卻只能讓她遠望了，純淨得讓她不敢觸碰，不敢沾汙。

　　第二天，阿蓮便帶子蘇去見真王。

　　真王此時正在領兵親征，討伐羅天王。這麼些年來，真王有神靈相助，羅天王屢戰屢敗，最後便與真王簽訂和平協議，達成互不侵犯的約定。

　　真王的轄地不大，南面有遊牧蠻夷，他們趁亂屢犯邊境，騷擾邊境村民，殺人放火打劫不斷。而東面又有戚易山范大王領導的農民造反團，真王轄地位於澤國的重要交通樞紐，他們看中了真王轄地的地勢天險，亦大舉進兵侵犯，妄圖吞併了真王。

　　這幾年真王便趁與羅天王停戰之機，重點討檄東面起義勢力與平定南面蠻夷。在這亂世，妖人也輩出，各勢力都紛紛貼榜，大勢招募天下邪人妖道，為自己增勢，所以仗越

打越艱難。這羅天王趁這幾年停戰，也花重金大勢招募了天下妖人，竟招來了不少妖孽邪道，他便又趁真王東南戰亂之際，重新整兵，與真王開戰。

真王東南面戰亂還未平息，現在又重遭羅天王重兵來侵，部下能人將領大部分都鎮守東南面去了，無法分身，真王便親自領軍親征羅天王。而這段時間，邊疆又軍訊不斷，頻頻告急，真王真是急得焦頭爛額。

直到元真大仙重開仙門時，真王才鬆了口氣，昨日已有許多師兄持著師父送的寶物投靠真王來了。真王大喜，連夜給他們一一封了將，大部分都連夜派往各邊境鎮守救急去了，而自己身邊也留下了幾個，以對付羅天王手下的妖人。

真王見到子蘇時亦大驚，楞楞地看了半天，久久行著禮，然後問子蘇想行什麼職務。

阿蓮就說弟弟生性慈善，現在更是如此，不忍殺生，不能為將。真王點了點頭，他就封了子蘇一個隨遇大將軍。阿蓮一聽還是將軍，就用眼神慍視著真王。真王笑起來，說這個大將軍可不是普通的大將軍，這個大將軍不用領兵打仗，沒有固定職務，而是隨遇而為，只要在真王的領地裏，他都可以隨意去留，任何部門，只要有空缺的職務，他都可以臨時擔任，而不用任命。阿蓮這才笑了起來，好一個隨意自由的職務，然後問子蘇的意思。

子蘇輕輕擺了擺頭，說他不需要封什麼頭銜，他什麼也不想當，他不殺人，卻可以救人，如果有什麼危難，他力所能及，可前去救助。真王聽後，便又點了點頭，說那就改為救難大將軍吧，說完眾人大笑。

八、鬼惑

　　子蘇待在真王的軍營之中，阿蓮也不肯回去了，賴著不肯走，說要看著真王打仗，她想看看子蘇學得的本領。

　　一連幾日，子蘇都沒得到什麼任務，子蘇想起自己和阿蓮一路逃難，逃到真王轄地裏的情景，他當時就有一個願望，以後有了本事後，就專門救助絕難困境中的人。子蘇想起自己當初的願望，便召來靈雀，伏在靈雀身上，讓靈雀載著去邊境巡迴，看有沒有困境待助的人。

　　羅天王與真王轄地交界的地方，一半是界山，界山邊上是奔流洶湧的汜水河，另一半就是現在正在戰爭的戰場。界山偏險，不便出兵作戰，羅天王便將界山所有出口都封死，派兵鎮守，而且這幾年仙門關閉，也再沒有尋仙人開路了，所以逃難的人也再無法從界山過界了。

　　子蘇就問真王是不是這些年再沒有難民逃難過來了。真王搖著頭，說一直都有。他說難民真是可憐，他們也很了不起，他們一般帶著全家，用木箱子或木盤，從汜水河汜水過來，在河中被波浪衝散淹死的不少，被羅天王逮住抓回去的也不少，所以能逃過來的不多。

　　子蘇聽後，便乘靈雀來到了汜水河，子蘇有一個好辦法，他將泊放進了汜水，然後他盤旋在河面上，看到有汜水遇難的難民就救他過來。

　　但汜水河很長，子蘇不知道村民集中在哪一處渡河，就一連幾天沿河飛行，都沒見到難民，也可能是飛得太高太快了，有難民也沒看清楚。子蘇便覺得不必有意而為，一切看

天意吧，如果天意該救的，自然會讓他碰到。

正想著，靈雀便載子蘇飛到了河中央的一處長形的沙島上，在島上盤旋不去。子蘇覺得奇怪，便向下看，這一帶河床很寬，水流速度下降，河中央有一個泥沙沉積的小島，不知道是多少年代前形成的，島上長滿了樹，鬱鬱蔥蔥的。

島中間似乎有駐紮的軍隊。靈雀飛得太快，子蘇什麼也看不清，便想著，讓靈雀慢下來。靈雀便慢了下來，子蘇看到果然是軍隊，應該是羅天王的軍隊，他們在島上建了一個臨時軍營。而軍營中同樣用大籠子關押了好大一批人，至少有幾百個，老老小小，應該是難民！

這時地面的軍隊也發現了巨大的靈雀，都驚奇地看著，子蘇正想著解救的辦法，軍隊的弓箭手便都一齊開弓引箭朝靈雀射來。子蘇趕緊令靈雀飛往高處躲開，靈雀卻沒有飛開，牠只是鳴叫一聲，然後使勁扇動著翅膀，翅膀下頓時生起了一陣大風，將箭都吹落了，下面的兵士，也被風吹得彎著腰，捂著臉，睜不開眼睛。

沒想到靈雀還有這神通，子蘇就又令靈雀加大風量，將士兵都吹走。靈雀就扇得更用力了，風越來越大，越來越猛，巨風將下面的一些樹都折斷了，那些兵士大叫著，在地上東倒西歪地爬著，有的被吹出很遠去。但還有很多兵士躲進了軍營中去，或抱著大樹。子蘇怕把難民給吹壞了，就想令靈雀停下來。但又一想，靈雀既然有這神通，那能不能控制風的方向呢，不要吹到難民。這樣一想，風便真的改變方向了，專朝軍營吹去，將臨時軍營整個都吹上了天去，軍隊頓時如鳥獸散，他們喊叫著，紛紛逃潰，逃得遠遠的都不敢

回頭。

　　見人都逃光了，子蘇就令靈雀停下去，他撬開了籠門，將裏面的人都放了出來。一問，果然都是難民，他們說這個島是他們逃難的臨時落腳地，一直不為人知，現在不知為什麼，卻被羅天王的人知道了，又派軍隊來駐紮，便抓了很多人，他們已被關了半個月了，準備一起派船隊過來押他們回去受刑。他們說聽軍人說，明天船隊就會來，所以他們都作好了押送的準備。

　　他們都跪地謝過子蘇，子蘇只讓他們不要客氣，趕緊先逃到河邊。來到河邊後，子蘇便問他們可有渡水的工具，他們都搖著頭，說都是用木頭協助，泅水過來的，過來時還死了一些人。子蘇又問軍隊可有船，他們說軍隊的船很小，一船只能坐幾十人，並且軍隊可能馬上會追過來。他們還說現在剩下的人一般都很熟悉水性，只能再泅水逃到河岸去了，雖然會死人，但總比大家都死在這好，他們又拾了一些枯木，將小孩扶在木頭上，準備渡水。

　　這時剛才吹散的軍隊竟聚集了過來，他們引著箭遠遠地令難民們原地待命，不然就亂箭射死。難民們又驚嚇地看著子蘇彷徨無措，子蘇又喚來了靈雀，靈雀又引來了巨風，這時軍隊看到靈雀又來了，便又放下弓箭沒命地逃散了。

　　趁著亂，難民們都下到了河中，他們拚命地往真王領地的對岸泅去。因為沒有作好準備，臨時撿拾的一些枯木浮力不夠，一些小孩和婦女，在水中嗆著水，哭叫著救命。子蘇趕緊朝水中喊著泊，他讓泊搭救這些難民，喊著喊著，就見這那些快沉落下去的人，慢慢浮了上來，他們一起慢慢地朝

對岸移去。

到了岸後，子蘇將他們一一拉上來，子蘇這才看到了一群群的魚托著這些人，將他們送到了岸。

半個月後，在南面鎮守的師兄，突然來找子蘇，他們要請子蘇去幫忙救急。他們說造反軍中有一個妖人，這個妖人倒沒有什麼特別本事，但他養了一隻鬼面惑，殺死了我方的大批守軍，很多將領也犧牲了。子蘇就問師兄們的道術也不能治服這鬼面惑嗎？

師兄就嘆著氣說，別說他們，就連白衣師兄和師姐也沒辦法治服這惑。他們說下山時，師父怕他們亂來，將他們的肉身都上了一把鎖，所以很多在洞中的神通都使不出來了，剩下的本事不及洞中的十分之一，得靠他們在人間重新修行，才能慢慢將鎖打開，而且師父送的法寶，他們還不會使用，不知如何使用，所以一時都起不了作用。子蘇大悟，他覺得下山後，再沒有洞中那麼清醒了，而且時有雜念會升上心頭，原來是這個緣故。他問師兄自己能幫上什麼忙。

師兄說，白衣師姐回山找過了師父，但師父閉關不見，只傳給她一句話，說這東西怕靈雀，然後就不管他們了。他們便想來想去，想到子蘇能召喚靈雀，便派他們來找子蘇去幫忙了。子蘇點了點頭，明白了。

子蘇怕自己跟著走，拖後腿，便讓師兄們用神足回去，然後他就乘坐靈雀從空中飛過去，這樣能快很多。

到了戰場軍營以後，又死了很多守兵，他們都齊腰或齊頭，齊刷刷地被斷成兩截，師兄們說這就是鬼惑幹的。他們說這鬼惑是惑中最厲害的一種，它們是用至少五百年時間才

種出來的，體型巨大，速度極快，凡它們飛過的地方，東西都被齊刷刷地斬成兩截。

看著滿地死去的守衛，子蘇心裏很難受。他問鬼惑現在會在哪裏出現，師兄們就說，只要現在出兵迎戰，鬼惑就會出現。然後他們問子蘇準備好了沒有，子蘇點了點頭。

師兄們便進營請示出戰。將軍有些猶豫，因為死了好多弟兄了，好多師兄弟也使用神通出過陣了，就是一直找不到破除鬼惑的辦法，他不想再死更多的人了。後來爾雅師姐也來了，她看到子蘇召出了靈雀後，就進軍房，讓將軍出兵，將軍看到白衣師姐也來要求出兵，便同意出兵了。

一陣擂鼓過後，對方卻不出動，他們也懶得擂鼓，軍營大門都是大開的，也懶得關，兵士都七歪八斜地倒在地上睡覺。這明顯的不把真王他們的人放在眼裏，彷彿覺得他們絕不可能攻得進去一樣。士兵吶喊著朝對方攻去，爾雅讓子蘇睜大了眼睛看著。

果然，不多久，就看一道黑影掠過，前排的兵士齊刷刷地倒了下去。「快放靈雀！」爾雅叫著。

子蘇趕緊令靈雀過去，可他還沒來得及想，就見一道白影朝黑影飛去，靈雀已不見了。

就見前方的空中一黑一白兩道影子相互糾纏著，時時發出一聲聲尖利的嚎叫，兩道影子一直從戰場上飛到山林中，飛過之處，樹木都齊刷刷地齊腰斬斷了，它們繞過一個山峰，峰頂竟然也被齊刷刷地削去了。

最後黑影墜落在山中，靈雀飛了回來。而此時，由於敵方沒有作好作戰準備，根本沒想到我方能攻過去，所以對

方大敗。然後將軍一鼓作氣，一直攻戰下去，勢如破竹，殺死、俘虜了敵軍上萬人。

爾雅和師兄們，帶著子蘇過去看掉下來的鬼惑。只見地上躺著一隻巨大的黑色怪物，兩隻翅膀有點像蝙蝠，但比蝙蝠厚，伸開來比幾個人還大，翅膀邊緣都有一根鋒利的，刀一樣的骨頭，露出在外面。它應該就是用這骨頭在飛行中殺人的。它的兩眼被啄掉了，胸膛也被抓開了，內臟都掉落了一地。師兄們都讚歎這靈雀的本事。

九、四不像

轉眼一個半月過去了，這一個半月裏有三個人被師父召回了洞裏，他們被神體選中了。他們是阿羅修、玄真師兄和爾雅師姐。眾師兄們都很羨慕，此時離開天門之日只剩下一天了。子蘇默默地祝福他們能早日完成任務，以拯救世間蒼生，恢復人間的安寧。他不想再看到世間生命這樣無休止地相互殘殺、屠戮下去，他在尋仙前就有這個願望，以後成就了仙果後，就要用他的仙德，安撫普天蒼生，給他們帶來安寧幸福，不要再聽到絕望中的哀嚎。只可惜他不是修仙的料，他沒有這個慧根，所以只能默默祝福師兄們幫他實現這個心願。

子蘇向上天禱告著，祈求仙界的永安，祈求人間的寧靜。一遍一遍地禱告著，子蘇又迷迷糊糊地睡去了。

睡夢中，他又變成了四、五歲的模樣，這次他感到自己極速地往上飛越著，身體也越來越大，飛出了地球，飛出了

太陽，飛出了銀河，飛出了一層一層的宇宙星系，他感到穿越過的星系變得像塵埃一樣，遠遠拋在後面，不知穿越了多久，子蘇感到，無盡宇宙之上，有一束光芒穿透了層層的宇宙，照到了他身體，好溫暖，普照之處，化解萬物，子蘇感到一陣洪大無盡的慈悲湧上心來，感到眼淚似要滴落下來。光芒一下子將子蘇吸了上去，子蘇感到穿越到了宇宙之外，發現自己站在無盡的虛空之中。

一回首，發現師父（兒時夢中，用紙化出靈雀的老道人）正坐在虛空之中，宇宙在他的腳下運轉。他在虛空之中，轉動著太極，頓時無盡的渾沌物質在虛空之中聚集起來，聚之成形。原來太虛並不是虛的，太虛之中還瀰漫著無窮無盡的無形渾沌。無形的渾沌越集越密、越集越小，顯出了形象來，最後集成了一個頭長鹿角，身披龍鱗，腳生馬蹄，背生鳳翼的四不像怪物。怪獸巨大無比，師父口中自語著：「無極之上太極生，夢裏之結夢裏解」，然後從袖中拋出一段紅繩，紅繩越變越長，越變越大，最後將四不像捆了起來。四不像被捆住之後，隨著繩子，越縮越小，越縮越小，最後角沒了，腳也化了，翅膀也消失了，剩下的身體像一條披著龍鱗的小泥鰍，被師父抓在手裏。

這時師父一招手，靈雀不知什麼時候飛來了，師父將泥鰍放在了靈雀的口中，靈雀啣著泥鰍，鑽進了腳下的宇宙之中，越飛越小，越飛越遠，最後消失在塵埃般的星系裏。子蘇正看得入神，突然又飛來一束光，將子蘇極速地變小，一下子又拉回了宇宙之中。

這時子蘇睜開眼醒了過來。子蘇慢慢地回憶著夢境，他

知道是在告訴他什麼,他知道,夢只是另一個現實。難道這泥鰍是師父給他化的神體?子蘇想著。他召來靈雀,在冥冥的一念之中,他要靈雀將夢中啣走的泥鰍,再啣回來。靈雀張翅飛走。

不多久後,靈雀又回來了。牠嘴中啣著一條小小的黑色泥鰍,身上披著細細的龍鱗、龍尾,嘴上還有幾根鬚,黑溜溜的。子蘇久久地合掌感謝著師父,然後乘著靈雀來到了元真山洞天之中。

元真大仙正與三位師兄師姐坐在無極天門下,等待著開天門。他們看到子蘇很驚訝,問子蘇怎麼回來了。子蘇拜過元真大仙,指著靈雀的口中之物說,他找到了神體。大仙看了看,點了點頭,伸手從靈雀口中接過了泥鰍,灑上水,往空中拋去,頓時泥鰍一下子變得很巨大,被一個透明的罩子給罩著,懸在半空中。

阿羅修仔細地看著大泥鰍,問師父,這也算是神體嗎?師父閉著眼,慢慢地點了點頭。阿羅修笑了起來,說從未見過這麼醜笨的怪物,簡直像地獄裏面的怪獸,說著就哈哈大笑。師父睜開眼看著他,阿羅修趕緊嚇得不敢吭聲。師父又對子蘇說,天界當初只派下三個神體,而神體與天界都是相對應的,相聯通的,雖然子蘇的這個的確是神體,但他不知道是屬於哪裏。如果神體不屬於這個天界,那麼就無法在這個天界中生存下去,會死去,到時會淪為宇宙間的游靈,沒有歸宿。而且此次去天界平亂,不比凡間,凶險叢生,他問子蘇是不是想好了確定要去,如果現在反悔還來得及。

子蘇點了點頭,說他想好了,確定要去,他知道這一

切是早就安排好了的，他也知道一切他想知道的答案都在上面，等著他解開。這時子蘇才注意到了三位師兄師姐們的神體，懸在師姐頭上的，是一隻鳳翼朱雀，玄真師兄頭上的，是一隻虎頭麒麟，阿羅修頭上的，是一隻鷹翼黑豹。子蘇看了看自己的龍鱗泥鰍，跟他們的比起來，的確是醜很多，但這是師父親自化的神體，子蘇一點也不會嫌棄。

師父又對子蘇說，天門今日正時開，還有三個時辰，就要上天界了，問子蘇還有沒有什麼凡間未完之事。子蘇仔細想了一下，突然想起泊還忘在了混濁的汜水河中。他趕緊乘靈雀飛往了汜水河。

子蘇喊著泊，泊卻沒有出現。他浪裏仔細尋著，什麼也尋不到。子蘇有些著急了，他便在河邊盤腳靜坐，讓自己的心沉寂下來，然後在很深的意識之中喊著泊。這時他在靜息之中看到了泊，泊俯在地上，跪拜在他面前，子蘇問泊出了什麼事，讓她站起來說。泊跪在地上說，子蘇現在要去的天界，正是她恆久之前的故鄉，在這漫長的歲月裏，她日夜思念故鄉，她哭著求子蘇將她帶回故鄉，說縱使能回去再看上一眼，也死無遺憾了。

子蘇點了點頭，說只是不知道怎樣能將她帶回去。泊就說，讓子蘇在上天之前，先將她含在口中，然後再上天，就能將她一起帶回了。子蘇答應了她，讓她起身。

子蘇出定了後，看到泊正游在腳邊的淺水中。他便準備將泊撈起來，這時他才想起剛才忘了問泊了，是上天之前，乘上神體時，將她含在口中，還是現在就開始將她含在口中。他想了一會，為了保險起見，便撈起泊，將她包在了口

中，泊在口中也不動。

回了洞後，子蘇低頭一聲不吭，他怕別人問他話，他不能開口。還有半個時辰天門就開了，這時師父從袖中掏出四顆金丹，給他們一人一顆，讓服下去。子蘇接過丹猶豫起來，他怕連泊一起吞下去了。正猶豫著，老道看了他一眼，喝令他將口中的金魚吐出來。子蘇吐出泊，心想已答應泊了，就拿在手裏沒有給師父。這時子蘇的手突然不聽使喚起來，像是什麼力量控制著他，他一抬手，將泊就扔進了邊上的泉水中。子蘇看著師父，知道是師父做的，就服下了丹，想著等乘上了神體，再從泉中將泊帶走吧。

然後老道便讓他們靜息打坐。子蘇很快入定了，定中只感覺丹田射出金光，光越來越亮，越來越強，最後轟的一聲，渾身一震，丹炸了，他感覺身體上的一把鎖像打開了一樣，自己輕飄飄地就飄了出來，又被什麼東西吸了進去，等睜開眼睛，發現自己已乘上了神體。

這時一束強光從天門之上射來，各色奇花，從空中灑落下來，落地即化。天門開了。

這時師父便從袖中拿出一本書，扔給大師兄阿羅修，說是指導他們平定仙界的天書。阿羅修用嘴接過天書。師父便令他們入天門，順光而上。師兄、師姐便飛進了天門之中。子蘇想起了泊，正回頭，就看到師父抬手扔給了他一個東西，他張口接住，是泊，子蘇低頭謝過師父，便跟著師兄們順光而上。

伍　在天界

　　以下文字是將天界擬人化了，因為無法百分之百如實地描述天界，但實質和道理不做改變。擬人化，只是為了方便閱讀。

一、沙漠之淚

　　進入了光中之後，子蘇只感覺到光束將他整個身體往上吸去，速度很快，什麼也看不見。等光消失後，子蘇才睜開眼睛，發現來到了一片沙漠的邊上。師兄師姐們已化成了人形，正坐在一邊看著阿羅修手上的天書。子蘇一看，自己也已化成人形，還是原來的樣子，還是著紫衣。

　　子蘇就在一邊靜靜地坐著，等他們看完再問他們。子蘇邊坐著邊看著周圍的環境，他看到邊界上一塊巨大的古碑，上面刻著「無助沙漠」幾個大字。沙漠邊上稀稀疏疏地長著一些植物，植物一般有一人多高，上面長滿了長長的刺，沒有葉子，上面還掛著一個人腦袋般大小的果實。而沙漠卻一眼望不到邊，根本沒有盡頭，子蘇才想到他們根本沒有帶水，也沒食物，怎麼過沙漠？他又想到天書上應該有過沙漠的方法，不然就不會讓他們上天界了。師兄師姐們還在那邊看邊輕聲議論著。

　　子蘇突然想起泊不見了，也不知道是什麼時候不見的，嘴裏什麼也沒有，子蘇想，應該不會是吞下去了。然後他又在剛降落的地方四處尋著，喊著泊，卻找不到任何痕跡。子

蘇又想，泊說過這裏是她的故鄉，回到故鄉，泊應該什麼都熟悉，或許已經進了恆古世界之內了。

這時師兄師姐們看完了天書，走了過來。阿羅修走到子蘇跟前，瞪著子蘇，他問子蘇為什麼一定要湊熱鬧跟著他們上天界來，他說天界這地方是子蘇這樣的人能來得了的嗎？只會給他們添麻煩！玄真師兄說，既然子蘇能得到神體，並得到師父的允許上了天界，那就是天意讓他來的，到時肯定能起到他的作用。爾雅也點頭稱是。

阿羅修就對他們說，現在所在的這個天界可不比其他地方，正處於崩裂的邊緣，魔怪橫行，凶險無比，沒有任何人能幫他們，只能靠他們幾個人之力去平定。如果平定不力，那整個天界以及人類世界都會解體崩潰，所以事關重大，不是來玩遊戲的！然後他盯著子蘇說，以後的路，各自保護好自己，緊跟著他們走，如果不幸掉隊了，到時不要怪他們無情，不要怪他們見死不救。說著又看著爾雅和玄真，又對他們說：「你們也是一樣，如果一路上誰掉隊了，那都不要怪大家無情，誰也不能去救，因為一旦去救了，那就會拖累大家所有人一起陪著去死，到時誰也無法完成這個使命，會讓兩個世界的生命都陪著一塊送死，所以絕不能救，絕不能為了一兩個人拖了後腿！」

玄真與爾雅輕輕地點了點頭，爾雅走到子蘇面前，讓子蘇記得一定不能掉隊，緊跟著他們，不然就無法活著進恆古世界，而且誰也沒能力幫他，因為每個人只有能力盡量照顧好自己。說著她又指著沙漠邊荊刺上的果實，告訴子蘇，那叫沙漠之淚，果實裏面有果汁，以後每個人就靠一個果實維

持走過沙漠，而且每人只能採一顆，採多了會被沙漠詛咒，迷失在沙漠之中。進了沙漠後，每天只能吸一定量的果汁，剛剛能維持住體力就行，絕不能吸多，不能撒出一口，也不能分給別人一口，不然都會死在沙漠中。

　　說完就問子蘇明白了沒有，子蘇點著頭，便跟著爾雅他們去採果實。採下果實後，搖了搖，裏面滿滿的都是果汁，爾雅又截下果實前面的一段光滑的樹枝，將樹枝的內面抽出來，只剩下堅硬的空空的樹皮，像吸管一樣，爾雅將樹皮從果實的花端插入了進去，然後讓子蘇跟著她做，說從樹皮就能吸出果汁了，每天吸的果汁一定不能過量，得緊跟著大家一齊走，他說只有大師兄阿羅修手中的天書才能指引大家一齊出去，按著天書上的走，大概需要半個月時間，才能走出沙漠，不能掉隊，不然不說渴死，也會在沙漠中迷路。沙漠中有一種怪獸，叫沙獏，沉在沙子之底，專吃在沙漠中迷失的人。

　　爾雅又說，在進入恆古世界之前，都是禁地，在這些禁地裏，神通是無法使用的。所以大家都一樣，成了凡人，都只能各自保命，盡快走出去，顧不了別人，這也是上天給他們的考驗，在選擇和造就恆古世界的拯救者。

　　準備好後，子蘇就跟著大家一起上路了，踏進了沙漠。

　　阿羅修走在最前頭，玄真其後，子蘇走在最後頭，緊跟著爾雅。

　　剛起程時步伐都較快，都很有精神，走了一天後，都開始疲累了，玄真坐在沙丘上揉著小腿，阿羅修也在扭著脖子。最慘的是爾雅，中途她幾次落在後面，子蘇想幫她搬水，她拒絕了，讓子蘇管著自己就行了。但大家還是放慢了

些腳步，等了她。

天黑了，大家找了個避風的沙丘，坐下來休息，剛出發時雖然精力很充沛，但現在子蘇已很渴了，他拿起沙漠之淚，準備吸一小口，被爾雅擋住了，「不到萬不得已的情況，不要隨便喝，否則度不過這半個月，沒有人會幫你，你只能渴死。」子蘇咽了咽發乾的喉嚨，點了點頭，感謝爾雅，爾雅潤潤的嘴唇已經發乾了。

天黑了涼快了不少，有風吹來，但夾著熱氣，吹得人不是很舒服。休息了約莫兩三個小時，阿羅修就起身了，他踢醒了趴在膝蓋上瞌睡的玄真，對大家說：「該趕路了，得趁晚上涼快多趕些路，白天走不了多少路。」

大家都三三兩兩地起身。子蘇仍走在最後面。

如此走到第三天的時候，步伐就越來越慢了，再也不像第一天那樣起勁了，阿羅修也沒有開頭那樣的氣勢了。爾雅一直搖搖晃晃地走在後頭，走得最艱難，子蘇跟著她，怕她跟不上。這樣，慢慢地竟也跟了上來。果汁已喝了一小部分了。

第六天，大家幾乎是拖著腿在走。玄真前幾天還一邊走，一邊說著話鼓勵大家，逗逗落在後面的爾雅，現在也一聲不吭了。

子蘇熱得快虛脫了，雙腿軟軟的，但他一直忍著，一聲不吭。

二、迷失者

晚上實在走不動時，大家都靠著一個沙丘，坐了下來。

爾雅顧不上餘溫尚存的熱沙子，躺了下來，再也爬不起身。
子蘇坐在他們邊上的角落裏。

突然不知從什麼地方出現了一個小女孩，翻過沙丘，
朝他們走來。小女孩六、七歲的樣子，她口中喃喃地念著
「水、水、水……」臉上卻毫無表情，幽靈一般，慢慢地向
他們走來。

爾雅一下子坐了起來，她揉了揉眼睛，「是迷失者！」
爾雅有些驚慌地說。

「快給我滾遠點！」阿修羅對她喝道，不讓她走過來。

小姑娘像沒聽見一樣，仍然喃喃地念著，面無表情地，
慢慢朝他們走來。

子蘇就問：「迷失者是什麼？」爾雅說，迷失者是被
魔亂了心竅的修行人，他們本可成就仙果，卻中途被魔誘
惑，迷失了心竅，然後又陰差陽錯地迷失在宇宙的角落，
回不去了。

這麼小的孩子，子蘇覺得很可憐。

「他們能活著回去嗎？」子蘇輕輕地問爾雅。

「不會，他們會……死去，可能沒人能幫他們……我們
也沒辦法，連自己都保不了。」爾雅輕輕地說。

那個小女孩經過了阿羅修跟前，阿羅修只是冷冷地看
著她。她又經過了玄真的跟前，玄真低下頭，將頭埋在膝蓋
上，不肯抬起來。爾雅也轉過臉去，不敢看她。小女孩又慢
慢地朝子蘇這邊移過來，子蘇的心越來越難受，他很猶豫，
如果分了她水喝，就會陪她一塊渴死。如果不給，就會眼睜
睜地看著她痛苦而死。

小女孩終於走過來了，她空洞的眼神看著子蘇，子蘇覺得心像被她抽乾了一樣，手顫抖著，終於拿出沙漠之淚，將樹皮吸管塞進了小女孩的口中。

所有人都吃驚地看著他，「你不想活了！你自身都難保，我們還有七、八天的行程！」爾雅叫道。

子蘇低著頭，沒有看他們。他對自己的選擇從未後悔過，即使重來，亦是如此，他只求心中的那份安寧。

小女孩吸著果汁，嘴唇濕潤了，麻木的臉上頓時露出了微笑，眼神也放出光彩，再看起來像一個可愛的小女孩。子蘇摸了摸她的頭，讓她坐在了邊上。

「你真的是不要命了，你會後悔的，到你要渴死的時侯，是沒有人能幫你的！」爾雅嚴厲地對他說。阿羅修沒說話，只冷笑了兩聲。

兩個小時後，又要開始上路了。

阿羅修又當頭領著大隊走了，子蘇仍走在他們最後面，那小女孩跑上來，扯著子蘇的衣角，子蘇朝她笑了笑，拉著她走。爾雅便低著頭，加快了腳步，遠離了子蘇，像是在逃避著什麼一樣。

子蘇的水，現在得兩個人分著喝，所以他格外地節約，渴得喉嚨冒煙時，他還是忍著，實在不行時，才吸幾滴潤潤喉嚨。子蘇覺得那個小女孩很奇怪，她走得從不喊累，一路歡蹦亂跳的很有精神，不會拖後腳。

雖然很節約，但第九天的時候，罐裏的果汁還是已經差不多見底了。

子蘇掂著一小罐底的果汁，走到爾雅的身後，問爾雅還要

多久才能走出沙漠。爾雅嘆了口氣，告訴他說還要至少走四、五天，並說他們每個人的水都快不夠了，都只能維持自己，否則就會渴死。子蘇默默地點點頭，小聲地說他的水夠喝。

已經一天沒喝水了，子蘇讓小女孩喝了一小口水，自己卻在喉嚨裏乾咽了一下，用乾澀的舌頭，舔了舔開裂的嘴唇，嘴裏乾乾的，像蒙著一層沙，沒有一點唾液，呼出來的氣像火一樣，在嗓子和胸膛裏燃燒著，他竭力地克制著自己內心深處對水的渴望，克制著，盡力不去想它，克制了一個時辰，他又克制一個時辰，他覺得還可以再忍一下，要把最後的一點水留在絕境時，那是最後的一點希望。

慢慢地，這麼熱的沙漠，他卻覺得身體開始發冷，身上再沒有什麼汗能流出來了，感覺視線變得模糊起來，身體也變得搖搖晃晃，他還是拚命拉著小女孩極力往前趕著，怕慢了一點跟不上他們了，就再也出不了沙漠了。

爾雅開始慢慢回頭張望，並放慢了腳步，像是在等著他們，玄真也放慢了腳步，阿羅修便不斷地回頭催他們加快腳步。

這兩天的時間裏，子蘇幾次像出現幻覺一樣，迷迷糊糊地像要睡過去，但他使勁地克制著自己，讓自己保持著清醒，盡量跟上大家。

第十二天的中午，子蘇像是預感到自己不行了，他把裝有最後一丁點水的果罐給了小女孩拿著，讓她在前面走，自己跟在後面，步履變得踉踉蹌蹌，走了幾十步過後，子蘇再也挺不住了，他感覺已殫精力竭，感覺已盡力了，他倒在了地上。

爾雅和玄真趕了過來，扶起子蘇。

　　子蘇打著冷顫，臉上慘白慘白的，他的眼窩已凹陷下去了，看到了爾雅和玄真，他努力睜起了眼睛，然後張著嘴從喉嚨裏發出沙啞的聲音，爾雅將耳朵貼近才能聽到。

　　子蘇讓爾雅他們帶著小女孩離開沙漠，他說小女孩喝水很少，他還剩下最後一點水，夠小女孩一人喝的。說完便昏迷過去。

　　這時阿羅修發怒了，他喝斥著玄真和爾雅，說再不趕過來，就不管他們了，說不能為了一兩個人而誤了大事，害了所有人。

　　玄真和爾雅再看了一眼子蘇，發現他已毫無反應，身體嚴重地脫水，呼吸也越來越微弱，看起來沒希望了。就愧疚扭過頭，慢慢站了起來，然後拉著小女孩，示意跟著他們走。

　　小女孩卻掙開她的手，靜靜坐在子蘇的邊上，守著子蘇。爾雅再次拉起她，卻被她狠狠咬了一口，掙開了爾雅，又靜靜坐在子蘇的身邊。

　　阿羅修已不等他們了，自己一個人往前走了。玄真趕緊拍了拍爾雅，他們覺得已無能為力了，便扭過頭，跟著阿羅修往前趕去。

　　慢慢地天好像變黑了，風也大了。他們抬起了頭，看到頭頂不知什麼時候已堆積了一團厚厚的白雲，而且越積越多，向他們壓來。大風捲起沙子撲面而來，爾雅背過身去，她用袖子擋在臉上。

　　他們不知道發生了什麼事，無助沙漠從它產生的那一天

起就是從來不會下雨的，也是不可能會下雨的。所以他們都不知道將會發生什麼事。

　　雲越積越多，風也越來越大，忽然豆大的雨點從空中潑下。下雨了！無助沙漠下雨了？他們驚得大半天沒有回過神來，不敢相信眼前所發生的一切。等他們反應了過來，便張開嘴接著從天空掉下來的雨水，然後撐開衣服，兜著落下來的雨水。

　　爾雅和玄真趕緊往回跑到了子蘇那裏，他們看到小女孩正慢慢地讓身上的雨水流進子蘇的嘴裏。他們也跑過來，將子蘇沙漠之淚上面的果殼弄破，將衣服兜住的水，裝進果實裏，一會就裝滿了。他們又將衣服裏的水擰到子蘇的身上，給他淋濕降溫。

　　雨下了五、六分鐘就停了。雨停後子蘇竟慢慢地睜開了眼睛。剛才昏迷的時候，他做了一個夢，他夢到了泊。

　　夢到泊哭著呼喊著他，讓他振作起來。泊對他說已回來看到了故鄉，心願已了，只是沒想到故鄉變成了現在這般模樣。說著她又大哭，她說，她夢中的故鄉不是這般模樣，不是這個樣子，她好傷心。

　　她說現在主人危難，命在旦夕，她受大恩於子蘇，不能知恩不報，而自己又身單力薄無力來救，無助沙漠不能下雨，所以她唯一能做的，只能是將自己的生命之氣化作一場微薄的雨水，滋潤子蘇，而再沒有其他的能力。

　　說完她便哭著，向子蘇拜別，拜別了子蘇，她就升上了天空，張開白色的衣裙，越張越大，越張越大，最後布滿了天空。然後她的整個身體開始慢慢地溶化，化成了一片白

雲。最後白雲又慢慢化成了水，滴落下來，直至全部化盡，滴下了最後一滴水。

子蘇哭著，乾乾的眼睛，卻流不出眼淚來。以後再也見不到泊了，她終於回到了故鄉，卻是她生命最後的時刻，卻是在她最傷心的時候。子蘇哭了一會，玄真和爾雅拍著他的肩膀，他們以為子蘇是因為大難未死，遇到天助可以走出沙漠而哭。子蘇什麼也沒跟他們說，這時阿羅修喝夠了雨水，又在發怒了，他遠遠地怒斥爾雅和玄真，問他們還記不記得是為什麼來到這裏了。

子蘇站了起來，他拉著小女孩，與大家又一起上路了。他想著泊在他夢中哭訴故鄉不是她現在看到這樣子的情景，他決定盡自己的全力，一定要讓泊的故鄉恢復和平，恢復到她以前看到的樣子，甚至更美。

三、金神甲

又過了兩天，在第三天的下午，他們終於看到了沙漠的邊緣，喜不自禁，都一口氣跑出了沙漠。

一出沙漠，他們頓時感到一身輕鬆，再無乾渴之苦，身體也一瞬間恢復了原樣，恢復得與以前一樣，彷彿這半個月只是一場夢。

出了沙漠，他們又圍著阿羅修看著天書，原來天書上的字是一點點顯示出來的，入沙漠前，只能看到怎樣走出沙漠的文字，現在出了沙漠，下面的文字才能顯現出來。

看完過後，爾雅對子蘇說，下面一關是死水。死水是從

上面落下來的，繞在恆古世界外面，最後消失在生命之源。她說不管什麼東西落入了死水，都會化掉，什麼也不剩下，連骨頭都會蝕掉。現在他們必須得穿越死水，才能進入恆古世界，不然就永遠擋在了恆古世界的外面。

說完他們就急急往前趕路了。不多久，就來到了死水邊。死水黑漆漆的，看不到底，水裏也看不到任何其他的東西，散發著死亡的氣息，沒有一絲波紋與生氣，看著就讓人心悸，生出恐懼感。水的兩岸沒有花草，也看不到任何有生命的東西，陰森森的。

他們便兵分兩路，沿相反的方向，去尋找死水的出路，約定找到出路後就來會合。阿羅修與爾雅一路，玄真與子蘇一路，十幾天後，子蘇他們找到了死水的源頭，是如同瀑布一樣，從天而降，上不見頂，下面是望不到邊的死水潭，死水潭之外便是世界盡頭，不可能過得去。玄真只好垂頭喪氣地與子蘇回去了，想看看阿羅修他們是不是在另一頭找到了出路。會合以後，阿羅修他們也垂頭喪氣地沒找到出路，根本就沒有路能繞進去，而且死水之上也沒有橋，神通也無法運用。

這不是明擺著要將他們困在死水之外嗎？進又進不去，出又出不來了，這究竟是什麼意思？阿羅修拿著天書，大發著牢騷，埋怨著安排的不公。爾雅扯斷了一小縷頭髮，她小心翼翼地走到死水邊，伏下身去，將頭髮浸到了水裏。頓時入水的頭髮就化掉了，什麼痕跡也沒有留下。

爾雅嘆著氣，無可奈何地坐了下來。玄真也拿指甲小心地浸在水中，指甲也化掉了，他也搖著頭癱坐在地上。子

蘇想，既然安排他們來恆古世界平亂，肯定會讓他們進得去的，而他們的路也沒走錯，死水上也沒橋，無法繞過去，那就只能淌水過去了。想著，他便也扯出一縷頭髮，將髮稍浸入水中，提起來後，卻發現頭髮沒有化掉。他又將更多的頭髮浸入水中，再提起來後，頭髮卻仍然好好的。子蘇很驚奇，便將指甲也浸入水中，指甲也好好的，他乾脆將手指也放入水中，手指沒有任何感覺，拿出來後好好的。子蘇便喊來師兄和師姐，讓他們看著，然後他整個人下到了水中，水才沒過他的腰，安然無恙。其他人先是一驚，嚇得趕快要拉他起來，但看到他下到水中安然無事後，都驚呆了。

子蘇的整個身體突然放出金光來，像一層盔甲包裹著他。

「是金神甲，師父的金神甲！」阿羅修大叫著。玄真和爾雅也同時點著頭，確定是金神甲，他們問子蘇，師父什麼時候將金神甲送給他的，他們說這可是師父的至寶。子蘇也迷糊了，師父從未送過他東西，除了那件紫色道袍，他迷茫地搖了搖頭。

「一定是師父在罰惡台上鞭打子蘇七日的時候，那時子蘇的皮肉全部脫落了，就是那個時候，師父將他脫下了凡胎，給他穿上了金神甲！」玄真說。爾雅同意地點了點頭。阿羅修也是這樣想的，他咬著牙，狠狠地說，這師父定是老糊塗了，怎麼將最好的東西送給了最沒用的人！說著他將天書摔在了地上。

「師父這樣安排，定有他安排的用意。師父智慧大，道法無邊，看到的肯定比我們長遠，他這樣安排肯定有他的

妙處。子蘇不能保護自己，所以師父將最能護身的東西送給他，這也沒錯，而且現在我們正好可以託子蘇，渡過死水去。」玄真撿起天書，遞給阿羅修說。

子蘇雙手合十，他感謝著師父，感謝著師父這四年多來的一片良苦用心。他知道，這四年多的苦，都是師父有意安排給他吃的，雖然表面上一直對他冷酷、殘忍，其實是為了讓他得到更多更多。他心中突然生出了一念：他今天來拯救恆古世界，也是恆久恆久以前就安排好的，他就是為了拯救這個世界而來的，他一定要完成這個使命，讓這個世界變得比以前更美好、安寧，讓眾生得到和平、幸福。

子蘇先自己淌過了死水去，發現下面的水路很平整，水只剛沒過他的腰。子蘇走過幾趟，安然無事後，便一一將爾雅、玄真和小女孩背了過去。最後是阿羅修，他詭異地看著子蘇，問子蘇是不是一直很恨他，會不會等會在水中故意摔一跤，將他化掉。

子蘇輕輕一笑，他說師兄也太看低他了，他也不至於無恥到這種地步。阿羅修冷笑著，不情願地抬著腿，騎在了子蘇身上。子蘇小心翼翼地將他背過了死水。

四、太姒

過了死水後，來到了生命之源。進入了森林以後，四周越來越黑，森林中沒有一絲風。慢慢地，四周都傳來奇怪的聲音，像浪濤一樣，又像是竊竊私語，又像是從地底傳來，一陣一陣的，樹木也都慢慢隨著搖動起來。樹上還都閃

耀一些奇怪的螢光，星星點點，非常漂亮，一會兒閃現，一會兒又消失，好像每棵樹上都有，而且它們都會移動，幽靈一般。

「這樹林裏到底是怎麼回事？」爾雅和玄真緊張地問著阿羅修。阿羅修說天書上根本沒有交待過這種情況。子蘇也覺得奇怪，他覺得這些樹木好像是在跟他們說著什麼，但又聽不懂。

「它們在和我們打招呼，說歡迎回來。」這時一直默默跟著子蘇，從不開口的小女孩，突然開口了。子蘇趕緊回過頭看著小女孩，他一直以為小女孩不會說話，沒想到她還能開口，便又順口問她，叫什麼名字。

「太姒。」小女孩對著子蘇輕輕地說。「妳叫太姒？」子蘇重問了一遍，小女孩點了點頭。

「那妳記得妳從哪兒來嗎？」子蘇又問她。這次她擺了擺頭，說不記得。然後她又拉著子蘇的衣角，慢慢地看著子蘇，突然跪了下來，吻著子蘇的腳尖。子蘇一驚，趕緊將她拉起來，她又看著子蘇，認真的對子蘇說，在她的生命之中有一個約定：誰給她喝了第一口水，並將她帶出了無助沙漠，誰就將成了她生命中的主人，成為她命運的主宰，她將永世跟隨著他，聽從他的安排。

子蘇被這突然的舉動弄得一時反應不過來，他知道這是上天有意安排，但不知道具體是因為什麼，先是泊，然後又是這小姑娘，奇怪的事都讓他碰上了。爾雅卻笑了起來，她說真是善有善報，這等好事都讓子蘇給碰上了。阿羅修仍只是冷笑兩聲，他說進了恆古世界，他們都不知道

還能活幾天。

他們在森林的黑暗中越走越久，最後竟迷失了方向，走不出去了，這下他們都急了，不知如何是好。而天書中關於怎麼走出生命之源，也沒有任何的說明。這下可怎麼辦？他們猶豫著，這時太姒扯著子蘇的衣角，將子蘇拉向了一邊，並一直扯著他往前走。

子蘇便問她為何要往這邊走。太姒說，是樹木之靈告訴她，往這邊走的，說往這邊走才能走出去。這時子蘇有個直覺告訴他，太姒是對的。於是他便回過頭，對爾雅和玄真他們說，反正是迷路了走不出去，不妨試試。爾雅和玄真點了點頭，便一起跟了上來，阿羅修見他們都跟著子蘇走了，自己也不知道路，就也不大情願地跟了上來。

也不知走了多久，反正一直在黑森林中走著，藉著樹木之靈發出的瑩光看著路，時間彷彿不存在一樣。漸漸地，越走越亮，越走越亮，最後周圍都亮堂了起來。這時他們才可以開始欣賞到森林的景色來。但他們卻發現腳下的這片森林，似乎有些詭異，好像有些變黑，樹木花草都是灰暗的，失去了光鮮，無精打采的，沒有光澤。林間路過的飛禽異獸，也都是瘦骨嶙峋的，樣子有些可怕，牠們每走動一會，都會停下喘著氣休息一會，像個垂暮的病人。雖然如此但與人間的比起來，仍算得上是美極了，不好用語言來對比說明。

「這看起來哪裏像個天界？」玄真邊看邊吃驚地說。「就因為這樣，所以才派我們來平亂的，如果都好好的，就不需要我們來了，也不會處於崩潰的邊緣了。」爾雅說。

他們又繼續往前走去，漸漸地，他們竟發現，森林變黑的程度越來越小。再往前走，他們發現森林有了些光澤，也充滿了生的氣息，林間的玄禽異獸也越來越有活力。

「為什麼同一片森林，卻有如此變化，相差如此之大？」玄真又問著。

突然他們自己也感到渾身又恢復了神力，終於走出了禁地，可以運用神通了。他們驚喜不已。正高興時，突然又聽見高空傳來仙樂之聲，舉目望去，只見遠處空中飛來一群群天女，舞動著雲袖，邊飛邊散落著天花，後面還跟隨著天界眾神，遮住了半邊天空，美麗極了。

他們朝著子蘇他們一路飛來，飛到頭頂上，停在了那裏，天女們飛旋在他們頭上，朝他們身上紛紛散落著天花。他們正驚奇間，四個身著白色天衣的天神降落在他們跟前，俯身便拜，邊拜邊流著淚，說他們是恆古世界四方仙王，代表恆古世界眾生，前來迎接聖使們歸來。子蘇、爾雅他們趕緊扶四仙王起身，他們突然盯著子蘇看著，然後又都跪在地上朝子蘇行大禮。子蘇趕緊又將他們拉起來，眾人便問何故。他們朝子蘇拜著，問子蘇是不是兩年前來拯救過恆古世界的無極大神，幻夢靈童？

子蘇趕緊擺著手，說他從未聽說過幻夢靈童，自己是一介凡人，從未踏足過神界，這是第一次，定是誤會了。阿羅修朝著他們大笑，說他們這玩笑開得太大了，爾雅他們也說他們定是誤會了。眾仙王便點著頭，說可能他們誤會了，只是幻夢靈童和子蘇長得極像，只是年齡比子蘇小很多，約莫四、五歲模樣，但衣服也與子蘇一樣，也是著紫衣。他們

停頓了一下，說先不談這些了，不能讓聖使在天門外久等，等進了天國再詳談。他們說為了這一天他們等了很久了。說著，他們又獻出各自最珍貴的寶物編成花環，要戴在子蘇他們脖子上。

但他們猶豫著，因為他們只準備了三個花環，而子蘇他們卻有五個人。四仙王就慚愧地說，原本只知道三聖使負命下凡，拯救恆古世界，卻不想現在有五使，所以準備不周，還望寬恕。說完又俯身拜著。子蘇便扶起他們，對他們說，自己原本不屬於聖使，只是最後天意突然安排，所以就一起來了。爾雅又指著太姒說，她不是聖使，只是子蘇半路收來的小徒弟。仙王忙點著頭，朝子蘇拜著禮，說原來上天還額外派來了大神來幫助他們，看來恆古世界眾生有望了。子蘇便讓仙王將花環掛到了爾雅他們三人的脖子上，自己站在了一邊。

然後他們五人在眾仙王和天女們的簇擁下，一齊浩浩蕩蕩地朝天界之門飛去。

五、正門、玄門

子蘇很高興，現在他竟然也能飛升起來，渾身充滿了力量，像擺脫了一切束縛，輕鬆自在，從未有過的超脫感，美妙無比。只一會兒，他們便飛到了一個紅色的大門前，此門高大無比，宏偉極了，雲霧繚繞。他們飛到門前，門便漸漸開了，門內聚著長長的兩排天國眾生，一直沿著門內兩邊長長地聚集了下去，遠遠地看不到頭。他們手捧著鮮花，或哭

著，或俯下身，迎接著聖使們的歸來。

子蘇看見他們的樣子，眼淚掉落了下來，爾雅也哭了，她對仙王們說，一定會盡力將他們從魔難中解救出來。仙王們點著頭，所有眾生像同時得到信息一樣，便一起齊刷刷地騰空至天頂，他們唱著歌，將鮮花朝子蘇他們散來。歌聲美妙極了，真正的天籟之音，穿透靈魂，撫平五臟，純淨無比。子蘇他們不懂得在唱什麼，仙王們便說，這是他們恆古世界對貴客最隆重的迎接曲。

眾仙王又領著子蘇他從天眾們中間飛過，一直往裏面飛去。他們一路欣賞著仙境奇景，也不知飛了多久，終於飛到了一座大山中，山高大無比，奇峰連綿起伏，圍成一圈，每座山峰都直插雲霄，上不見頂，每座山峰都宏大無比，如同一個小世界，鋪開來，每座山峰都有人間的一個大洲那麼大，而且從山上到山腳四季分明，各不相同。比如山腳是春季，百花齊放萬物復甦，再往上走就漸漸到了夏季，再往上是秋季，最後山頂上是冬季，而且山上四季也在不斷輪換著，四時同在。而且山的正面是白天，那背面就是夜晚，當背面白天時，正面就夜晚，這樣晝夜四季在每一座山上同時存在著，輪換著，美妙無比。

在山的內面，還有山、有水，還有世界，生活著天眾，另有洞天，奇妙無比。這只是用人語略表了一二，更奇妙的，語窮難訴。在山上和山內部都生活著很多天國神眾，他們在眾山之間，飄飄而來，悠悠而去，飄然穿梭於山水之間。

眾仙王們說，這座群山叫化羽山，是恆古世界的正中

心，也是他們最後的一道防線，如果這道防線被攻破，恆古世界就不存在了。正說著突然一大隊天兵天將，排著整齊的隊列，鳴著法鼓，擺著陣，前來迎接。他們將子蘇一行接到了群山中間的一方蓮池上，蓮池上開著朵朵的蓮花，但蓮花巨大無比，裏面都有眾神和天兵天將飛來飛去。中央有朵蓮花特大，裏面估計能容幾十萬人，眾神便帶著子蘇他們飛進了這朵蓮花裏。

飛進來，才發現裏面是一個小世界，亭台樓閣，應有盡有，香氣撲鼻，令人心怡不已。他們飄到了蓮花中間的一個高台上。高台開闊無比，只見台上早已候著一批天神，他們見了聖使便拜，然後一起圍著聖使，席地而坐。

爾雅便讓他們介紹一下現在恆古的現狀和敵人的情況。幾位大神便圍成一圈，盤坐靜息，他們的意念便在高台之上聚集一起，形成了一幅巨大的三維立體畫面，讓爾雅他們如同身臨其境一般，感受著恆古世界的變遷。

畫面慢慢展開：

原始的恆古世界美妙純淨無比，沐浴著聖光，眾生幸福快樂地生活著，無憂無慮。他們具足神通，強大無比，隨心所能，各司其職，共同守護著恆古世界，沒有任何生命能威脅到他們的生活。

恆古世界吸收著下界散發的精氣，經過生命之源，將它們轉化為恆古世界的能量，儲藏著。但是慢慢地，隨著下界的墮落、汙染、崩潰，不知經過了多少次輪迴轉滅，滄海桑田，恆古世界慢慢地被下界墮落後所產生的不純的精氣所汙染，時長日久，汙染漸漸擴大，但起初卻沒有任何人發現。

又不知經過了多少歲月，一部分生命之源被汙染發黑，經它們產生的生命之泉也汙染變黑，一些吸取了這部分汙染泉水的恆古眾生，也被汙染了，失去神力，行將解體，痛苦不堪。這時有一個迷失者，它不知如何地跨過了無助沙漠和死水，來到了黑森林中。它吸收著黑森林的黑色生命泉水，生成了黑色魔法，變得強大無比。

它叫小丑王，長著小丑的樣子。從那以後，恆古世界便失去了寧日，它整日狂笑著，蹦跳著，四處搞破壞。那時恆古世界眾生神力雖大不如從前，但神力尚存，能夠將它制服趕走。那小丑王一被打敗，便逃進黑森林中，眾神不能入黑森林，怕被汙染，這裏便成了它的根據地。

小丑王懂得黑色法則，他發明了一整套黑色機制，能夠讓身體適應汙染，並能夠利用黑色泉水補充生命的能量。他還製出了一種酒，叫憤怒之酒，喝下這酒的汙染生命，能夠改變了自身的機制，適應汙染，並利用汙染的泉水維持生命能量。但喝下這酒後，就會與恆古世界斷絕任何聯繫，並必須與小丑王簽約達成協議，將根種在小丑王的身上，利用它的黑色機制生存下去。很多被汙染的痛苦生命，便在痛苦之中與小丑王簽約，喝下了憤怒之酒，他們從此便逃進了黑森林中，以黑泉水為生，生成黑色魔法。

隨著被汙染，逃進黑森林的眾生越來越多，小丑王的力量也與日俱增，越來越大。它逐漸侵入黑森林之外的領地，用黑魔法將黑泉水植入其中，使森林之外大片的領地相繼被汙染，痛苦中被逼無奈，喝下憤怒之酒的眾生也越來越多，他們都逃往汙染之地，以黑泉水為生，斷絕了與恆古的聯

繋，生成黑魔法。

慢慢地，隨著汙染之眾的增多，他們便在恆古世界之中，建立了自己的世界，他們自稱為玄門。而它們之外的原恆古眾生，就稱為正門。

從此玄門與正門之間的爭戰便不斷。

六、幻夢靈童

玄門在不斷地擴張著自己的領地，使汙染不斷地擴大，而同為恆古眾生，正門眾神不忍對昔日同胞下手，便一步步退讓，正門力量和領地便慢慢地不斷減弱、縮小，情況越來越危急。就在這時，恆古世界的守護三使之一復仇之使，證悟到了化境的高層境界，他大敗了小丑王。將它驅進了黑森林深處，再也不敢露面。

自此，恆古世界又過上了一段安寧的日子。而就在這時，恆古世界的護泉聖女卻突然消失了蹤影，還有一直默默守護著恆古眾生、無所不在的神母，也在此時無聲無息地離去了。誰也感受不到她們的存在，整個恆古世界，再也沒人感受到她們的氣息。

復仇之使便說神母與聖女已棄他們而去了，已背棄這個汙染的世界了。他說造物之主不要他們了，拋棄他們了，不要這個世界了，就將聖女與神母帶走了，準備毀滅這個世界。不然為什麼看著自己的子民受苦，他卻高高在上，一聲不吭，不聞不問，任由他們自生自滅？

起初沒多少人聽他的，但隨著他戰勝了小丑王，重新

恢復了恆古世界的安寧，成了這個世界的守護神，他的威望也越來越大，聽信他的人因此也越來越多。最後他說，既然造物主不要我們了，我們就得靠自己的力量來拯救自己的世界。他的話得到了大多恆古眾生的認同。

於是他們便策劃了一場轟轟烈烈的正法之行。他們選出了三個境界最高的代表，成為正法聖使，分別是守護三使：復仇之使、聖善之使與公正之使，他們各代表一方眾生。代表的一方眾生分別與他們簽約，將生命託付給他們，將自己的根繫在他們身上，願意認同他們所正之法。

然而，他們都是恆古的生命，他們的法，是恆古世界之內產生的法，所以，以他們原始的法，根本拯救不了恆古世界，只會讓世界變得更壞。正好當時天門大開，無極下來的元真大仙，下世開仙門救人。他們便前去乞求大仙，經過大仙同意，與大仙結下了仙緣，一齊下世重新修行，修成更高、更純的道法，來重建恆古世界的法則，拯救恆古世界。

他們一起約定了時間，許下了誓約，一起來到人世，輪迴修行，經過了生生世世，終於在這一世元真大仙開仙門時，入大道修行，證悟新法。而此時，約定回來的時間也到了，天門大開，恆古的眾生望穿了雙眼，終於等到了聖使們的歸來，便一齊迎接著聖使，等待著他們證實的新法則來拯救世界。

看到這裏，爾雅他們淚流滿面。他們內心的深處彷彿憶起了這遠古的往事，等待了生生世世，他們終於回來了。

眾神們也一起流著淚，他們又說，自從聖使們走後，小丑王的破壞，不斷加劇，它的力量也越來越大。被汙染的

領地也越來越大，最後半個恆古世界都被汙染了，成了玄門的地盤。超過了一半的眾生，與小丑王簽了約，成了玄門中人。但大部分玄門人還是良知尚存的，他們還記得自己曾是恆古世界的眾生，曾是手足同胞，所以雖然跟著小丑王，成了魔道，但他們從不過界侵犯他們，只躲在玄門世界中等待著救贖。

就這樣，隨著汙染不斷地擴大，正門的力量不斷消失，整個世界都漸漸失去了光芒，蒙上了灰暗。就在兩年前，恆古世界最灰暗低落的時候，小丑王又來入侵。他們出動了所有恆古眾生，使出了最後的力量。眼看著就要戰敗在小丑王的腳下，眼看著恆古世界就要土崩瓦解，最後的眾生就要一起消亡、殉道，突然造物之主派來了神使——幻夢靈童來拯救他們。他們說幻夢靈童降落地上以後，變得巨大無比，神通大顯，小丑王站在他的腳趾下，嚇得轉身就逃。

幻夢靈童趕走小丑王後，又沿著正玄世界的交界踩下了一道腳印，他所到之處，萬物相生，山川重輝，生機煥發。他口中發出巨大的能量，落在地上，便瞬間洗清了汙染，重新讓他們恢復了神力。幻夢靈童沿著世界走了一遍後，整個正門世界，都被他巨大的能量清洗了一遍，迅速恢復了元氣，煥然一新，眾生神力大增，充滿了能量，比以前更具神力。所以就又能重新與小丑王抗衡，維持至今不敗。

爾雅和玄真便一起合掌朝天拜著，感恩著幻夢靈童，感恩造物之主一直冥冥中幫助他們。子蘇卻對他們的講述感到驚詫，因為他覺得好熟悉，覺得和他兩年前做的一個夢，情景極像。而且他進入了恆古世界後，就一直覺得奇怪，覺得

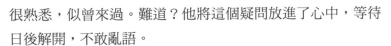

很熟悉，似曾來過。難道？他將這個疑問放進了心中，等待日後解開，不敢亂語。

爾雅他們拜後便想看看幻夢靈童的形象，眾神們便指著台下的一潭水，說裏面可看到。爾雅他們便過去圍著看，就見水中顯示著他們想看到的景象。他們看到恆古世界一半是黑的，一半是光明的，但光明的這一半中與黑色交界的地方，也有很大一塊地方被蒙上了灰暗，光彩黯淡。

眾神說黑的那邊就是玄門，是被汙染的世界。而光明的這一半，就是他們所在的正門世界。陰陽兩界，被一系列巨大的湖泊隔離開來，他們覺得湖泊形狀很奇怪，從高空中看，原來每個湖泊都是一個大腳印。眾神說，這就是當時幻夢靈童踩下的一列腳印。爾雅他們震驚不已。黑的那一邊世界，邊界上有一扇巨大的黑門，門上寫著「玄門」二字。而光明這一邊世界，也立著一扇大門，寫著「正門」。在正門的前面，立著一尊巨大無比的雕像，直入雲霄，金光閃耀。眾神們就說這是恆古眾生為感恩幻夢靈童而立的神像。

爾雅仔細看著神像的模樣，越看越覺得與子蘇的神態相似，簡直就是一個模子印出來的，只是一個是縮小版的，一個是成人版的。怪不得四仙王起初將子蘇誤認為是幻夢靈童，爾雅也驚奇不已。

七、神脈

情況都介紹完了以後，眾神們就對聖使們說，前不久，剛與小丑王打過一仗，趁他現在還在休養元氣，不來搗亂之

際，趕快打通神脈，將神體與恆古世界聯接上。不然得不到能量來源，時日久了會枯竭而亡。接上神脈以後，也能找回以前的記憶，等所有脈都接通了後，就開始正法，拯救這個世界。

爾雅他們點著頭，仙王便將他們帶到了七色蓮花台中，讓他們分開各自靜修，逐漸打通神脈，並派天兵天將，重重守護著他們，不讓任何人打擾。

神脈主要有九大根，全部與恆古世界相聯，主著不同的功能。首先要打通能量之脈，這樣才能獲得恆古世界的能量，使神體不至於枯竭。

轉眼大半個月過去了，爾雅、玄真和阿羅修，都分別打通了能量之脈，獲得了能量，神體放射出光芒。但子蘇卻怎麼也打不通，他的身體一天一天地虛弱下去，眼眶深深凹陷了下去，一點一點地枯竭著。眾神也都圍過來，他們圍著子蘇幫他加持著能量。最後他們發現無能為力，他們說子蘇不是來自恆古世界，他的神脈與恆古世界聯接不上，因此不能在恆古世界長久待下去。但現在恆古世界的亂未平，法未正，聖使的使命沒有完成，天門不會開，他們是離不開的，只能在這裏一直待下去，直至使命結束。

眾神們都哭了，他們說都是為了拯救他們，才害了子蘇。子蘇讓他們不要難過，說這不是他們的錯，是天安排他來的，也是他自願來的，一切天會安排好的，不會讓他死去。而太姒卻非常奇怪，她不吃不喝，身體卻一直不變，精力一直很充足，沒有枯竭的表現。

子蘇便靜息進入深層入定，他想在沉冥中能得到上天的

指示。漸漸地，子蘇感覺到，在沉冥之中，有一團氣息在慢慢地靠近他，試圖接近他。他不知這是什麼，就靜靜地感覺著，試圖了解它。慢慢的，這氣息越來越清晰起來，他終於感覺到了，是太姒！

太姒向子蘇打開了身體，試圖將自己的身體與子蘇通過神脈聯接起來。子蘇不知道太姒要幹什麼，他自己都無能為力，不能自救，更無法給太姒提供保護了，他不想讓太姒與他一起枯竭，就拒絕了與太姒聯接。可太姒卻一直縈繞於他的沉冥之中，不離不棄，一定堅持著與他聯接。最後子蘇無法，就同意了與太姒聯接，他想讓太姒感受一下他的枯竭與無助，好主動放棄與他的聯接。

子蘇與太姒大多脈都聯不上，但唯有一根能聯上，這一根剛好是能量之脈。能量之脈聯通之後，子蘇頓時感到一股巨大的能量，從太姒體內流出，流進他的身體，源源不斷。子蘇的神體一下恢復了元氣，他睜開了眼睛，太姒正坐在他身邊，微笑地看著他。

「妳到底是誰？」子蘇看著太姒說。太姒仍只是茫然地搖了搖頭，笑著看著子蘇。「妳什麼都不記得了嗎？」子蘇問，太姒點了點頭。「那妳還能記得什麼？」子蘇又問。「渴。」太姒喃喃地說。「有人給我喝了第一口水，帶我走出了沙漠，誰就是我的主人，我將終生跟從他。」太姒又說。

「我聽得懂這個世界的聲音，我對這一切好熟悉，但我不記得我從哪裏來。」太姒輕輕地說。「謝謝妳。」子蘇對她耳邊輕輕地說，沒再問她。

眾神們看到子蘇恢復了元氣，都大驚，問子蘇是怎麼做到的。子蘇笑了笑，說發生這麼神奇的事，他也理解不了，可能是天意在幫他。眾神便大喜，說這是大吉兆，看來這次天意在幫著他們，法必正。

　　子蘇感受著太姒體內的能量，驚奇不已，他發現太姒體內能量源源不斷，似乎不會減弱，似乎能夠自我補給。子蘇越來越覺得太姒的身世是個謎，不知道她和這個世界以及與他之間是個什麼樣的關係。

　　說來也奇怪，這兩個月小丑王竟然沒來搗亂，而且玄門那邊什麼動靜都沒有。爾雅、阿羅修、玄真他們神脈已打通了幾根，漸漸找回了過去的一些記憶，但神脈還未全部打通。子蘇這兩個月沒有事幹，他的脈無法與這個世界聯接上，也幫不上什麼忙，便一直靜息，感受太姒的氣息，想從她身上找出點什麼東西，幫她找回迷失的記憶。

　　子蘇經常聽到太姒周邊湧動著一些奇怪私語聲，聽不懂，但很奇怪也很熟悉，最後子蘇想起來了，這聲音就是森林中，樹木之靈發出的聲音。子蘇就問太姒，她在和誰說話。太姒說是生命之靈在和她講話。子蘇又問在講什麼？太姒說，生命之靈在告訴她說，她以前將記憶存在了它們的身上，讓她趕快找到記憶大門的鑰匙，去打開記憶之門，找回以前的記憶，說有很重要的事情在她的記憶裏，得趕快取出來。子蘇問她怎麼打開記憶之門。太姒茫然地搖了搖頭，說她什麼也不記得了。

　　第三個月，小丑王突然越過了防線，帶著一批徹底迷失了的玄門敗類，神不知鬼不覺地進入了正門之內。它們四處

搗亂著、毀壞著，將黑泉之水注入正門之內。眾神和天兵天將們趕緊去阻止小丑王，這次小丑王的力量變得非常強大，不知道它又從哪吸取了這麼大的能量，眾神和天兵天將們都阻擋不了它們。

靜修中的爾雅、玄真和阿修羅，感受到了危難的信息，便一齊出關幫助他們，迎戰小丑王。說來也怪，小丑王一看到他們到來，就頭也不回地跳著逃走了，連戰都不戰。眾神們都靜息著，恢復著元氣。他們說這次太奇怪了，小丑王的力量突然就增大了許多，以前它都很難越過防線，現在它竟然入了正門內還沒被發覺。

眾神便加派了天兵天將，鎮守著正門防線，日夜監視著玄門的動靜。他們又用靈童聖水清洗著剛剛被小丑王們汙染過的地方。爾雅感到奇怪，就問為什麼叫靈童聖水，是不是和幻夢靈童有關。天神點了點頭，他說這聖水就是當時靈童掉下來的眼淚，他們發現能夠清洗汙染，就好好保存下來了。

這次聖使們戰勝歸來，太姒突然指著阿羅修，偷偷對子蘇說，這個人很壞，生命之靈都很討厭他，太姒也一直討厭他，讓子蘇小心他。子蘇摸摸她的頭，讓她別亂說。

八、魔脈

這次與小丑王交戰，子蘇本想念動幻夢口訣，看能不能在夢中變成幻夢靈童。但等他知道了情況時，小丑王已逃走了，眾神和天兵天將已回山了。接下來的一個多月裏，又相

安無事，玄門那邊也沒有任何動靜，爾雅、玄真和阿羅修他們的神脈也大部分都接上了，還差最後的幾根。

但這個月，天神們慢慢發現神力越來越弱，並在逐漸消失。他們仔細尋查，突然發現化羽山竟然也受到了汙染，汙染隱藏得很深，可能在上個月就開始了，只是沒被及時發覺，它以蓮池為中心向四周擴散。這裏是恆古世界中心，最重要的部位，也是最後一道防線，正門世界所剩的眾生，大部分都聚集在這裏，這裏被汙染了，整個正門世界就危在旦夕。現在正門世界又開始蒙上了一層灰暗，與兩年前最危急時的情景一樣。眾天神便一齊向天禱告，乞求聖使們神脈早日接通，或乞求幻夢靈童再次顯身，來拯救他們，不然小丑王再攻過來，他們就再沒有力量抵擋了。

第四個月，小丑王果然又再次帶人來襲。這次爾雅、玄真他們已知道正門世界的危機了，便時刻感應著小丑王的動靜，當感覺到小丑王闖入了正門後，他們便即刻趕去阻擋。這次小丑王彷彿是專門針對玄真來的，它專盯著玄真，似乎要馬上置他於死地。眾神們已沒有多少力量了，他們只能阻擋小丑王帶來的魔眾，而阿羅修在一邊似乎幫不上什麼大忙，只是爾雅在拚死護著玄真，與他並肩而戰。神脈還未全部接上，玄真現在還不是小丑王的對手，這兩個月小丑王不知道又從哪兒吸取了能量，力量變得空前的強大。幾個回合下來，玄真就支撐不住了，最後被小丑王擒住了，小丑王身上突然生出許多黑色的管道，往玄真身上刺來，它想往玄真身上輸送黑色能量。

子蘇一直待在蓮台裏，當看到眾神和天兵們都出去迎

戰，知道了情況。趁著四下無人，他便坐進蓮台，心想不知道在這裏是否能召來靈雀，便靜下心來，口中念動著幻夢口訣。突然一聲巨鳴，靈雀果真又從天而降，牠又朝子蘇飛來，當子蘇看到眼前一片白色之後，便又進入了睡夢。

　　子蘇再睜開眼睛時，發現自己已是四、五歲模樣。是真的？原來自己真的是幻夢靈童，原來還可以做夢？子蘇很高興。便從蓮池中飛升了起來，他準備去迎戰小丑王，再重新清洗一遍恆古世界。當子蘇飛上高空後，他突然聽見地底下傳來搏動的聲音，像是心臟跳動一樣，聲音很沉悶，很讓人壓抑。子蘇便低頭看去，他突然發現一切在眼前都成了透明的，他眼睛一下子可以看穿到地底下的最深處。他看到有幾根像血管樣的黑色管道聯接到蓮池下面的深處，這些黑色管道醜惡極了，黏乎乎的，正一跳一跳地朝著蓮池底部輸送著黑色的汙物。

　　原來汙染是從這裏來的！子蘇一驚，他就想著先得解決汙染源，不然就危險了，清洗了以後，又會馬上再汙染，他想小丑王有爾雅他們擋著，應該不成問題。想到這裏，子蘇便先不想讓人看到他，於是就在心裏生出一念：讓自己變成透明的，讓誰也看不見他。想完，他便飛了下來，尋找著這些黑脈，然後一根根地將它們拔掉。

　　子蘇看到這些黑脈裏，有一根最大的動脈聯接在阿羅修的蓮台底下，還有小脈聯接在爾雅蓮台下面和池中其他的地方。子蘇拔掉它們後，又順著這些脈尋找它們的來源。尋著尋著就尋到了正門，看到小丑王正欲往玄真身上聯接黑脈，而此時爾雅撲了上來，她舞動著雲袖，用身體拚死護著

玄真，不讓小丑王的黑脈碰到玄真。而小丑王卻像是不想傷到爾雅的樣子，一直躲避著爾雅，在那僵持著。爾雅便拚命喊著楞在一旁的阿羅修，讓他上來幫忙，阿羅修這時才反應過來，他就跑上來，用復仇刀削斷了小丑王的幾根黑脈。小丑王一驚，大叫著，扔下了玄真和爾雅，便一蹦一蹦地逃走了。那些魔眾見老大逃走了，也跟在後面逃了。

子蘇覺得很奇怪，他剛才好像看到小丑王身上好像有許多線，小丑王彷彿是被這些線操縱的傀儡，就像是馬戲團裏的扯線木偶人一樣。好像背後有人在操縱著它，但子蘇還不能確定，因為剛才沒看清楚。子蘇就帶著疑問，順著黑脈來到了玄門世界。真的沒有任何人看得見他，和他迎面走來的，都沒有發覺他的存在。

子蘇進了玄門，他驚呆了，發現玄門世界內，密密麻麻地都是黑脈，它們縱橫交錯，聯接著所有的玄門生命，朝他們身上輸送著黑色能量。子蘇發現這些黑色的能量不住地侵占著他們的身體，直至徹底控制他們的心竅。吸收著黑色能量的被汙染生命，有一部分身體內還存留著一些以前正的力量，這些正的力量在極力地抵擋著黑暗能量的侵襲，不讓它們侵占最後的守護地，不想失去良知。而又一部分生命，他們身體完全被黑色能量侵占，他們的良知和正的能量早已損失殆盡，完全成了魔性的傀儡，變得竭斯底里，瘋顛狂亂，破壞一切。

子蘇很痛心，他又順著黑脈往縱深尋去，想尋到黑能量的來源，拯救這個世界的生命。最後子蘇來到了玄門世界的黑森林之中，他看到了小丑王的城堡，一座荒蕪的巨大黑

色城堡，陰森森的，在黑森林的中心。城堡極大，很大一部分玄門生命，生活在城堡中，有許多完全迷失了心竅的魔眾在守護著它。子蘇發現黑能量就是從城堡的底下而來。子蘇又想著，能不能穿越到底下（其實是深層的時空）去看個究竟。只一想，他的身體便真的能穿越到了底下了。子蘇看到最底下黑暗的中心，有一團巨大的黑色的物體在搏動著，力量很大，所有的黑脈都是被這黑色東西帶著運轉，都是從這黑色的東西上聯接出去的。它每搏動一下，就有黑色的能量從黑脈中流通出去，傳達到外界，像是心臟一樣。子蘇感覺到很噁心，他突然看到這搏動著的黑色東西，裏面還有東西在蠕動，他又用眼睛穿透著看了進去，發現裏面是一個胚胎！確切說是一個魔王的胚胎！基本上成型了，但還差最後一點未長成，樣貌看起來比較模糊，還看不清形象。它在裏面控制著整個玄門世界的運轉！不知道它是什麼時候生成的，也不知道它究竟是怎麼生出來的。

　　子蘇覺得噁心極了，他要毀掉這個醜惡的東西，毀掉這個罪惡之源。想著，他手中便生出了一把利劍，他將利劍對準黑色的心臟，準備刺下去。就在這時，他又想到如果毀掉了這個東西，那玄門世界的所有生命就會失去了能量的來源，他們都會枯竭而死，這一劍下去，等於是毀掉了整個玄門世界。想著，子蘇又楞住了，他收起了劍。子蘇想起了泊，她曾經也是汙染過的生命，只是比他們輕微。想著他們中還有很多是迫不得已的，是在等待著救贖的。想著子蘇就慢慢地轉身回去了，他不知道該怎麼辦，不知道該怎麼去幫助這些生命。

九、傀儡

子蘇回來後，便醒了過來。他看到太姒坐在他邊上，緊緊地盯著他，還有很多天神也在圍著他，仙王也在一邊，還有爾雅、玄真他們。看到子蘇睜開了眼睛，他們都鬆了口氣，問子蘇怎麼了。子蘇便說他睡著了。眾神聽後大驚，覺得不可思議，神是不用睡覺的，只需靜息一會便可，不可能會睡著。他們對子蘇的話無法理解，但也沒有再細問。

又半個多月後，化羽山的汙染被抑制住了，在大家同心的清理下，慢慢變清淨了，眾神也慢慢恢復了一部分神力。子蘇知道是因為將汙染的黑脈拔掉的緣故，但天神們都認為是阿羅修師兄打傷趕跑了小丑王的緣故。子蘇也不說話，他知道就是說出來也不可能有人信他。

為了盡快的恢復恆古世界和平，就在這個月裏，阿羅修師兄宣布閉關靜修，直到神脈全部打通。接著爾雅也宣布閉關了，不允許任何人打擾。只玄真一個人還在守著，怕小丑王再來襲擊，眾神們擋不住。眾天神和天兵天將們，這段時間也在高戒備地防守著，只剩下兩個多月，聖使們就可以全部打通神脈了，到時恆古就有救了，所以他們一定要堅持守住這最後的兩個多月，不能讓玄門魔道來干擾聖使們的靜修。

子蘇也作好了準備，準備保護好爾雅、玄真他們，讓他們抓緊打通神脈，好盡快恢復恆古世界的安寧。就在這半個月後，小丑王又一次來襲，這次它帶來了大批的魔眾，像是要與正門世界作最後大決戰。玄真和眾神們趕緊去應戰，子

蘇等他們都走後，也召來了靈雀，化成了幻夢靈童。

子蘇飛在蓮池之上，他低下頭想看看那些拔掉的黑脈有沒有再連起來，他一看發現黑脈竟然又都連起來了，而且比以前更多了。子蘇趕緊下去，他看到黑脈主要連在了阿羅修和爾雅的靜修蓮台下面，而阿羅修和爾雅此時正在蓮台裏閉關靜修，沒有參戰。子蘇就想著不能打擾他們，便悄悄穿越到了底下，又將那些黑脈都一根根拔斷了。

拔完以後，子蘇才想起玄真和眾神們正在與小丑王開戰，憑他們力量可能抵擋不住。想著就馬上趕到了正門。戰爭非常的激烈，天神們有許多受了傷，被輸入了黑色能量，痛苦地掉在地上，失去了神力。玄真也被小丑王打傷了，他也被黑色能量侵入了，眾神都護著他，將他團團圍起來，不讓他再上戰場。

看著眾神們一個一個倒下，子蘇急了，他口中便念著「大、大、大、大」，將自己變得巨大起來。眾神看到了子蘇出現，都楞住了，然後他們反應過來後，都一齊驚呼著，流著淚，呼喚著幻夢靈童。有的跪在了地上，朝子蘇跪拜著。那些魔眾看到了子蘇，也嚇住了，他們見識過幻夢靈童，都待在那不知所措。小丑王見眾魔兵都楞在那，就跳起來大叫著，向它們下命令朝子蘇攻來。

子蘇見過幾次小丑王，這次覺得這個小丑王有點奇怪，不像是小丑王。他就仔細看著，發現它的身後有一根黑色的大脈，往它體內輸送著巨大的黑色能量，而控制它的傀儡線卻不見了，子蘇眼睛突然穿過它的臉，發現它套著一層皮面具，裏面根本不是小丑王，而只是一個魔兵。也就是說這個

小丑王只是一個魔兵裝扮的，是假的。那真的哪兒去了？子蘇來不及細想，假小丑王便領著魔兵攻了過來。子蘇本想切斷它背後供給它巨大能量的黑脈，但又一想，切斷它的脈，它就會死去，子蘇覺得它可能還有機會被救贖，不想殺了它，便口中念了一個「定」字。那假小丑王就楞在那裏了，動不了，它楞楞地站著，進也不是，退也不是，急得在那瞪著眼珠亂轉著。

子蘇本想擒住這個魔兵，但就在這時，阿羅修卻突然出現了。子蘇想，阿羅修不是正在閉關靜修，不允人打擾嗎，怎麼這麼快就出關趕過來了。想著子蘇又仔細看了看阿羅修，發現眼前的這個阿羅修也很奇怪，不像是阿羅修。子蘇正尋思著，阿羅修便衝了上來，只見他揮動著復仇刀，已衝到了「小丑王」跟前，還沒等眾人反應過來，他就用盡全力，狠狠一刀，將「小丑王」劈開了，化成了灰燼。

子蘇這才發現阿羅修也戴著面具，而面具底下，卻顯露出一張小丑的臉，是小丑王！這個阿羅修是真正的小丑王幻化的！子蘇看到了他身上扯出了很多根線，而操控線的另一頭卻遠遠地伸到了化羽山中。

眾神見小丑王死了，都歡呼著，魔眾們紛紛跳出正門，逃走了。一個一個的謎讓子蘇很困惑，他不知道該如何去解釋。他本想將恆古世界再清洗一遍，但就在這時，他突然感覺到太妼的氣息，感覺到太妼似乎在呼喊他，而且氣息越來越弱，便飛快朝化羽山趕去，順便看看是誰在操控小丑王。

回到了化羽山，子蘇看到爾雅正慌慌張張地回到蓮台，他想爾雅不是一直在閉關嗎，到底發生了什麼事？他又看到

操控線伸到了阿羅修師兄的閉關蓮台內，他不敢相信，便用眼睛看了進去，發現真的是阿羅修在蓮台中操控，他在背地裏操控著小丑王，竟然還沒有人知道！子蘇驚呆了，這時他感覺到太姒的氣息消失了，便趕緊回了蓮台。

　　子蘇睜開眼睛醒過來，卻發現太姒真的不見了。每次太姒都是靜靜地守在他身邊的，跟他寸步不離，自從無助沙漠上見到太姒後，太姒就再也沒離開過他半步，這次卻不見了。並且他與太姒身體聯接著的能量之脈也斷了，他的神體再也沒有能量供應來源了。子蘇有種不祥的預感，感覺到太姒可能出事了，他很著急，便去尋太姒。

陸 救世

一、流放

　　子蘇尋遍了四周能到的地方，卻都看不見太姒的蹤影，而眾天神都去與小丑王交戰去了，也沒有人知道發生了什麼。子蘇突然想到，剛看到爾雅匆匆回到蓮台，她應該看到了什麼，便去詢問爾雅，順便將阿羅修的真面目告訴她。剛來到爾雅的蓮台前，就看到爾雅在蓮台邊慌慌張張地探望著，看到了他，趕緊將他拉了進去。

　　爾雅吃驚地看著子蘇，不說話。子蘇便問她剛才看到了什麼，有沒有看到太姒。問了半天，爾雅才四處張望著，悄悄地告訴子蘇，她說阿羅修不是正門之人，是玄門之人，她剛才悄悄出關，看到阿羅修將玄門的魔人放了進來，它們汙染了蓮池，還將太姒擄走了，他們是一夥的。

　　子蘇點了點頭，他早就料到了。他想起太姒早就告訴他，讓他小心阿羅修，說他是壞人，但他那時還不相信，他覺得對不起太姒，一定要將太姒救出來。

　　爾雅說完後，又看著子蘇，他問子蘇相不相信她。子蘇點了點頭，說相信她。爾雅又說，如果相信她，那麼子蘇也應該將他所看到的一切都如實地告訴她，不然就是不信任她，她說，她一直感覺子蘇有什麼事情在瞞著她。

　　子蘇本想馬上召出靈雀，去救太姒。但看到爾雅這麼問，覺得該將事情都告訴爾雅了，時機已成熟了。他就轉過來也問爾雅相不相信他，爾雅笑著，說不相信就不會想聽他

說了。子蘇點了點頭，就將他是幻夢靈童的事，以及他這幾次看到的一切都告訴了爾雅。

爾雅顯然很生氣，她問子蘇為什麼現在才告訴她，以前為什麼不說。子蘇說那時他還不確認自己就是幻夢靈童，以為自己只是做了個夢，而這恰巧又與他做的夢類似而已。爾雅又問子蘇是怎麼變成幻夢靈童的，子蘇就將召喚靈雀，以及靈雀讓他進入夢中成為幻夢靈童的事都說了。

爾雅點了點頭，沉默了一會。子蘇便要回自己蓮台，召出靈雀去救太姒，爾雅卻又拉住了子蘇，不放子蘇走。她對子蘇說，她想求子蘇一件事，問子蘇答不答應，並說不會浪費子蘇多少時間。子蘇就問是什麼事。爾雅說她很想看看靈雀，她說，她一直都很喜歡靈雀，一直都好想摸摸牠，但靈雀是神鳥，不是她這樣的人所能觸碰得到的，所以一直可望而不可求。她低著頭，求子蘇能讓她摸一次靈雀，滿足她這個心願，說一次就夠了，不會需要很長時間。

子蘇看著爾雅的樣子，就點頭答應了。子蘇念動了口訣，一聲鳴叫過後，靈雀應聲而來。但靈雀卻一直盤旋在蓮台之上，遲遲不肯落下來。子蘇幾次下令讓靈雀落下來，靈雀才躲躲避避地落了下來，卻只落在子蘇的身後，似乎在避著爾雅。子蘇覺得奇怪，以往他召喚靈雀，下了什麼命令，靈雀都會馬上執行，從未遲疑過，這次卻一直對他的命令猶猶豫豫地。子蘇又令靈雀到爾雅的身邊，讓爾雅撫摸，不准傷害到爾雅，靈雀卻不肯過去。子蘇很奇怪，便起身摸了摸靈雀，讓牠不要害怕，說不會傷害牠。

靈雀便將頭伸到了子蘇的懷中，子蘇抱著牠。這時爾雅

自己走了過來，她輕輕地貼在靈雀身上，慢慢地摸著牠。摸著摸著，突然靈雀長鳴一聲，撲倒在地上。

子蘇猛然轉過臉，看到爾雅將一把黑色的鋒利匕首刺進了靈雀的心臟，正從牠胸膛拔出來。子蘇呆住了。靈雀在子蘇懷中撲了幾下翅膀，就再也不動了。一會兒，牠的身體就放出了光芒，在光中燃燒了起來，越燃越快，最後消失在空中，什麼也沒留下。

子蘇看著爾雅，他不相信這是爾雅幹的。爾雅卻表情冷冷的，將匕首扔在了子蘇腳下，像什麼也沒發生一樣，便飛出了蓮台，將剛回到蓮池，還在高興談論著幻夢靈童再次顯靈，以及終於斬殺了小丑王的天神們召了過來。眾天神不知爾雅召他們有何事，就都圍了過來。

爾雅指著傷心地從蓮台中出來的子蘇，對眾神說，子蘇要謀害她。她說子蘇在暗中幫助玄門之人，他趁大家都去阻擋小丑王時，偷偷將玄門之人放進來，汙染了蓮花池，並溜進她的蓮台要謀害她，說著她又指著地上的黑匕首給大家看。眾神聽後大驚，他們想著，每次他們開戰時，子蘇都不在，只他一個人留在蓮池，而蓮池也是那時汙染的，他們便看著子蘇不知如何是好。子蘇也吃驚地看著爾雅，他很傷心，他不相信爾雅真的會變成這樣，他覺得爾雅也是像小丑王那樣，背後被阿羅修操縱著，才會這樣。

眾神質問著子蘇，在眾神的質問下，子蘇就將他是幻夢靈童的事，以及他看到的一切都說了出來。眾神聽後更是大驚，他們根本不相信地看著子蘇，讓子蘇變成幻夢靈童來證明他說的是真的，爾雅也附和著，說誰真誰假，看他能不能

變成幻夢靈童就知道了。

　　子蘇又試著念動了幻夢口訣，這次靈雀再也沒有出現。子蘇難過地低下了頭，說他的靈雀已被爾雅害死了，他再也不能變成幻夢靈童了，也救不出太姒了。這時阿羅修不知何時也站在眾人之中，他指著子蘇大喝著，說他血口噴人，說自己明明與眾人一起大戰小丑王，並且他還斬殺了小丑王，眾神都親眼看到，卻還誣陷他是背後操縱小丑王的人，更可氣的是他竟然還自稱是幻夢靈童，試圖蒙蔽大家。說著阿羅修就讓眾神將子蘇捆起來。眾神大怒，一齊將子蘇捆了起來，高高地吊在蓮台之上。眾神們還在下面議論紛紛，說他們本來就只有三聖使，卻回來了四個，本來就覺得不正常，而且子蘇跟他們的神脈都接不上，還經常說一些稀奇古怪的話，原來是玄門派來的魔王。

　　子蘇低著頭，他一句話也不想說了，想著太姒他眼淚滴了下來，他想如果去晚了，太姒就可能會被害了。眾神就問阿羅修與爾雅怎麼處置子蘇。爾雅就對眾人說，將他流放到黑暗之底吧。眾神大驚，他們議論紛紛，覺得這個懲罰太殘酷了。黑暗之底位於生命之源的盡頭，那裏是宇宙最黑暗的地方，宇宙間最黑暗、死寂的物質聚集在那裏，除了黑暗和黑暗中枯死的樹木，什麼都沒有。以前神界對罪大惡極之人，才會用這種懲罰，進入黑暗之底後，永遠也無法走出黑暗，只會在黑暗中越走越深，再也無法出來。他們的心智和所有希望會在無邊的黑暗慢慢地消磨、吞噬，巨大的寂寞會蝕入他們的骨髓，將他們慢慢抽空，最後他們都會在恐懼中崩潰發狂而死，極其痛苦。亙古以來，無論多高境界的神靈

都沒有一個能夠從這裏活著逃離，所以這裏是令神界都恐慌的死亡之地。

　　眾神看著爾雅，他們覺得這個懲罰太重了，想重新發落。最後阿羅修說話了，他說將恆古世界弄成這副模樣，幾乎要毀滅這個世界，使這麼多的眾生被殘害，這個罪還不夠大嗎？他在極力地鼓吹著子蘇的罪惡，子蘇閉著眼睛，一句話也不想說，眾神在下面議論紛紛，最後他們同意了爾雅的決定。只有玄真抱著傷體，痛苦地跑了過來，他一個人反對大家對子蘇的懲罰。他說好歹同門一場，不能如此狠毒，他還說對於子蘇的罪還沒有完全的證據，證明他幹的壞事，只是單憑復仇、聖善二使的嘴裏說出，所以不能太武斷。阿羅修和爾雅馬上一起質問著玄真，難道連他們都信不過嗎？那恆古世界還能信誰？讓眾神作決定。

　　玄真負了重傷，被汙染了黑色能量，神力很微弱，最後眾神架著他，強行進了蓮台，為他清洗身體。

　　他們將子蘇吊到了時空之鏡中，然後所有人一齊用神力驅動了時空之鏡，將子蘇流放到了黑暗之底。

二、黑暗之底

　　子蘇睜開眼睛時，已經躺在了黑暗之中，四周黑漆漆的。子蘇爬起來，什麼也看不到，什麼也聽不見，只感到鐵一般的死寂將他禁錮著，朝他壓過來，壓得他胸口憋悶得透不過氣來，接近崩裂。子蘇大喊著，但聽不到任何聲音，彷彿聲音被吸進了黑洞。

子蘇咬緊牙，忍著極度的痛苦，他一棵樹一棵樹地摸索著，他要摸出黑森林，他要去救太姒。無邊的黑暗，時間也消失了。一步、一步，一棵樹、一棵樹，子蘇在極度痛苦中，慢慢地摸索著，在這蝕骨的寂寞中，他不知道摸索了多久，只感到兩隻手都已摸出了繭來，他的身體越來越虛弱，前面卻仍是無底的黑暗，摸不到一丁點光明。

　　無底的黑暗，蝕骨的死寂，在一點一滴地吞噬著子蘇的身靈，慢慢地蝕進他的骨頭，抽空他的骨髓，將他一點一點地掏空，只剩下一具空殼。子蘇的心慢慢地被無底的絕望和無邊的悲傷噬空了，他終於扶著一棵樹跪倒在地上，大哭了出來。

　　他已經完全絕望了，他沒有力氣再往前走了，他害怕走進更深的黑暗，他被黑暗壓制得透不過氣來，他感到體內狂燥不已，幾近崩裂的邊緣。子蘇哭著，他倒在了地上，不想再爬起來，他最後的希望也已被黑暗噬空了，什麼也沒剩下，他只想讓自己靜靜地在黑暗中死去。

　　在迷離之中，子蘇不知道躺了多久，他感到自己快死了，在生命的最後時刻，他內心反而恢復了平靜。以前的往事也點點滴滴浮上了他的心頭，他想起了在元真山洞天中，清掃碧波蓮池的事，整整三年，他戰勝了寂寞，走了出來，而現在卻要被這死寂和黑暗吞噬而亡。

　　太姒還要等著他去救，還有恆古的眾生，他是為這個而來的，不能死在這裏。子蘇還剩下最後一念，他要戰勝這黑暗。子蘇想著在碧波蓮池時，他將自己的內心慢慢變得空無，當變得比寂寞還要虛空時，他就制服了寂寞。他

想害怕寂寞，是因為寂寞比他「空」，如果將自己變得比寂寞「空」，那自己就會成了寂寞的寂寞，那寂寞就會害怕他了。

　　子蘇用盡最後的力氣靠著樹，坐了起來，他讓自己的內心慢慢變成一潭死水，萬念俱滅，直至完全變成真空，就像煉就九轉金丹時那樣。

　　子蘇進入了極度的沉冥，在萬念俱寂之中，子蘇感覺到了周圍黑暗的物質竟在慢慢遠離他，他感覺到了它們的恐懼，它們在害怕他，在逃離他。他最後感覺到周圍的黑暗慢慢地裂開了，崩解了，最後完全消失了。

　　漸漸地，子蘇又聽到了那竊竊的私語聲，是生命之靈。在沉冥中，他能感覺到它們的存在，就是他周邊，一點一點的，閃著瑩光，悄悄盯著他。子蘇已沒力氣走出沉冥，他想起了太姒，「你們知道太姒在哪嗎？」子蘇在沉冥中輕輕地問著它們。

　　一陣竊語聲過後，眾生命之靈，擁著一顆最亮最美的瑩光，來到子蘇跟前。這顆瑩光飄浮著久久地圍繞在子蘇身邊，最後它站在子蘇的肩頭，落在子蘇的身上，再也不肯離去。子蘇慢慢感覺到了它的氣息，那麼的熟悉，是太姒。子蘇感覺到它就是太姒。

　　突然瑩光就化作了太姒的形象，流著淚看著子蘇。子蘇也看到了那天發生的情景，在他的眼前展開，他看到爾雅趁他睡著化作幻夢靈童時，偷偷地溜進他的蓮台，她手裏拿著那把黑色的匕首，那叫仇之刃，是從黑暗力量中提取出來最黑暗的物質鑄成的，一般生命被刺上一刀會立即化為灰燼。

她來到子蘇跟前，盯著子蘇的心臟，拔出了仇之刃。

太姒衝了上來，死死抓著她的手，拚命護著子蘇，不讓她靠近，爾雅便將刀刺進了太姒的心房。太姒慢慢地倒下了，她在氣息即將逝盡的最後時刻，呼喊著子蘇，讓他醒過來。爾雅又將仇之刃朝子蘇的心臟刺去，卻怎麼也刺不進，子蘇有金神甲護體。爾雅就咬著牙，見太姒身體還不會化去，便召來兩個玄門魔頭，順著地下黑色通道將太姒搬走了。

子蘇看到他們將太姒的身體搬進了黑色城堡中，而太姒的身體已完全沒有了氣息，卻還活著。他們感到奇怪，就圍上來研究。子蘇看到了阿羅修，他在黑色城堡裏！眾魔都聽他的號令，他是魔王！

阿羅修發現了太姒體內巨大的能量，他研究著，終於發現了一個驚天的大祕密：太姒就是神母，也是聖女，她的身體對應著整個恆古世界！

阿羅修狂笑著，將太姒送到地底魔嬰的身邊，將魔脈接到太姒身上，將魔嬰的黑色能量輸送到太姒的體內。而這個魔嬰的樣貌現在也已清晰可見了，是阿羅修的形象！他想掌管整個恆古世界，想改變太姒的身體機制，讓她形成黑色機制，吸收黑色能量，然後讓爾雅成為太姒，成為神母！這樣，他便成了造物之主，他要將整個恆古世界變成魔界！

三、化夢為真

子蘇現在一切了然，但他不相信爾雅會變成這樣，肯定

是阿羅修在操控著她。這時太姒便將自己的記憶全部打進了子蘇的頭腦中。畫面一下子展開來：

很久很久以前，恆古世界就慢慢開始汙染了。太姒是恆古的神母，同時也是守護生命之泉的聖女，她有兩個身分，但從沒有人知道，沒人見過她的真面目。太姒對恆古的汙染無能為力，她只能不斷將汙染的世界同沒汙染的世界隔開。

那時阿羅修是復仇之使，他與爾雅（聖善之使）、玄真（公正之使）一起守護著恆古世界的三方。汙染是從阿羅修的守地開始的，阿羅修是最先發現汙染的人，但他沒有告訴任何人，而是自己在偷偷研究著汙染的黑色物質。慢慢地，阿羅修發現黑色物質裏隱含著可怕的黑色能量，能夠摧毀一切。他便不斷嘗試著怎樣利用這黑色能量，甚至不惜將自己的身體汙染來試驗。經過了很長一段時間，不斷地嘗試，阿羅修終於發明了一套黑色機制，能夠吸收運用這黑色能量。這一切都是他在掩人耳目的情況下偷偷進行的。吸收了強大的黑色能量後，阿羅修的力量得到了空前的提升，很快達到了化境的高級層次，但他入的是魔道。

隨著汙染的加深，一個可怕的毀滅計畫在阿羅修的腦子中誕生，他在無助沙漠中尋到了一個迷失者，並幫他逃出了無助沙漠，進入了黑森林中，然後往它身上輸入黑色能量，將它變成傀儡，成為現在的小丑王。

阿羅修躲在幕後，操縱著小丑王，到處傳播汙染，搞破壞。他還發明了憤怒之酒，讓不幸汙染的生命喝下之後，能夠適應黑色能量，在魔道中重生，成立了玄門。這時被汙染的生命已經有很多了，起初太姒準備解體汙染的黑色能量，

但她發現這樣很多生命也會一齊被解體，恆古世界會變得殘缺不全，而且還會不斷繼續被汙染，所以她無能為力，只能眼睜睜地看著世界被汙染下去。

看著阿羅修肆無忌憚地幹壞事，太姒便以聖女的身分幾次顯身去找他，警告他，讓他停止作惡。這時阿羅修的魔力已達到了化境高級層次，與太姒不相上下，便要與太姒鬥法。如果真鬥起來，將會傷害到許多恆古生命，太姒不忍跟他鬥。最後太姒便與阿羅修達成了協議，他讓太姒與他的身體打通，幫他清洗汙染的身體，然後他停止作惡。太姒知道很危險，但她還是同意了，她別無他法。阿羅修便趁機將黑色能量大量地輸入了太姒體內，太姒力量大減，越來越虛弱。阿羅修趁機想控制太姒，太姒便用最後的神力，將自己化掉了，涅槃而去。

太姒在找阿羅修之前，就已經猜到了將會發生什麼，她便作好了最後的安排，一切都安排妥當後，再去找阿羅修。太姒涅槃後，會在無助沙漠重生，這個祕密沒有任何人知道，包括阿羅修。而且在恆久以前，造物就在她的生命之中設置了一個約定：誰給了她第一口水喝，並將她帶出無助沙漠，誰就將成了她終生的主人。

太姒在涅槃以前都已作好了安排，她將所有生命的記憶都保存在相應的生命之靈中，保存在生命之靈的根底，沒有人知道，也沒有人能夠打開。

阿羅修除掉了聖女後，更加的肆無忌憚，此時恆古被三使平分守護著，為了拉攏民心，他瘋狂地操縱著小丑王四處搞破壞，弄得整個恆古世界再無寧日，聖善、公正二使，

也不是他的對手，連連敗退。就在這時，他又化身為正義力量，化身為救世英雄與自己操控的小丑王展開戰鬥。他連連勝戰，最後將小丑王逼進了黑森林中。

這時他大獲民心，得到了恆古眾神的信賴，威望大增。甚至聖善之使爾雅也對他信賴有加，將他當成救世的希望。阿羅修得到威望後，便大肆宣傳，蠱惑民心，他宣稱造物之主已拋棄他們了，將神母和聖女帶走了，扔下他們這些骯髒的生命不要了。

他得到了一批恆古眾生的支持，便擁護他為王，生活在恆古世界的東面。另一批比較迷茫的眾生，便追隨著爾雅，在恆古的中部，兩邊觀望著。

唯有公正之使玄真，能夠冷靜保持中立，他只相信唯有造物之主才能拯救這個世界。相信造物之主沒有拋棄他們，只是時間還沒到。支持他的一批眾生，便擁護著玄真，生活在恆古世界的西面，也就是現在的正門世界。

最後汙染不斷擴大，玄門世界的力量也不斷強大，小丑王又勢將捲土重來。這時，阿羅修便召喚了全恆古的眾生，他作了一個大膽的決定，要重新建立恆古的法則，重造恆古世界。隨著眾神力量的不斷減弱，恆古世界危在旦夕，最後眾神不得不同意阿羅修的決定。

他們一起選定著正法的聖使，最後選定了玄真、阿羅修與爾雅三人。他們約定，一齊下到人間重新修行，修出更純正更永恆的法則，然後在約定之日回歸恆古世界，重建法則。

阿羅修下世前，暗中給小丑王，設定了一套機制，讓它

在自己不在時，能夠按他的要求運作。他們三人尋到了負命下世的元真大仙，與大仙結下仙緣，將各自的道行與神體交與了大仙後，便在大仙的安排下，投胎為人，輪迴修行。

爾雅將阿羅修當作了救世的希望，在下世前，她喝下了阿羅修給他的憤怒之酒，將自己的生命交付給了阿羅修。小丑王在爾雅下世後，按照阿羅修的安排，修改了爾雅的記憶，並將她以前原始的記憶抹掉了。將她變成了玄門之魔，變成了阿羅修的傀儡。

而玄真，阿羅修對他沒辦法，因為他是清醒的，他封閉了自己的世界，阿羅修無法修改他的記憶，沒法控制他。

這一切就在子蘇的眼前重新展現，他知曉了恆古世界發生的一切因果。

子蘇記得，他彷彿恆久恆久以前，就是為了救他們而來，為了他們，歷盡艱險，遠離故鄉，再也回不去了。他要拯救這個世界，拯救這些痛苦的生命，子蘇的眼淚又流了出來。

他覺得自己不能死，他得去救他們，但他現在卻沒有力量去拯救他們，他甚至連走出沉冥的力氣都沒有了。子蘇一遍一遍地求著師父，他重新念著師父教他的幻夢口訣：「至夢無極，化夢為真。」他邊念邊想著，他以前從未認真想過這句話的意思，只是把它當成一句口訣。他想著當時的夢境，想著天地萬物在他腳下生出來的情景。

師父為什麼要讓他在夢中才變得強大無比，隨心所欲？而現實的他卻是如此無能，不堪一擊？為什麼他在夢中，天地萬物從他的腳下生出來，從無到有，從虛空中生出一切？

想著想著，突然子蘇感到體內猛地一震，他的智慧一下打開了，他了悟了一切。

四、道法

（為了便於理解，以下法理我謹用我現在的話，重說出來，便於大家讀懂，僅以地球為類比來說明，亦只是類比。）

夢即是真，真即是夢，這有何區別？只是一個是物質，一個是影像。

而物質是什麼？僅以我們這個世界為類比，物質是分子構成。將地球上所有的物質放大，會看到所有的一切，都是由無數鬆散的小分子構成的，它們構成著萬物。而且構成的分子間的間距還很大，像鬆散的沙子一樣，分子還在不停地運動著。但我們卻都看不到，看不到鬆散的分子，只看到表面光滑的物質，只看到物質表相，看不到實質，被它的表相所迷惑著。

也就是說一切物質，都是分子和分子之間的間距構成的，物質即分子和空間。那分子又是由什麼構成的呢？如果將分子分解，會發現分子是由鬆散的原子構成的。那麼又可以說，物質是原子和空間。那將原子分解又是什麼呢？將原子分解會發現原子是由間距很遠的電子和中子構成的。那物質又可以說成是電子、中子和空間。那再將電子、中子分解下去呢？會發現無窮無盡，分解到最後，發現物質沒有了，不存在了，根本不存在物質，只剩下空間和能量。

所以一切物質只是假相。就像運行在電腦上的遊戲一

樣，如果你是虛擬人物，你身處於遊戲之中，是遊戲世界裏面的一個生命，你會感覺到遊戲中的世界是真實的，都是物質。但如果你是處於電腦之外的操作者，你會發現電腦裏的遊戲世界是假的，只是影像，只是運行在電腦裏的一段電路，只在電腦之中存在。

那麼何謂夢？何謂真？

宇宙是什麼？宇宙是由原始的能量和構成機制構成的。即原始的能量在構成機制的作用下，構成了第一層粒子，又由第一層粒子形成物質，生成萬事萬物，構成了第一層宇宙。而第一層粒子又在第二層構成機制的作用下，構成了第二層粒子，又由第二層粒子形成物質，生成萬事萬物，構成第二層宇宙。而第二層粒子又在第三層構成機制的作用下，構成第三層粒子，再形成物質，構成第三層宇宙。以此相生不斷，直至構成我們三界人類所存在的這最低一層宇宙和物質。

這構成機制是什麼？構成機制就是法則，也就是宇宙的法和道。所以超脫物質去看宇宙，一切都是法則，一切都是道，道道相通。

但是法有可見之法和不可見之法。什麼是可見之法？物質和表面的萬事萬物，就是可見之法。它可以讓你實實在在的看得到，摸得著。讓你吃辣椒是辣的，摸冰是冷的，遇火是熱的，感覺水是流動的，石頭是固定的，物體是有分量的……讓你感知這個宇宙，這一切都是可見之法，是法在你所在境界中顯現出來的表相，是法讓你所見的部分，也就是構成不同境界中所說的物質。

　　而不可見之法，就是構成這境界中物質和萬事萬物的客觀法則，是你所不可見的，是摸不著，看不到，冥冥中存在的。如果你看清了構成這個世界的不可見之法，那你就洞悉了這個世界中的一切，你就是造物之主，你就可以重造這個世界，你的智慧和境界就凌駕於這個世界之上，成為這個世界眾生膜拜的造物之神。

　　我們將構成一層粒子，一層宇宙的根本法則稱為母法。而每一層宇宙都是由無數的空間和境界構成，比如光我們這個小小三界，都是由天上、地上、地下，無數的空間世界所構成的，所以一個宇宙那將含有無數的空間和境界。那麼我們就將構成這層宇宙中每一個空間境界的法則稱為一個子法。

　　也就是說每一層母法，又在她的基礎上，生成了無數層的子法，縱橫交錯，構成了繁雜玄奧的宇宙。我們將構成第一層宇宙的根本法則稱為一級母法，一級母法又生出了無法的子法，稱為一級子法，它們共同構成了複雜玄妙的第一層宇宙。子法和母法是具有同等結構的，是屬於同一個宇宙的，子法的根在母法之上，只是表相上具有差異。舉個例子，就像是鉛筆一樣，鉛筆有筆芯才能寫字，才是真正起作用的東西。所有鉛筆的筆芯都是一樣，那麼這鉛筆筆芯就是母法。而有的工廠會將筆芯套上木製的筆桿，有的套上紙製的筆桿，有的套上紅色的筆桿，有的套上黑色的筆桿，有的套成圓形的筆桿，有的套成方形的筆桿，形成各色各樣，多姿多彩的鉛筆。這些多姿多彩的鉛筆，就是子法，它們運用的都是同一個母法，都是在同一個母法基礎上形成的多姿多

彩的子法。

　　一級母法又在她的成法機制上相生，形成第二層根本法則，構成了第二層粒子，第二層宇宙。那構成第二層宇宙的根本法則，稱為二級母法。二級母法又生出了無數的二級子法，形成多姿多彩的二層宇宙，和宇宙間的萬事萬物。二級母法又生成三級母法，三級母法又衍生成無數三級子法。最後又生成了四級母法，以此下去，生生不息，直至生成構成我們這一層宇宙的母法，和我們三界這一層宇宙。

　　舉個例子：我們這個宇宙是由分子、原子、中子、電子等微粒構成的。我們將分子、原子、中子、電子，等等這些微粒，統稱為一層粒子，我們這一層宇宙就是由這一層粒子構成的。那麼構成這一層粒子，這一層宇宙的根本法則，就是我們這一層宇宙的母法。而比我們更高一層的粒子和宇宙，我們就看不到也摸不著，無法感知到它的存在。因為它是我們這一層宇宙和粒子的成法機制，與我們構成完全不同的法則，所以我們無法感知到它的存在，就像我們人類所說的暗物質、超物質一樣，與我們這個宇宙的物質根本就不是同一個法則構成的，所以你感知不到它的存在。

　　以道來講，宇宙最原始狀態是無極，是太虛。後來在「道」的機制作用下，無極生出了最高一層的太極，太極又生四象、生八卦，層層相生，生成了一個多姿多彩的宇宙萬物。這就是第一層宇宙，這個最高一層太極，也就是一級母法。而這層太極生出的四象、八卦等，就是一級子法。

　　無極之上太極生，宇宙並不是一層太極，而是有無數層太極，神上還有神，道上還有道，一層比一層高。一層太極

生成一層宇宙，那第一層太極之下，又生成了第二層太極，第二層太級又生出四象、八卦，生成第二層宇宙。第二層太極就是二級母法，這層太極生成的四象、八卦等就是二級子法，以此，相生不斷，直至人類三界。

也就是一層母法就是一層太極，也就是一層宇宙，層層相生。高一層的母法是低一層母法的成法機制。低一層母法只有在高一層母法的基礎上才能構成、顯現出來。沒有高一層母法，低層母法就沒有依附了，馬上解體了，不存在了。就像電腦一樣，如果沒有電腦，那運行在電腦上的遊戲就不存在了，它只能在電腦的硬體基礎上運行，電腦是它的存在顯現機制。這就是高一層母法和低一層母法的關係。

也就是物質都是虛幻的，高一層的物質，比低一層的物質更「物質」，更真實。

此時，恆古世界的一切都在子蘇的眼前一一解構、展開，一切物質都不存在了，連時間都在他眼前分解了，只剩下了法則。子法連著母法，母法又生出子法，道道相生，縱橫交錯，像樹幹和樹杈一樣，生出萬物。一切不可見之法都在他眼前一一顯現，一切都是道，道道相通。子蘇看透了這一切。

五、魔道

無極生太極，生萬物，然後又生出了下一層太極、萬物，這是生之法，整個龐大的宇宙萬物，都是由生之法層層相生而成。

　　但生之法成法以後，層層相生，生生不息，相生無止。這樣無極相生下去，會生至飽和，走向反面，生極至滅。於是在宇宙極高極高層上同時生成了滅之法。滅之法的生成是為了抑制宇宙的無限相生，使之相生達到平衡，不再無極相生下去。

　　在宇宙的極高層之上，那裏超脫了一切善惡，只存在生與滅。滅之法是在那裏生成的。滅之法與生之法完全不同，屬於相反的機制，而且滅之法在極高層次上生成以後，就隱藏得極深，藏在生之法的底部，一般生命根本看不到它的存在，而且在高層上滅之法根本就沒有表現出來，所以不為一般宇宙生命所知。直至層層下去，到了低層，滅之法才慢慢表露了出來，開始抑制相生。越到低層，滅之法的表現越激烈，越極端，因此便生成了魔道，生成了相生相剋。

　　宇宙有層層的佛、道，佛、道和諸神行的是生之法，他們是在生之法中成就的，是正的。而魔奉行的則是滅之法，宇宙極高層上都存在著魔，它們在那境界中，與佛、道同在，他們是滅之法成就的，是邪的，它們將毀滅當成了宇宙中最偉大、最崇高的事情。它們將毀滅當作自己的使命和最高理想，直至最終連同自己也一起與宇宙毀滅掉，它們將這成就為它們生命中最偉大的輝煌。

　　最終生之法與滅之法達到了平衡，抑制了宇宙的無限相生。但隨著時間的恆久流逝，滅之法的弊端越來越表現得極端出來。

　　於是在生之法與滅之法的共同作用，不斷地融合、混雜下，宇宙下層的法則開始不斷地被汙染，而不再純淨。法被

汙染了以後，就沒有力量再維持這一層宇宙物質的存在，宇宙物質就慢慢地風化、解體，於是形成了成、住、壞、滅的法則，並最終成為了宇宙眾生的宿命，使誰也無法逃離。就像我們人體的細胞一樣，存在著新陳代謝，這是人體無法改變的規律。在超脫了善惡的極高境界，他們看低層的成住壞滅，也就像我們人看自己細胞的新陳代謝一樣，只是一種自然的規律。但宇宙是循環的，層層的循環，低層的道法與高層的道法存在著循環。由宇宙最低層到最高層，都存在著一套層層複雜的大循環。

最初是宇宙的最低層形成了成住壞滅的宿命，在低層法被汙染不純了以後，它雖然最終被滅掉了，重新生成新的純淨的法。但在它滅掉之前，它已經通過循環汙染到了高一層的法，雖然汙染很小，顯示不出來，但隨著時間的流逝，隨著一次次地不斷汙染，最終汙染越來越嚴重，使高一層的法也慢慢不純，被汙染了。因此高一層宇宙也出現了成住壞滅的宿命。以此往復，使宇宙的層層都出現了成住壞滅的規律，最終使整個巨大的宇宙都在毀滅之中。

而修行，就是清洗自己的法則，使自己不斷的純淨，從而回歸真我。它必須是以高層的純淨法則作為修行標準，也就是指導修行的道、法，然後通過低層往高層循環的機制，不斷清洗自己，慢慢改變自身的法則，提升自己的境界，最終成為高境界生命。

子蘇一切了悟。阿羅修和他在地底看到的魔嬰以及它們的一整套黑色機制，就是滅之法在恆古世界生之法的底下形成的魔道。它的目的是毀滅恆古世界。

六、渾沌神獸

這時子蘇感覺神體越來越虛弱了，他根本無法走出沉冥。子蘇問太姒，怎樣能讓神體恢復能量。太姒說，她體內本來保存著恆古的原始能量，一直可以供應子蘇。但現在她體內的能量已經讓阿羅修它們汙染了，已不能用了。現在整個恆古世界的能量都被汙染了，都不能用了，整個恆古的生命都在汙染之中，不久這個世界就會變成魔界，或解體。

太姒說，神體必須與他所在的世界聯接，吸收他所在世界的能量，不然就會慢慢枯竭而死。她說所有神體都是這樣，只有一種神體除外。子蘇問是哪種。太姒說是至尊渾沌神獸，她說這種神獸遊離於幻虛之中，以渾沌為食，能聚之成形，散之成物，無所在，而又無所不在。它生無定相，幻化不定，是宇宙中最神祕稀有的神物。

子蘇覺得太姒所說的渾沌神獸很熟悉，就讓太姒顯像與他看。太姒說，誰也沒見過神獸，只是聽說牠在誕生的時候，是以四不像的形態生成。太姒便在子蘇腦中顯現出了四不像的形態：頭長鹿角，身披龍鱗，腳生馬蹄，背生鳳翼。

子蘇想起師父在造他神體之初時，就是這模樣。後來師父以紅繩縛住了神體，神體才不斷縮小、幻化，最後變成了現在這般泥鰍的模樣。原來師父給自己造的神體是至尊渾沌神獸。子蘇又想起師父的話：無極之上太極生，夢中之結夢中解。

那現在就該是解開繩結的時候了，子蘇想著，果真看到了繫在了自己身上的紅繩。子蘇起一念，將其解開。頓時金

光四射，大地撼動，宇宙兩極之能量往子蘇體內灌來，子蘇的神體不斷地膨大、充實，直通天頂。他感覺渾身充滿了能量，能運轉太極，吐納宇宙。

此時恆古世界發生了強大的地震，眾神都驚措不已，他們以為恆古世界開始崩解。舉目望去，看到東方世界盡頭的黑暗之底，射出耀眼的金光，直達宇宙之極。眾神皆驚，知曉必有大事將出，遂往東而待。

子蘇走出了沉冥，此時黑暗之底已不復存在，黑暗、死寂物質已盡解體，生命之靈圍繞在他身邊，閃著瑩光。太姒之靈，落在他的肩頭。

子蘇神目望去，看到玄門黑城堡之底，太姒之體正聯在魔嬰之上，被輸入著黑色能量，而魔嬰已完全成形，即將脫胎出世。子蘇雙眼射出金光，燒斷了黑脈。他看到魔嬰在恐懼地扭動著。子蘇伸出手來，手臂無限生長，頓時生至萬里，穿透層層時空，將太姒抱了過來。

子蘇的一滴眼淚滴在了太姒的胸口，眼淚順著太姒胸口的刀傷，流進了太姒體內。頓時眼淚化開，化作最純淨，強大的能量，通透太姒全身，將灌入太姒體內的黑色能量全部順著傷口排出，流了出來。汙染排盡後，傷口慢慢癒合。子蘇捧著太姒之靈，朝她輕輕吹了口氣，靈消失了，太姒慢慢睜開了眼睛。

太姒流著淚，久久跪在子蘇腳下。子蘇帶著太姒，跨出了森林，來到了正門之內。

正門世界一片悲慘，眾神都被汙染了，他們失去了神力，痛苦不已，山川樹木，皆已失去光彩，飛禽異獸，都趴

在地上，苟延殘喘。正門世界已成了灰色，很多承受不了痛苦的生命，偷偷逃至玄門世界，乞求憤怒之酒，來解脫他們的痛苦。

子蘇流著淚看著他們，他們也看到了子蘇，認得他是兩個月前被流放到黑暗之底的子蘇。現在卻活生生，帶著無限的光芒出現在他們身邊，所有眾生都不可思議，圍過來看著子蘇。子蘇的眼淚滴落在地上，地上的灰暗頓時化開，汙染散盡，花草放出光芒，重現生機。子蘇說他能拯救他們，問他們願不願得到他的拯救，眾神猶豫。

終於有幾個看到神蹟的天神，跪在了子蘇腳下，說願得到子蘇的拯救。子蘇將手一一按在了他們頭上，一股巨大能量從他們頭頂，貫穿全身，所到之處，汙染盡散，黑暗盡驅，神體重煥光彩，射出純淨光芒。他們喜極而泣，感覺全身充滿了神力，前所未有的強大起來。

眾神紛紛跪倒在子蘇腳下，乞求拯救。子蘇一一給他們清洗著。眾神將奄奄一息的玄真抬了過來，子蘇看著虛弱的玄真，問他信不信他，願不願意將生命交給他拯救。玄真已知曉了一切，他輕輕點著點頭，說他等待這個時刻，已等待太久了。子蘇含淚將手按在他頭上，玄真的汙染，慢慢散盡，他的神體射出比以前更耀眼的光芒。

不知什麼時候，阿羅修與爾雅也在了人群之中，他們看到子蘇竟走出了黑暗之底，重回了正門世界，並得到了眾神之心，大驚。他們便極力蠱惑著人心，驅散眾神。但眾神再沒有一個聽他們的，都紛紛跪倒在子蘇腳前乞求拯救。

阿羅修大怒，他操起復仇之劍，極力朝子蘇劈來。劍劃

過了子蘇的身體，穿透而過，卻沒留下任何痕跡。阿羅修又回劍再劈，子蘇手指輕輕一點，劍頓時化作了一股黑氣，消失而去。

七、聖王歸來

阿羅修氣極而逃，帶著爾雅逃至了玄門世界。阿羅修逃至城堡，關上了大門，他於城堡之底閉關靜修，與魔嬰合為一體。

閉關六日，與魔嬰合一，魔王出世。

子蘇於六日中，清洗了整個正門世界。世界又重新放出光芒，恢復神力的眾神跪拜在子蘇腳下，視他為造物之主。子蘇說，清洗只能緩解暫時之痛，清洗了以後，還會被汙染，因為恆古的法則已經風化了，這個世界必須得重新正法，才能解決長久之痛。

玄真便領著眾神紛紛跪於子蘇腳前，誓言願將生命繫於子蘇身上，交與子蘇正法。子蘇點頭，將眾神之根繫於太姒身上。

眾神問子蘇玄門世界怎麼正法。現在恆古世界已有三分之二的生命於玄門之中。

子蘇說玄門的生命都將根繫在了魔王身上，向魔王宣下了誓約。如果他們不解除與魔王的誓約，不認同他的法，那正法之時，它們都將頃刻化為灰燼。因為這是他們的選擇，他們否認了造他們生命之法，所以他們在法中沒有歸宿，他們選擇了解體。

但如果不正法，那整個恆古世界即將面臨解體，且已汙染到了上層世界，所以正法之時，刻不容緩，時間已不多了。說完子蘇設下了正法之時，帶著太姒往玄門中去。眾神翹首期望。

　　子蘇入了玄門之內，玄門之眾馬上將他包圍。子蘇高大無比，通體放出光芒，無一人敢近其身。子蘇令太姒打開記憶之門，他能說出所有人的過去和現在，令眾魔驚嘆不已。子蘇將他們的記憶還給了他們，向他們宣講生之法與滅之法，宣講阿羅修的真面目與魔王的本質，喚起他們心中倖存的正念。

　　魔眾越集聚越多，很多正念尚存的魔眾低下了頭，他們在深思，在反省，在掙扎。子蘇告訴了他們正法的時刻，告知他們正法到來之時，如果沒有與魔王阿羅修解除誓約，沒有認同他的正法，將在正法到來之時，化為灰燼。聽了子蘇的話，玄門眾魔，有的在深思著，有的在懷疑，有的完全不信，這些不信之眾，它們聚集起來，一齊向子蘇發起攻擊。

　　子蘇頓時身高萬丈，他伸出手，將它們都同時抓在了手心中，扣在了地上，使它們動彈不得。魔王阿羅修完成了與魔嬰合一，閉關出來，馬上趕了過來。

　　它聚集所有的黑色能量，魔性大發，越變越大，越變越高，最後整個玄門世界都在它的腳底下，它一腳朝子蘇踏來，妄圖踏平子蘇，包括玄門世界的魔眾。子蘇一伸手，一條紅繩從他袖中飛出，越變越長，越變越大，最後縛住了魔王，捆著它，越縮越小，越縮越小，最後縮成了蚯蚓大小，躺在了子蘇腳下蠕動著。

眾魔大驚，這時爾雅也來到了子蘇跟前，她震驚地看著子蘇。子蘇看著她，打開了她的記憶之門，將她真實的記憶還給了她，太姒早就將她的記憶備份了，保存在生命之靈的根底。爾雅恢復真實記憶後，恢復了神智，她知道被阿羅修欺騙、蒙蔽了，但她現在已被完全汙染了，再也回不去了，只能永遠待在玄門之中，她痛苦地低下了頭。

　　子蘇讓她抬起頭，問她信不信他。爾雅痛苦地猶豫著，子蘇說能拯救她，只要她與魔王解除誓約，將生命交與他正法，便能讓她回歸到最純淨的狀態，恢復整個恆古世界，如同被汙染前一樣。

　　爾雅還在猶豫，魔王便在這最後時刻，幾近瘋狂。他將思想打進了子蘇的意識中，他要阻止子蘇正法，他要馬上與這個世界同歸於盡！這個世界所有生命的根，現在都繫在它身上，都使用著它的黑色機制，與它連為一體，它如果馬上自毀，那整個玄門世界都將與它一起毀滅。

　　子蘇眼淚掉了下來，他看著這些可憐的眾生，問魔王想怎麼辦。魔王咬著牙說，它要引來死水，讓子蘇脫下金神甲，慢慢被死水淹沒。不然它就馬上與整個玄門世界一齊毀滅。

　　太姒感應到了魔王與子蘇的交流，她跪在了子蘇腳下，流著淚，乞求子蘇千萬不要答應它，並與魔王說，用自己來代替子蘇入死水。魔王大笑著，拒絕了她，說她還不夠這個資格。

　　子蘇摸著太姒的頭說，閉上了眼睛，他說如果用自己的生命能換來這麼多眾生的得救，那他願意承受，為了這一

天，他已承受下了所有苦難，不差這最後一點。子蘇同意了
魔王。太姒大哭，緊緊抱著子蘇不放，子蘇用紅繩將她鎖到
了正門世界，脫下了金神甲。

魔王狂笑不已，他鼓動魔眾，引來了死水，死水朝子蘇
淹來。子蘇流淚看著眾生，勸它們趕緊醒悟過來，不然時間
一到，悔已晚矣。

死水淹到了子蘇腳下，子蘇的腳頓時被腐蝕化掉了，化
得只剩下白骨，流出骨髓，最後連骨頭也化掉了。子蘇痛得
渾身顫抖，他仍流著淚，一遍一遍地在勸解著魔眾。死水慢
慢沒到他的腰了，子蘇半個身體已經化掉了，子蘇已痛得口
不能言，他流著淚，雙手合十。

這時爾雅再也制止不住了，她大哭，朝子蘇跪了下來，
她宣布解除與魔王的誓約，將生命交予子蘇，久跪不起。一
部分正念尚存的魔眾，也被子蘇感化了，它們亦紛紛向子蘇
跪下，宣誓脫離玄門，將生命交予子蘇。已有三分之一的魔
眾，脫離了玄門，認同了子蘇的正法。

死水沒過了子蘇的頭頂，子蘇最後一根頭髮也消失了。
魔王氣極瘋狂，它發恨地報復著背叛他的魔眾，取出它們身
上的黑色機制，令它們痛苦不已。它們跪在地上，痛得在地
上扭曲著。

八、萬法朝宗

眾神跪在地上，一刻一刻地等待著正法時刻的到來。魔
王更瘋狂了，它率領著剩下的魔眾，極力毀滅著恆古世界，

毀滅它們看到的一切,將黑色能量通到了全世界。魔王在空中散著黑氣,黑氣越散越多,越散越濃,最後將整個恆古世界都籠罩其中,一片黑暗,什麼也看不見。

眾神流著淚,齊聲呼喊著子蘇的聖名,震天動地。

霎時,一道金光,從黑暗中爆發,劈開了黑暗,萬丈的光芒,穿透層層的時空,照亮整個宇宙。眾神與眾魔都同時失去了能力,他們都定在那裏,動彈不了。

「萬法朝宗!」魔王最後絕望地大叫著,化成了膿血,變成灰燼。

光芒驅盡了黑暗,普照了整個恆古世界,所照之處,汙染盡散,黑暗盡消。眾神重新獲得了新生,山川重現光芒,如同恆久之前一樣。那些不認同正法,追隨著魔王的眾魔,此時方醒悟過來,它們絕望大哭,在悔恨中化為膿水。

子蘇坐在光芒之中,他的萬丈光芒,直穿到太極以上,普照著整個宇宙,耀眼的光芒,令所有神靈都不敢睜開眼睛看他。

恆古世界又恢復了寧靜,眾神重獲了喜悅,無憂。普天同慶。他們一齊頂天膜拜著造物之主,沐浴造物之洪恩,感恩涕零。

這時恆古的眾神根據他們各自的所作所為,重新歸位。

玄真成了護法聖使,爾雅被降為眾生,太姒仍是神母。

泊的氣息,降到無助沙漠後,經過沙漠的淨化,流過死水,進入了生命之源,聚之成形,成了生命神泉。泊成了恆古世界新的護泉聖女。

在超脫了所有生命的氣息,萬物俱寂的虛空之中,太姒

的神識游離其中，她在努力地感知著子蘇的氣息。她感到了一陣穿透生命的憂傷。

「主啊，您不是說常懷喜悅，享有寧靜，是生命本有的境界嗎？您將所有的喜悅與寧靜賜給了我們，而您為什麼卻獨自憂傷？太姒是您的一部分，我有這個資格聆聽與分享您的憂傷嗎？」

子蘇告訴太姒說，現在雖然恆古正了法，但是以他之法所正，他之法亦不是最純淨之法，所以以後終究還會重新被汙染、解體。而且現在上層的世界也都已不純了，宇宙很高境界都在劫難之中。

太姒問，那就沒有解救的方法了嗎？子蘇說，有。那是一場整個宇宙的大正法，宇宙自最高至最下，所有神靈、生命都在其中，都得參與。屆時由宇宙之外，至上至高的眾神之主，也就是子蘇的師父，親自下到宇宙最低層，下到三界人間正法，這樣整個宇宙生命都在正法之中，不會遺漏。

屆時將成就萬古不破之法，將修補生之法的缺憾，使之達到完美，形成自我圓融，自我修補的機制，長住不滅。屆時將產生全新的宇宙，替換舊宇宙，新的宇宙將更美滿、玄妙，更純淨，美不可言。未來能進入新宇宙的眾生都有福了。

太姒問，那怎樣才能通過正法，進入新宇宙？怎樣才能不會在正法時迷失，而入魔道被毀滅？

子蘇說，一劫以後，當優曇婆蘿花在人間開放的時候，眾神之主轉輪聖王將於人世開始正法。屆時滅之法的代表，宇宙魔王也將下世發展魔眾，破壞正法，它會極力以它的

黑色能量欺騙、蠱惑眾生，讓迷失的眾生宣誓加入它們的玄門，最終被正法毀滅。

　　屆時只要做到兩點，便可進入新宇宙。第一，看清真相，不偏信偏聽，不迷不惑，認清哪是玄門，哪是正門，不加入玄門。如果不幸加入了魔王玄門的，得在正法之時來到之前，宣布脫離魔王。第二，不可詆毀聖王所傳正法，即使不信也沒關係，但絕不能汙辱、詆毀，不然新宇宙將沒有你容身之地，將會在正法中毀滅，屆時悔已晚矣。

　　太姒點著頭，拜謝著子蘇，她將緊緊記住子蘇的話，即使那時，子蘇再度下世協助正法，她也絕不會迷失。

九、落幕

　　子蘇他們上天界後，天上與地上的時間慢慢分離開來，天上大半年後，地上已十多年了。

　　上德真王在眾青衣師兄的幫助下，平定四海，統一澤國，天下太平。真王以道治國，德濟蒼生，開創了此次人類有史以來第一個盛世，四海歸心。

　　眾青衣師兄，也在協助真王平定四海中，重新修行，歷盡重重苦難，在修行中漸漸學會了使用師父贈予的法寶，神力越來越大。終於在真王平定了天下，賞功封侯的時候，功成圓滿，一併封神，全部名列仙班，各歸各位。此時人間神仙大顯，白日飛升，有如仙界。

　　阿蓮嫁給了上德真王，成了王后，母儀天下。在阿蓮的幫助下，收服了滾石山土匪，他們投誠，歸順於真王，找

到了阿蓮家人，並暗中保護紅石山避風寨人，直至真王平定四海，阿蓮家人團聚。阿蓮給避風寨人重建了家園，一直幸福至老。阿蓮記著龍潭湖人的大恩，終以大德相報。此是後話。

　　戲已至此，舞台謝幕。仁者見仁，智者見智。

世外異人

作 者：奇人甲

編 輯：黃采文、林惟真

美術編輯：吳姿瑤

繪 圖：古瑞珍

出 版：博大國際文化有限公司

電 話：886-2-2769-0599

網 址：http://www.broadpressinc.com

台灣經銷商：采舍國際通路

地 址：台北縣中和市中山路2段366巷10號3樓

電 話： 886-2-82458786

傳 真： 886-2-82458718

華文網網路書店：http://www.book4u.com.tw

新絲路網路書店：http://www.silkbook.com

美國發行：博大書局(www.broadbook.com)

Address: 143-04 38th AVE. Flushing, NY 11354 USA

Telephone: 1-888-268-2698, 718-886-7080

Fax: 1-718-886-5979

Email: order@broadbook.com

規 格：14.8cm × 21cm

國際書號：ISBN 978-986-85209-9-8(平裝)

定 價：新台幣 300 元

出版日期：2012 年 1 月

版權所有 翻印必究

世外異人 /平先生講述 ： 奇人甲整理紀錄. --
【台北市】：博大國際文化, 2012.01
面： 公分

ISBN 978-986-85209-9-8(平裝)
1. 奇聞異象

297   101000095